北京国安 20 年

新京报社 编著

北京联合出版公司

图书在版编目（CIP）数据

北京国安20年 / 新京报社编著. —北京：北京联
合出版公司, 2012.12

ISBN 978-7-5502-1234-3

Ⅰ.①北… Ⅱ.①新… Ⅲ.①足球运动—俱乐部—概
况—北京市 Ⅳ.①G843.62

中国版本图书馆CIP数据核字(2012)第290220号

北京国安20年

编　　著：新京报社
选题策划：北京磨铁图书有限公司
责任编辑：刘　凯
装帧设计：typo_d

北京联合出版公司出版
（北京市西城区德外大街83号楼9层　100088）
北京盛通印刷股份有限公司印刷　新华书店经销
字数300千字　787毫米×1092毫米　1/16　印张17
2013年1月第1版　2013年2月第2次印刷
ISBN 978-7-5502-1234-3
定价：98.00元

○ 2009 年 10 月 31 日，中超联赛最后一轮，国安
4 比 0 战胜杭州绿城，夺得 16 年来首个联赛冠军。
图 /Osports

目 录

《北京国安 20 年》序

宋健生

北京电视台体育节目中心副主任

值此北京国安足球俱乐部成立 20 周年之际，《北京国安 20 年》一书付印出版了。这是一部以俱乐部高管、国安队球员、京城球迷为采访对象，用 40 个有血有肉的个人史，勾勒出一幅俱乐部 20 年来发展壮大的美丽画卷，值得一读。

一次联赛冠军、三次足协杯冠军、一次亚优杯第 3 名。论成绩国安足球俱乐部不是全国最好的，可 20 年来风风雨雨，国安这面"大旗"从未改弦更张在全国却是凤毛麟角。这之中，除了俱乐部的执着努力，京城球迷浓浓的情也是俱乐部一路走来的重要精神支撑。

这是对足球的一种情。京城球迷喜爱足球是有传统的。曾几何时，工体门前、先农坛场内人头攒动。一场球赛，人们一睹为快，茶余饭后，大家评头论足，不亦乐乎。1992 年，国安足球俱乐部成立，使京城球迷的这种足球情更加有了寄托，更加有了目标。

1995 年联赛最后一轮球迷夜里排队购票的长龙；工体看台万名球迷整齐划一的围巾墙；机场豪情送别外援、外教的感人场面；"7·21"特别恶劣天气在球场的坚守；2009 年夺冠之夜的激情欢庆⋯⋯这一幕幕令人难忘的画面是"国安永远争第一"、"胜也爱你、败也爱你""国安是冠军"口号的具体体现，是球迷对足球、对国安俱乐部的不离不弃的亲情。

一家足球俱乐部20年，却只如同刚刚蹒跚学步的孩子。就是这20年，也离不了球迷的追随、呵护和守候。正所谓：鱼儿离不开水，花儿离不开太阳。在这里感谢的话太显苍白，以20年为起点，继续前行，打造百年俱乐部，才是对球迷最好的报答。

是为序。

一群人·一支队·一座城

艾国永
《新京报》体育新闻副主编

请允许我把时光回溯到略显遥远的 2002 年，彼时，我初到北京，急需一份聊以糊口的工作。某日面试完毕，不辨东西南北地走在街上，稀里糊涂地找寻回家的车站，陡然，耳畔传来巨大的声浪。然后猜到了那个不同于写字楼的灰白圆形建筑定是工人体育场。男人的直觉告诉我，与街头茫然的我相比，那些摇旗呐喊的球迷正坐在天堂里。

再往前追溯，1996 年，我的大学元年，清闲无聊的时光将我培养成了一名球迷。疯狂之时，一天之内，我买了五份体育报纸，它们是《体坛周报》《足球》《球报》《球迷》《羊城体育》，认真看完了每一个字。

1996 年的我，在兰州读大学，专业是市场营销；2002 年的我，已有两年工作经历，在北京，穿梭于各个面试场合，寻找一份专业对口的工作。当时即便读了博尔赫斯的小说《小径分叉的花园》，我也绝无可能想到，会有一条人生路径通往我现在从事的都市报体育新闻报道行业；更加不可能想到，2002 年国安球迷发出的声浪终将与我有关，10 年之后的岁末，我与我的兄弟姐妹们用文字为国安球员、教练"画像"，2002 年在工体草坪上奔跑的人，出现在了我们的笔端。

不过，这本书，首先不是自恋的产物，其次不是献给球员、教练的——我相信我们的采访对象会同意我的说法，它注定是献给国安球迷的，它注定将勾出国安球迷大脑沟回里一串又一串的闪亮记忆。

那一场场比赛，那一次次看球，那一声声呐喊，所有的记忆，汇成一条晶黄的咸鱼，风干了，晒亮了，洗净了，在国安俱乐部 20 周年的大锅里一煮，馋得往事如同哈喇子流得满地。

一群人

在这本书里，也有球迷的"画像"，李水清即是，老爷子是京城百万国安球迷的代表。这位老资格球迷，不惜换房仅仅为了看球方便。我不敢说足球在他的人生序列中准排第一位，但排个探花肯定没问题。

北京国安的蓬勃球市就是一个个李水清组成的。据业内人士说，李水清这样的国安铁粉，不下三四万人，帕切科执教的首个赛季，一场亚冠比赛，偌大的工体往往都一票难求。没能去现场而通过电视等媒介关注比赛的国安球迷，则有百万之众。二十年来，如论球市，西安火过，成都火过，沈阳火过，广州火过，却最终难逃昙花一现的命运，唯独北京，不光是冬天里有一把火，春夏秋依然不缺。如果统计各支球队20年来的上座率，不会有什么悬念，国安必定是第一。

对于我这样一个非"土著"来说，有时候会想，国安球迷到底是怎样的一群人呢？

他们首先是一群能够弄出很大噪音的人。"噪音"在这里并非贬义词，在NBA秀场，主队都是盼望球迷鼓噪的。虽然我没有去过工体看球，但我从电视上能够听见那些大声而整齐的现场叫骂，这表明国安球迷没有落入中国传统文化所提倡的含蓄、谨言慎行的窠臼。

他们其次是一群很讲点儿感情的人。我记得2009年李章洙后半程联赛中突然下课，当时不少球迷跑到国安俱乐部帮这个韩国人说公道话，认为俱乐部不该让其下课；2012年11月，帕切科离开北京，大家都知道他此去铁定将不会回来，凌晨2点的飞机，近千球迷在首都机场为他送行，感动得葡萄牙人眼圈湿润。

然后，他们还是一群让我刮目相看的人。2012年7月21日，61年一遇的暴雨袭京。当天傍晚，电闪雷鸣，国安与绿城之战仍有两万名球迷到场支持。不过这不是我要叙述的重点，重点是，后来正如我们所知，北京郊区受灾极为严重，房山等部分地区生活必需品匮乏，我在网上看见一群国安球迷搬运着物资，手提肩扛穿过毁坏的路段，送往迫切需要的受灾民众手中。一位网友在图片下面跟帖道："你们是最棒的，是你们让北京这座城市处处充满人性的光芒。"接下来的7月24日，北京国安在友谊赛中0比6输给拜仁慕尼黑，不过比赛仍不是叙述的重点，重点是，比赛中，很多球迷齐声高喊"房山挺住"；8月1日足协杯与贵州的1/4决赛，比赛当然不是叙述的重点，重点是，开赛之前，全场3万多名国安球迷双手指天，为"7·21"雨灾遇难的同胞默哀1分钟。他们不仅是国安球迷，他们已经是一群有公益心、有责任感、有公民意识的"新人类"。

以前，因为在京工作、生活较久的缘故，国安队比赛，我心向国安，但会掩饰自己是一名国安球迷，现今内心被这帮国安球迷所打动，再有国安比赛，我可以亮明身份，坚定地站在国安一边。做一名国安球迷，无羞，分明与有荣焉。

一支队

国安球迷的性格特征，如上所述，大概可以总结为仗义、有责任感这两点，在我们所采访的国安队高管、教练、球员身上体现得也很明显。因为有着这样的优点，国安队球员即使退役了，一个大佬登高一呼，下面立刻应者云集，国安老男孩俱乐部于是成立了。能做到这一点的球队，在中超球队中凤毛麟角，实属罕见。球迷的精气神，球员的精气神，与俱乐部的精气神，其实三位而一体，没有这种一致性，就谈不上相濡以沫、荣辱与共、不分彼此。

因为仗义、有责任感，20 年过去，国安队有些东西始终是没变的，有些东西始终是没有大变的。

20 年来，国安队的投资人一直没变，是中国职业足球史上唯一自始至终没有改换门庭的球队。

20 年来，国安的投入不是最多的，也不是最少的，球员的工资不是最高的，肯定也不是最低的。

20 年来，与投资额度相匹配的是，国安队的成绩一直稳居顶级联赛中上游水平，机会来临时绝不放过争第一，斩落过联赛冠军一次、足协杯冠军三次。

20 年来，国安队的打法基本没变，追求技术，讲究控球，注重传切，"小快灵"的打法在绿茵江湖独树一帜。

20 年来，即便是在最恶劣的时期，国安队也没有沾染"假赌黑"，黑云压城城不摧，成就了自己的一身清白。

为着这一身清白，1999 年，阻击辽小虎上演中国版的"凯泽斯劳滕神话"。当时，辽宁队只要客场战胜国安队，就可以夺得联赛冠军，他们上半场一球领先，下半场，高雷雷帮助国安队扳平比分，最终便宜了鲁能拿冠。比赛该打成什么样就打成什么样，顺手的人情，不送。

为着这一身清白，2004 年，国安队在客战沈阳队的比赛中罢赛。比赛的第 30 分钟，国安队阿莱克斯被主裁判周伟新累积两黄罚出场外。这还不够，第 79 分钟，周伟新再次出手，判给沈阳队 1 粒点球，此前双方1 比 1 平，罗宁怒了，杨祖武怒了，球队怒了，于是罢赛。后来周伟新锒铛入狱，正义虽然姗姗来迟，但来与不来十分重要，因为它是清白者的心灵慰藉。

俱乐部 20 年一家不变，培养了球迷的忠诚感；技术流的打法赏心悦目，带给球迷美感和愉悦感；拿得出手的荣誉，带给球迷自豪感；而远离不良的足球风气，则能让球迷产生体认感。

20 年，1/5 世纪，一支北京球队的坚持，一群北京球迷的守望，构成了一道北京独特的体育文化景观。

一座城

每到有比赛的周末，中国的 7 座城市，各色人群将通过各种交通工具，向中超比赛场馆汇聚。更多的人群，通过其他媒介关注比赛。足球文化在一座座城市律动。过百万的国安球迷，已经深刻地影响到了北京这座城。

北京，是座与众不同的城市，同样影响了国安队和国安球迷。"一方水土养一方人。"这句大俗话说出了两层大俗的意思，一是不同地域的水土是不同的，二是不同地域的人是不同的。

1996 年的时候，我是学生中的篮球高手，我们的球队在新生篮球赛中所向披靡。一次与法律系新生比赛，他们当然没有能力与我们掰手腕，不过多年以后，比赛的具体进程我忘记了，却记住了他们一名队员的一句话。在身体对抗中他被断球，裁判没有任何表示，他急了："裁判，这都不吹？"裁判说："他没犯规。"他说："这还没犯规？简直是犯罪！"很多围观看球的人被逗乐了。对于我这样注意力完全在球上的人来说，此球是否犯规未定，此人未免太矫情，后来一打听，北京人。

16 年过去，跳出狭隘的篮球视野，我已经改变了当年的态度，开始欣赏他语言上的技巧了，并视之为幽默，平淡生活中不可或缺的调味品。我身边有不少北京人，他们的范儿，与我 1996 年碰见的法律系新生几乎一脉相承，口语文化的发达程度领先其他地区至少 20 年。所以国安队中出现众多的"侃爷"完全不会令我意外，他们打小生活在这样的环境里。

也有令我意外的地方。张路、徐阳、杨璞、周宁等，一众踢球的"大老粗"，居然可以把文章写得那么好看，具备很高的文字水准，甚至是相当高的文学能力，如果告诉别人，他们有些人小学都没有读完就开始踢球，谁能相信？但如果细想，北京，这是一座全国文化人都趋之若鹜的城市，文化底蕴深厚，文化传统悠久，他们写得了锦绣文章就没什么可惊诧莫名了。

球员的口才、文笔，球迷的重情、公民意识，往大了说是这座城赋予他们的，往小了说是他们个人通过修炼达到的，但反过来说，他们以自己的素质和精神、气质，又塑造着这座城市的对外形象，某些时候，某些场合，他们就是这座城市的外在形象。

还是要提提京骂。

对待京骂，我不是悲观者，以为京骂无可救治；也不是乐观者，以为京骂短期内可以根治杜绝；我是一名"中庸者"，我以为随着时间的流逝，京骂终将销声匿迹。

2012 年 CBA 决赛似乎提供了一个短期根治京骂的典范，在万事达中心，赛场引导员似乎无所不能，让京骂消匿于无形。而事实上功劳簿上需要记上引导员一笔，但肯定不是全部，篮球场观众比足球场人数少、篮协以不杜绝京骂就取消主场资格相威胁等，共同促成了文明观赛。而这些，在人群纷杂的工体很难适用。

从中国赛场球迷助威的发展历程来看，改革开放之前到改革开放初期，是"整齐划一"的时代，什么时候鼓掌，什么时候加油，什么时候静默，都有严格的要求与限制。随着改革开放的深入，赛场有时沦落为社会积怨的出口，京骂由此而来，并曾一浪高过一浪。但正如尘归尘，土归土，政治与社会文明持续进步到相当高的程度之后，体育的，终将归体育。只是，我们无法要求如今就实现这一切，京骂与机场书店充斥着的成功学教材、影像制品一样，是我们这个时代还没有来得及淘汰的有害副产品。

　　如前所述，在北京这座城的危难之际，我们已经见到了"新人类"，京骂的消除当为期不会太远。故而我们大可不必悲观。

　　回到2002年第一次在工体外听见国安球迷如潮的声浪，至今，已经过去整整10年了。现在，由我们京城媒体新京报社编著的《北京国安20年》一书与球迷朋友相会，由京城记者，书写京城球队，记录国安过去20年里的点点滴滴，我视之为冥冥之中的缘分，幸好你我有生之年都未曾错过这么有意义的一件事。

杨祖武
时机到愿再出山

杨祖武，江湖人称"杨大爷"。这个绰号源自他直来直去、略显暴躁的脾气。

暴脾气的他会在生气时用地道的北京话骂人，也会在遭遇不公时带领球队"罢赛"。

然而就像硬币的两面，他既有"简单粗暴"，又有鲜为人知的耐心细致。

在任职国安的12年间，他对俱乐部事务事必躬亲，甚至连餐厅查账都亲自过问；在第一次下课后近两年赋闲的时间里，他每天会练毛笔字，直到等来国安的再次召唤。

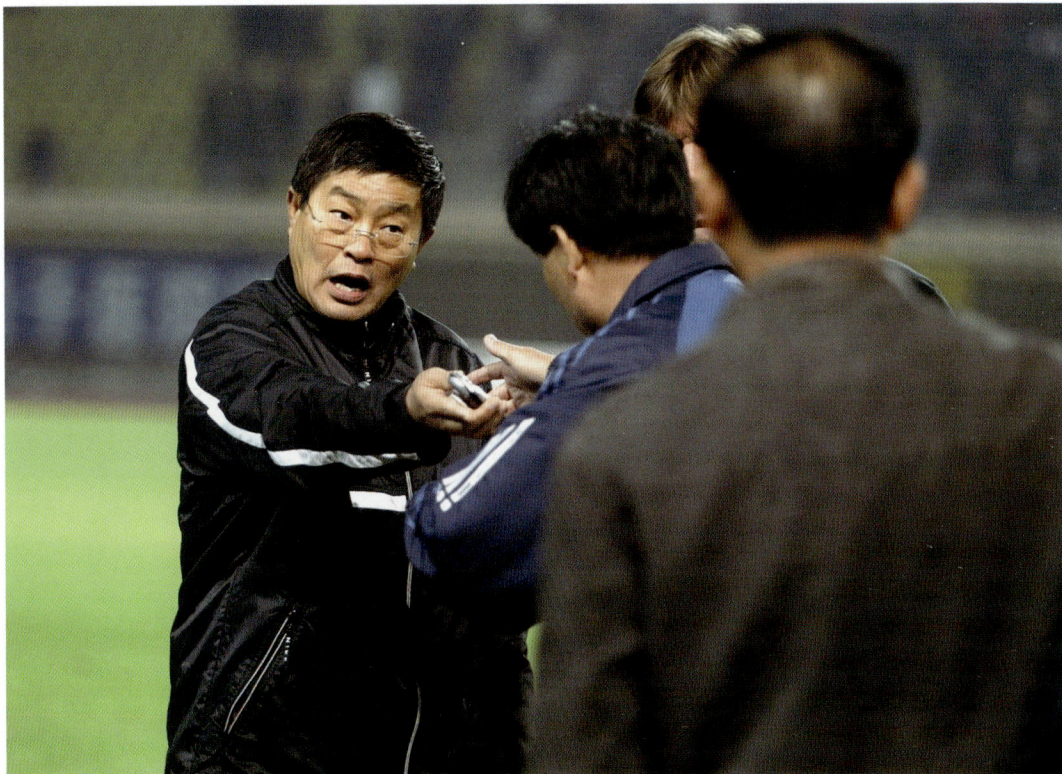

○ **2004 年 10 月 2 日，中超联赛第 14 轮，因对裁判周伟新的判罚不满，时任国安教练组组长的杨祖武（左一）交涉无果后带领队员退赛。图 /Osports**

斗士

"怎么能这样？"

提起杨祖武，大部分人首先想到的就是"罢赛"。2004 年，时任国安俱乐部总经理兼教练组组长的杨祖武，在球队受到不公正待遇时，大手一挥，率队退赛。

2004 年 10 月 2 日晚，北京国安客场挑战沈阳金德。

比赛前 3 小时，裁判监督樊靖文要求国安队更换球衣。"临比赛前给我们出这样的难题，成心跟我们过不去。"赛前，杨祖武便感觉此事太蹊跷。

比赛的第 79 分钟，沈阳队 15 号张杨带球突入禁区，在与张帅拼抢中摔倒。此前，双方战成 1 比 1 平。主裁判周伟新立即判罚点球。这引起了国安队员和教练的强烈不满，纷纷向裁判表示抗议，张帅则一再解释自己没有犯规……

此时，杨祖武在场边接通了中国足协联赛部主任郎效农的电话。郎效农在电话中说："你什么都不用说，什么也不用管，现在就恢复比赛，有什么事完了再说。"

但杨祖武认为这球不能继续踢了。

"其实上一场比赛，9 月 25 日跟四川的比赛，我们遭受过一次不公正待遇了，而且没有得到合理的答复，可以说，我们本来就有情绪，队里开会特地强调了场上纪律，怕出问题。最后走到退赛这一步，真是已经崩溃了。"杨祖武事后接受采访时说。

他又向国安高层汇报这边的情况，随后，得到领导指示的他安排所有球员离场。20 时 46 分，北京队全部教练员和运动员都走进了休息室。

"当时也不能叫罢赛，就是暂时中止比赛，我想的是，给主裁判一个更正的机会。我让他们看录像，希望改判，然后继续比赛。而且，当时如果就那么开球的话，队员们不知道会做出什么极端的事情。"不过事情并没有按照杨祖武想象的那样进行，裁判组当场拒绝看录像。

根据规则，离场超过 5 分钟即被判为罢赛。20 时 51 分，见北京队员仍未回到球场，周伟新宣布比赛结束，并判定沈阳金德队以 3 比 0 获胜。

这场比赛也成为中国足球顶级联赛中第一场没有完成的比赛。

10 月 14 日，中国足协宣布了处罚决定：判罚该场比赛国安 0 比 3 失利，并罚款人民币 30 万元，同时扣除球队联赛积分 3 分，杨祖武禁止随队进入比赛场地半年。

虽然球队受到严惩，但国安回京后受到英雄般的礼遇。

"一般人都会觉得我那样做太冲动了，毕竟这是冲击规则的事情。可是在那样的情况下，脑子里根本想不到那么多，就特别不能理解，怎么能连着两场比赛这样？"忆起往事，杨祖武仍然愤怒不已。

7 年后，在反赌扫黑中落网的周伟新，面对镜头承认这场球他收了沈阳队 20 万元现金。公道来得有点迟，但总归是要来的。

对此，心直口快的杨祖武在博客中写道："我看到他（周伟新）在法庭上还嬉皮笑脸的样子，就说：活该！这小子黑哨、赌球、受贿，无所不干，竟然在我们罢赛惹了那么大娄子后还收沈阳的黑钱……"

大爷

"你大爷！"

在国安待过的队员，没被杨祖武训过的概率，几乎比中彩票还低。

从刚进队的小孩儿，到资历颇深的老队员，都挨过杨祖武的训斥。这种家长式的"粗暴"管理也让杨祖武落下了"杨大爷"的绰号。

据跟他相处多年的唐鹏举介绍："他没故意想整谁，跟谁说话都那样儿，老想来个下马威。"

邵佳一、杨璞、徐云龙这"国安三少"刚被提拔到一队时，杨祖武一边抽着烟一边给他们训话。他告诫三人不要得意，别以为到了一队就很牛，还要沉下心来训练，最后杨祖武抽了口烟，说："总之一个字……"说到半截，他低头想了想，又抽了一口烟接着说，"总之两个字——别牛×！"

杨祖武不只对年轻队员要求严厉，对大牌外援同样"毫不留情"。1998 年，冈波斯踢完世界杯后回归球队。自觉身价高、名气大的他，跑到杨祖武办公室，要求俱乐部给他配台车。结果，杨祖武听翻译讲完后拍桌子大喊一句："配你大爷！"

高峰这样的"刺儿头"，更是没少跟杨祖武闹脾气。

有一次，高峰受伤，打车去北医三院，回来报销需要杨祖武签字。结果"杨大爷"劈头盖脸就是一句："谁说给你报销了？"换个脾气软一些的队员，说说好话就没事了，但高峰"吃软不吃硬"，听到这话立刻火了，两人便对着嚷嚷起来。被劝开之后，高峰回到屋里气不过，就想再去找杨祖武理论，一开门，却看到后者拿着报销单子说："给你签好了，刚才跟你开个玩笑而已。"

不仅跟队员，杨祖武对教练组成员说话也不客气，有一次他冲着主帅唐鹏举大喊"×你大爷"。结果，唐鹏举指着他鼻子说："我告诉你，我爸排行老大，我没大爷。"

对于自己"粗暴"的言语，杨祖武说："我对谁都没有坏心，我说话就是直来直去的，容易得罪人，脾气就这样儿，改不了。在国安的这些年，我一心一意为球队服务，队员有什么要求我也会尽量满足，我无愧于心。"

管家

"这不是一个简单的事儿。"

杨祖武一生与北京足球结缘。40 年前，他是北京队（北京国安前身）队长；30 年前，他出任北京队领队；1992 年中国足球职业化改革，国安俱乐部成立，他出任常务副总经理，开始了自己的国安岁月。

"最开始完全是摸着石头过河，我不太适应，当时全国适应这个转变的人也不多。让我管球队没问题，但是管俱乐部确实没什么头绪，大事儿小事儿我全都要操心。"刚上任的杨祖武十分勤奋，对于国安俱乐部所设的 8 个部门——球队、经营开发部、青少年培训部、国安香河足球训练基地、球迷管理部、办公室、财务部、接待部——几乎事必躬亲，甚至连基地里餐厅的财务工作都管。

这位国安俱乐部大管家不仅管得细，还非常"抠门"。

在球衣配备这种小事上，没有杨祖武的签字，谁也拿不走一件衣服。而在工资谈判这种大事上，杨祖武给队员们的合同比较苛刻，被人称作"把家虎"。这也导致在 1995 年和 1996 年，转会政策规定球员可以自由选择俱乐部时，很多球员为了钱而出走。

不过在谈到这件事时，杨祖武说："钱发多少都是董事会决定，我一个总经理只能建议和执行。"这次，他异常罕见地说出了自己的难处，"在这个位置上，你得全盘考虑：钱都发出去了，队员们满意了，俱乐部的利益怎么办？要是不给队员足够的钱，大家都不乐意，球队散了怎么办？这不是一个简单的事儿，要衡量的东西很多。"

杨祖武在 2001 年被宣布下课。

对于这次下课，杨祖武没有任何怨言："我没问过原因，我只知道自己肯定有没做好的地方，那就好好完善自己呗。"

在被罢免职务的日子里，杨祖武开始"完善自己"。缩身于俱乐部三楼尽头的一间小房子里的他，每天看书、练毛笔字、学英语……从"工作狂人"到闲云野鹤，杨祖武并没有完全成为隐士。他说他在充电，"看各种书，找中外足球的差距，能让自己的思路更宽一些，看问题角度也会不同"。

2003 年，杨祖武临危受命再度出山。于是，办公室里的被褥又派上了用场，他又像以前一样最早上班、最晚下班，也像以前一样经常睡在办公室。不过，大家都说杨祖武变了。他不再像以前那样爱骂人，而且时常会引经据典。但 2004 年带领国安退赛，又让我们看到了那个个性鲜明的他。

2005 年，杨祖武第二次从国安下课，也应该是"最后一次"，他说他的年纪已不适合在总经理职位上继续工作。

不过之后他并没闲着，当过国安青少年梯队的顾问，也担任过八喜俱乐部的总经理。

如今，65 岁的杨祖武在新加坡仍不肯"安享晚年"，依旧喜欢研究足球，他的博客中全是与足球有关的文章，"我这辈子就奉献给足球了"。

"要是有适合的地方愿意请我再出山，我不会拒绝的。"杨祖武说。

必答题

《新京报》：你干过的最爷们的事？

杨祖武：最爷们？不能说是哪一件事儿吧，当时退赛，也不是说我这个人怎么样，而是在那种情况下，换谁都会作出这个决定。最爷们，应该是这一辈子，都勤勤恳恳奉献给了足球事业。

《新京报》：除了你，国安队中谁最爷们？

杨祖武：高峰他们那一批队员都不错，都爷们。

唐鹏举
首任主帅曾是"恶魔"

坐在面前的这个人慈眉善目，如果不是他亲口告诉我那些往事，我很难相信，他曾经是高峰、曹限东、高洪波等老国安球员的"噩梦"。

"你可别给我写得太光辉，捧得老高，我没那么好。"他说。

他叫唐鹏举，国安队的第一任主帅。

○ 看上去慈眉善目的唐鹏举，其实在担任国安主教练期间，手段相当狠，高峰、曹限东、高洪波等大牌都被他收拾过。图 /Osports

无情

"1988年—1994年，在国安（之前是北京队）7年，我觉得自己是失败的。如果当时我能有现在的经验，成绩一定会更好些。但那时我太强势、太专制。"唐鹏举说，他不太爱提在国安的往事，因为那段时光并不值得骄傲。

老国安球员提起唐鹏举，"严厉"是他们的最大印象。当时队里谁都被罚过，其中有个惩罚措施是前滚翻。从中场一直滚到底线，队员们起来后眼冒金星。

"有队员在训练中受伤了，痛苦得倒在地上，我还拿球闷他。"老唐评价自己：不近人情、极端、武断、霸道，方式、方法简单粗暴。

1994年前，国内足球赛一般采取赛会制，晚上会放录像，演香港武打片。唐鹏举的"军规"是晚上10点必须熄灯，录像一般都放不完，还差十几分钟结束，但他要求北京队的全回去。

"队员回来都有怨气，说其他队都能看完，就我们不行。实际上多看十几分钟，就睡不好了吗？可我那时候就是不近人情。"唐鹏举说。

由于年轻时一直在陕西、甘肃踢球，唐鹏

举崇尚西北汉子的硬朗球风。来北京队后，他发现队员虽然都很聪明，但狠劲儿和吃苦能力不够。比如姜滨在防守时从来不铲球，唐鹏举骂了几次都不管用，后来他让姜滨在炉灰渣子地上倒地铲球，大腿被划得伤痕累累。

"后来我琢磨，我这不是废人吗，这是人干的事儿吗？可我当时觉得，姜滨你怎么能不铲球，随便让对手过？"他说。

对于曹限东这样的"大牌"，唐鹏举也没少敲打："有些队员从国字号回来后就爱翘尾巴，一出问题就觉得谁没传好，谁跑位不对。我就老骂他，别以为自己了不起。队伍里没谁敢不服从我的命令。"

一向很乖的高洪波，也被唐鹏举"修理"过。那时，球员需要通过12分钟跑的体能测试，否则就没资格报名参赛，高洪波是超级困难户。测试期间，足协在基地成立体能攻关小组，把高洪波、郝海东等困难户集中起来练。没过两天，攻关小组的人向唐鹏举"告状"："我们让2分钟必须跑回来，高洪波要2分10秒回来。我们让3分钟跑回来的，他3分15秒回来，老不按要求跑。"

唐鹏举找到高洪波，一顿呵斥："你说你尽力了？那你跑吐血了没？没跑吐就给我好好跑。要是人家再来找我，你就给我卷铺盖回家！"

从那以后，攻关小组的人没再找过唐鹏举，高洪波也顺利过了体能测试。

队里最让他欢喜最让他忧的，当属高峰。"一般人，耐力好的话，速度不行；速度好的话，耐力不行。高峰两样都特别棒，一个教练真是带好几批才能赶上条件这么好的队员。辽宁队因为放走了他后悔死了。但是吧，唯独一个弱点，他爱喝酒……"提起喝酒，高峰没少让唐鹏举头疼。

1991年客场对阵辽宁的关键比赛，赛前一天半夜12点，高峰和姜滨两人小心翼翼地回宾馆房间，被唐鹏举窜出来抓个正着。高峰脖子上、姜滨眉骨上方都裹着纱布。原来两人出去见朋友，那时候没有出租车，回来坐了个三轮车，半路车

翻了，摔伤了，高峰缝了4针。唐鹏举还没来得及责怪，一向讲义气的高峰就说："唐指您放心，不管怎么着明天我该怎么踢还怎么踢。"

看着爱徒的伤势，唐鹏举没有安排他出场。比赛输了后，上面领导知道了此事，怪罪唐鹏举管理不善。

"高峰啊，真是哪儿哪儿都好，就是太爱喝酒。要是能收着点儿，还能踢得更好。"他说。

1994年，国安在首个甲A赛季中拿到第8名。"当时领导让我继续干，可是待了这么久了，真是觉得太累了，我不想再干了。"唐鹏举选择离开。

这么多年过去了，现在碰到高峰、曹限东这些昔日的弟子，师徒间依然关系不错。"他们当时可能恨我，但是长大了就明白了，我出发点是好的，并且没有任何私心。"唐鹏举说，现在大家都会拿过去那段日子开玩笑，每个人都能举出好多"酷刑"的例子。

他一度是球员眼里的"恶魔"。

求曲

唐鹏举身上，混合着天南海北的气息。和很多足球人一样，他这一生四处漂泊。唐鹏举的父母是黑龙江人，不过他在天津出生，1岁到了陕西。年轻时在甘肃、河北踢球，在北京退役。做了7年北京队教练后，他带过一届国青、两届国奥，在长春亚泰、广州医药做过领队。回到北京后，主管八喜俱乐部的日常事务。

在陕西生活16年后，唐鹏举17岁到兰州部队踢球，两年后他来到位于河北的北京军区65军，一直作为部队的体育兵，打部队间的球赛。由于备战1983年全运会，唐鹏举1981年被北京队招入，直到1985年退役。

退役后，他做过北京队二、三队的领队。1988年，在王俊生的推荐下，他成为北京一队

主教练。那时北京队归北京体委管，33岁的唐鹏举成为全国最年轻的一队主帅。

在北京队这些年，唐鹏举的管理模式以"狠"出名，以前从未有过任何执教经验的他，决心从严治军，改变队伍松散的现象。唐鹏举回忆，年维泗不止一次劝导："你太严厉，太钻牛角尖了。"

1994年，中国足球走上职业联赛模式。不过唐鹏举在甲A元年并未感到跟以前有太大不同。球队还在体委管辖下，队员依然归地方，没什么合同，球队不让你走你就不能走。顶多就是：以前是赛会制，几个球队到同一个地方比赛，1994年改成主客场制了。同年底，北京队正式归属国安，脱离体委，唐鹏举离开北京队。

1996年初，足协让唐鹏举组建国青队，随后在亚青赛中拿到第二名，获得参加世青赛的资格。要打世青赛的时候，朱广沪率领的健力宝足球队学成归国，唐鹏举考虑到健力宝队中的球员是这个年龄段最好的孩子，便主动提出让朱广沪带队，从之前的国青队中抽取李玮锋、陶伟等7名球员前去参赛。

唐鹏举说，对于中国足球，自己从来就没有私心。

1998年霍顿的国奥队中，唐鹏举是中方教练组成员。

2003年沈祥福的国奥队中，唐鹏举是领队。当年国奥去西班牙拉练，有一天吃完午饭唐鹏举看到郑智、徐亮、王新欣几人走在一起，断定他们一定要去打牌。于是跑去敲房门。

里面问："谁呀？"

唐鹏举说："我。"

一名队员立刻高声回应："哦，唐指！"

唐鹏举知道，这是给屋里的人通风报信呢。

磨蹭了一番后，屋门打开，几个人装作正在聊天状。唐鹏举翻了半天都没有找到牌，然后把床抬起来，发现了一堆扑克牌，人赃并获。

不过唐鹏举已经不会像以前一样破口大骂，而是教育："娱乐可以，但别在国字号集训队里，万一比赛没打好，媒体又知道你们打牌的消息，写出来队员不好好训练和休息，而是聚众打牌，传出去对你们、对球队都不好。"

2004年，唐鹏举去了长春亚泰做领队。他住在杜震宇楼下，经常能听到熄灯后，楼上还有动静，知道杜震宇大晚上又出幺蛾子不睡觉。

唐鹏举就会举着把能打出小塑料球的玩具手枪，推门冲着杜震宇喊："睡不睡？"

杜震宇会乐着喊："别开枪、别开枪，我睡。"

一边开玩笑，一边就起到了督促的作用。

做了3年领队后，他与沈祥福在广州医药再次会合。2009年他离开广州，休息一年后，接到昔日弟子郭维维的邀请，来到八喜俱乐部。按照唐鹏举的说法，在这里既是教练又是领队，还兼任着会计。

从善

在离开国安后的日子里，唐鹏举逐渐悟出一个道理："管理特别严的话，队员虽然表面服服帖帖，但效果并不好。"

此后在亚泰、广州、国青，他基本没罚过队员，"我们的工作主要还是育人，队员知道错了，改了，就行了"。不知道听到此番话，老国安那一批被唐鹏举"虐"过的队员，该有多么羡慕嫉妒恨。

做过国字号和三家大俱乐部的教练、领队，很多人不理解唐鹏举为什么会来到八喜这样一支小球队。

他解释：是为了感情。

如今已经57岁的唐鹏举，还保持着不错的身材，还能颠球，染着一头黑发。"要是不染，人家看见我会说，哎哟，你怎么为了八喜把头发都愁白了。"唐鹏举说，郭维维一开始要他过来当俱乐部老总，但是他明白自己不是做领导的料，

○ 在外漂泊了好多年，唐鹏举又回到北京，他选择了小球队八喜，在那里从事管理工作。新京报社记者 田颖 / 摄

还是做最基层的工作比较适合。除了管队伍训练，他还要处理各种球队事务，大到转会，小到叫队员吃早饭。

如果不听他亲口说，你可能很难想象眼前这个慈眉善目的大叔，以前曾有个"恶魔"形象。

过了八喜的饭点来采访，唐鹏举把记者带到他们餐厅："吃点儿，别饿着，盘子在右边柜子，筷子在左边柜子，那边还有冰激凌。"到了房间采访，他拿出一瓶矿泉水，"哎呀，这是凉的，放温点儿你再喝。"

2012 年 11 月中旬的北京已步入冬天，各级别联赛已结束，不过唐鹏举还在为球队的事操心。本赛季位列中甲倒数第二名的八喜接到足协通知，可能要通过附加赛，决定他们是否降级。接受采访前，他刚给球队开了动员会。

"年底了，人家歇了咱没休，确实比较累。我们已经掉级了，要是给了复赛机会没把握住，你们不会后悔吗？"唐鹏举说，为了让大家积极性高一些，可以提出各种建议。有球员说希望每天只上午练，有的说搞搞趣味足球，他都欣然接受，试验一下看看效果。

"这要换作以前在北京队，还提什么建议？我说怎么着就怎么着。"他说。

唐鹏举说，队里有队员因为他在，所以坚持留在队里。这份感情，是因为他如今人性化的管理。晚上有队员要去超市，说八点半回来，唐鹏举会说，别着急，九点前回来就行。有谈恋爱的，女朋友发烧住院打点滴，唐鹏举会说，你去吧，注意休息，明天保持状态就行。查房时，他会拿着一根黄色小棍子，谁不睡觉就象征性打一下，虽然不疼，但队员会立刻识相地关灯睡觉。

"有人说我现在太软，要是罚款，队员们肯定乖乖的。但我觉得，他们一个月才挣多少钱啊？孩子都从小离开家，犯了点错误知道改正就行了，我不赞成罚款。"唐鹏举说。

之前的一次分组对抗训练中，临近尾声时其中一方被进了绝杀球，门将气得大脚把球踢到另外一块场地。"他跟我说，其他人都不好好防守。我说那其他人要是过来个球就挡出去，还要你干吗？正是需要你发挥的时候，你应该抓住机会表现自己，而不是埋怨别人啊。"唐鹏举说。

这要是搁 20 年前，这个门将早被罚去做前滚翻去了，而且从中场一直滚到底线。

必答题

《新京报》：你干过的最爷们的事？

唐鹏举：也不能叫爷们吧，就是我这个人一向说话特别直，什么话都敢当面说，不管他是什么身份。举个简单的例子，有一次朱和元下队，跟沈祥福闹了点儿不愉快，我就去跟朱和元说："你别说什么都以命令的口吻，让人家必须这样必须那样，你好好表达你的观点，有什么话不能好好说？"还有朱和元看训练时候，我就问他要不要健身，他说好啊，我就说，那给足球打打气吧。再比如，阎世铎看比赛时要坐沈祥福边上，我就不让他坐，把他揪到我旁边来，我说万一他发表点儿什么意见，会影响主教练指挥比赛。

《新京报》：除了你，国安队中谁最爷们？

唐鹏举：我还真想不出来，足球圈里让我觉得爷们的就只有王俊生。

21

高峰
转会时万人挽留

高峰，中国足坛颇具争议的个性球员。他速度快、动作轻灵、攻击能力强，有"快刀"美誉。但易冲动、追求个性自由，又被球迷们在"快刀"后面加了个词"浪子"。2012 年，41 岁的高峰依旧如年轻时潇洒，漂染着缕缕黄发，开着豪车，身材保持得很好。"快刀浪子"的称号已经很久没人叫了，再聊起来，他笑了笑说："谁没点个性呀！"来京 20 多年，说这话时依旧夹杂着东北口音，算不算是个性的一部分？

峰尖

少年时代的高峰经受过一次挫折。他13岁进入辽宁少年队，虽很有灵气，但却没有太多的展示机会。1988年，辽宁队为第二届青少年运动会重组队伍，留下的基本都是大连球员，高峰被砍掉了。

回到家中的高峰无所事事。彷徨之际，一位来自北京的客人改变了他的命运。这个人就是时任北京青年队教练——洪元硕。更早几年，在各地少年队集训时，洪元硕就看中了身材单薄，但速度奇快的高峰。一听说他落选辽青队，洪指导马不停蹄地赶到沈阳，敲开了高峰的家门。高峰父母担心孩子太小，不太同意他出远门。洪元

○ 首届老甲A邀请赛，高峰宝刀不老，上演两个帽子戏法。图/Osports

满好奇。20 多年前，北京队还在先农坛训练，用高峰的话说，"那是真正住在皇城根下"。他在国安队的大部分时光，都是在先农坛度过的。

那时的先农坛，周边还没有开发房地产，永定门城楼也没有复建。南城旧貌，餐馆林立，天桥剧场周末也时常有表演。"当时我在辽宁队一个月补贴只有 100 多元，到了北京大概有 180 元，不过在当时已经算不错的收入了。偶尔去餐馆吃一顿是没问题的。"高峰说。

作为北京体育的大本营，先农坛汇集了北京队各项目的运动队。刚来先农坛，高峰被分在 3 号楼，之后从一楼搬到了二楼，三四个人住一个宿舍，一个吊扇，有的房里还有 17 英寸左右的电视，供队员训练后放松。

初到北京，高峰面临的最大问题不是训练比赛，而是孤独。当时的北京队大多数队员是北京孩子。一放假，队里就剩他一个人，那样的日子并不好熬。在很长一段时间里，高峰都不愿过周末、节假日，因为一个人太闷了。后来外地队员渐渐多了起来，每每周末或假期，留在先农坛的队员能有十多个，他们便凑在一起用小电炉煮煮方便面，或去小餐馆打打牙祭。

"那会儿谈不上请客，哥几个凑一起，有空就去小餐馆里吃一顿，觉得日子挺美。"青春的日子，简单却又让高峰怀念。

洪元硕是发现高峰的伯乐，洪元硕长时间在国安青少部工作，对选才有自己独到的见解："天赋、吃苦和机遇，这三者缺一不可。"高峰，恰恰三者都具备。

硕求才心切，不厌其烦地给他父母做工作。

"他是个踢球的料，肯定能踢出来。"

"你们放心，到北京有我们照看着，差不了。"

一次、两次、三次……洪指导连续去了高峰家 8 次，才说动了他的父母。就这样，高峰进入了北京青年队。

进京那年，高峰 17 岁，对北京的一切都充

峰巅

进北京队不久，高峰便入选了朱广沪的国少队，此后国青、国奥、国家队，一路通畅。

1993 年，职业化席卷中国足球，北京国安成为最早一批甲 A 球队，高峰等第一批职业球星

就此被发掘。甲A元年，国安队只拿到第8名。之后高举进攻大旗的主教练唐鹏举下课，金志扬上任，高峰"小快灵"的特点得以施展。

"金指抓住了我们这拨人的特点，让我们用脑子去踢球，而不是一味用身体。"高峰时常回忆在国安队的那几年，默契，有激情，曹限东一拿球，他就知道往哪儿跑；他一带球过前场，就能感觉到谢峰和高洪波的位置。

1995年是中国足球职业联赛最红火的一年，也是北京国安在甲A时代成绩最好的一年。"见谁都能赢！"高峰说那一年大家都以为国安奔着双冠王去的，但在足协杯输给山东后士气全无。那一年，冠军是徐根宝带队的上海申花。

国安拿了联赛亚军，当年也算是北京城的一件大事。高峰记得很清楚，收官战他打进两球，比赛后保安把队员们拦在场内。高峰以为出什么事了，跑出去一看，先农坛看台上的球迷把打火机都打开了。"像天上的星星一样美，那个场景让我毕生难忘。"高峰回忆道。队伍最后是从北门回了宿舍，晚上11点才得以抽身出去消夜。

1996年，国安队将主场迁至东二环的工人体育场。那是高峰在国安队的最后一个赛季，他留下了两场经典比赛。

1996年5月5日，京津德比战。用洪元硕后来回忆的话说："京津德比，历来以和为贵。从足协那边的意思，就是别出事。主裁的哨子也是两边倒，也不能说向着谁，总之是不能出任何问题。"结果，还是出了事。那场比赛，高峰获得单刀机会，却被施连志的"飞脚"蹬在腰腹部，鞋钉印下了六个血印。高峰当时没有以暴制暴。他在接受简单治疗后上场，独中两元，帮助国安四球完胜。中国足协赛后开出罚单，施连志停赛六场。此后的京津德比，这一幕被球迷屡次提及。

也是1996年，高峰决意离开北京，他的最后一场球颇具意义，那是当年足协杯决赛，对手是济南泰山队。那一天是11月3日，北京，大雾。高洪波先进了球，之后，高峰连进俩球，国安队

最终4比1取胜，那是国安俱乐部的第一个冠军，也是高峰在国安的谢幕之战。

峰转

职业联赛最红火的那几年，高峰在北京队踢得很玩命。球迷见到高峰后通常有两句话：第一句是"牛×"；第二句就是"够哥们儿"！但当时的国安已经留不住高峰了，他随队友姜峰一同去了前卫寰岛。"之前就跟姜峰说过，退役前两人在一支球队里踢两年。"高峰说。

1996年，甲A转会名单公布后，京城球迷大为震惊，高峰也要走？！他们发起了"万人签名挽留高峰"的行动，有球迷直接打市长电话热线，恳请挽留高峰。但高峰还是走了。收入方面，前卫寰岛确实给得高，但高峰说不是为钱，他需要换个环境，"而且提出转会后，俱乐部没作什么挽留，走就走了"。

"如果只是为了钱，我早就走了，但人总得讲点情义。"高峰说若不是北京队接纳他，他至少不会走这么一条通畅的路。但到后来，高峰的一些要求也得不到满足，职业化之前他一直住在先农坛的简易宿舍楼。1995年，为了留住高峰，国安给他分了一套两居室。一年后转会前卫寰岛，有媒体爆出高峰仅签字费就超过了他在国安全年的收入。

金汕在《当代北京足球史话》一书中写道：高峰的转会让京城球迷很失落。那时的高峰不仅仅是一个球星，更是一个偶像。高峰的决意离去是他们不能接受的，著名球迷李劲发起了挽留高峰行动，几米长的布签了几卷。球迷魏希东是个快板爱好者，他自编了一段快板——"高峰者，国安人，北京让他攀高峰。小寰岛，出高价，引诱高峰离北京。球迷们，快行动，众志成城留高峰……"

高峰此后辗转于前卫寰岛、沈阳海狮、天

津等俱乐部，但状态已不如前。2003 年 1 月 12 日，此时是天津泰达老将的高峰，在足协组织的"YOYO"体测中犯规，被取消成绩，就此宣布退役。

在很多人看来，高峰是一个能改变整支球队气质的球员。在北京的 8 年，高峰已完全融入"京味足球"氛围中，他有很多京城朋友，也收获了与那英的恋情，这一度被视为文体结合的典范。若干年后，国安俱乐部前总经理杨祖武说："高峰当年离开国安是个错误的选择。"

峰回

2012 年 10 月底的一天，北京东南四环外的小武基体育场，老男孩俱乐部一周一次例行的热身训练赛，高峰开着他那辆宝马准时赶到。为了 2012 年底的老甲 A 比赛，曾经的国安黄金一代放下各自工作又聚到了一起。他们都已不再年轻，也都有了小肚腩，但不妨碍绿茵激情的释放。

老甲 A 联赛的发起人之一就是高峰，他办这个比赛的目标是：通过这代老甲 A 人的努力，让更多年轻人能去踢足球。

这个赛事的发起缘自一次饭局。有一次，高峰和彭伟国一起吃饭，聊着聊着就聊到筹办一个小比赛，准备放在联赛后，地点就选在了广州，那里冬日气温适宜。高峰自己也没想到，一时兴起的事情却越做越大，社会和球迷都在关心这事，远在四川的魏群也发起响应，老甲 A 联赛就此诞生。"只是希望我们这个比赛能改变一些家长的观念，让孩子们尽可能走进足球场，感受足球的魅力。"为了筹办这次比赛，高峰接连往返于广州、青岛、天津等地。

41 岁的高峰漂染着黄发，走到哪里都是焦点，嗓门大，风趣，有气场。用一些小队员的话来说："有大哥的气质！"一直以来，他都被贴上了"个性球员"的标签。金志扬后来回忆，高峰之所以受北京球迷喜爱，主要原因是他聪明、不服输的个性符合北京人的口味。洪元硕更是直言凡成功的球员大多有外人不理解的个性，"这得看他能不能专心去踢球，有的人踢着踢着就偏离了，高峰则是一个方向坚持了下来"。

高峰说他一直关注着北京足球。他细数一遍，后期的国安队里北京本地球员越来越少了，这也是他筹办老甲 A 的一个念头。"现在家长就想让孩子好好学习，将来考取大学，有个比较稳定的工作。"他希望老甲 A 联赛能把更多的孩子吸引到足球场上来。

朋友打电话约吃饭，高峰这边有点事，去得晚了一些。朋友发信息问他到哪儿了，高峰回了一句：中国足球。之后到餐馆坐定，朋友问高峰："咋了，今晚有比赛呀？"高峰就开始埋汰对方："一看你就不关心中国足球，中国足球，永远在路上嘛。"说起这个段子，高峰说："就是乐和一下。生活嘛，没必要苦大仇深。"

必答题

《新京报》：你干过的最爷们的事？
高峰：这个怎么说呢，我觉得哪一件事都挺爷们的。

《新京报》：除了你，国安队中谁最爷们？
高峰：像参加国安老男孩比赛的谢峰、南方、谢朝阳他们，都够爷们。如果不是爷们，怎么能来搞这个足球运动呢？

杨晨
闯出一条德国路

作为国内第一个登陆欧洲五大联赛的球员，杨晨开创了国内球员留洋的先河，他用自己的努力和拼搏，闯出了一条德国路。德甲征战三年，打进 16 球，这样的纪录至今无人能够打破。

除了德甲那段辉煌的记忆之外，杨晨的脑海中至今还留着一抹绿色，他曾代表国安征战 4 年职业联赛。他的家就在北京，这座城市也是他最牵挂的地方。

从国安起步，到厦门挂靴，杨晨的 13 年职业球员生涯，没有遗憾。

○ 从 1998 年 9 月 8 日打进第一球开始，杨晨征战德甲 3 年，共进 16 球，这一中国球员的留洋纪录至今无人能破。图 /Osports

沉浮

多年以后，杨晨还会想起他打进国安职业联赛第一球的那一天。

1994 年 4 月 17 日，北京国安客场挑战广东宏远，杨晨连过对方三名球员，随后起脚怒射，攻破了区楚良把守的球门。这也是国安职业联赛历史上的第一个进球。

"当时没想到这么快就能进球，而且进的还是区楚良把守的球门。"每当杨晨在电视上看到当时这个进球的录像时，都会感叹一句，"那时候简直太年轻了，现在，老了。"

杨晨的家位于北京市正南的丰台区东高地，紧挨着南苑机场。父母是普通工人，在航天工业部 211 厂上班。邓乐军的父母当时也在那里工作，他们打小就认识。

杨晨的父亲没练过体育，但却有着不错的运动天赋，曾在老年工人运动会上拿到过跳远第一名，篮球也打得非常棒。他还喜欢足球，一直遗憾自己没练过足球，所以把希望寄托在儿子身上。

小学二年级，杨晨的父亲从报纸上看到一则北京市少年宫招孩子参加体育培训班的启事，就给儿子报了名。

当时报足球项目的有 100 多个孩子，最后选上的只有杨晨和一个之前练过武术的孩子。那时选孩子的教练是国安前球员周宁的父亲周广生，他也是杨晨的启蒙教练。

在少年宫的日子，杨晨最期待的是每天训练结束。因为训练结束后，偶尔会发块桃酥，或者老师端着一个大脸盆，里面盛满了苹果，每人发一个。

每到发桃酥或者苹果的时候，"心里就特

高兴"。

离开少年宫，杨晨辗转进入北京芦城体育运动学校，后来和周宁一起调入北京青年队，因为年龄小，又被调整到北京青年三队。当时韩旭、周宁等人都被留在二队。

除了年龄小，杨晨认为，"我家里条件一般，也没有这个路子、那个路子的"。当时与杨晨一起在三队的，还有南方、李洪政。

被调整到三队后，杨晨心情郁闷，一度打算不踢了，继续读书，"我的学习成绩不错，考大学没问题"。

北京三队教练刘敏新及时找杨晨谈话，对他极尽挽留之情："你跟着我好好练一年，肯定没问题。"

回心转意的杨晨，在三队的这一年进步明显，几乎包办了全队的所有进球。1992 年，18岁的他从三队直接进入一队，并参加了 1993 年的全国比赛，还入选了戚务生组建的国奥队。

1994 年，中国足球职业联赛拉开帷幕，北京队更名为北京国安，杨晨身披 10 号球衣征战甲 A 联赛。队中，他和周宁是小字辈球员，"体能训练时，我俩跑在最前面；比赛中拼得最凶的就是我俩"。

刚到国安时，杨晨的月工资是 1200 元，跟老队员没法比。"那时候小，不在乎工资，能挣钱就挺高兴了。"在国安效力，他的工资最高时，只有 1 万元左右。

在国安那几年，杨晨过得并不如意。

刚开始，他要与高峰、高洪波、翟彪、谢峰等名将竞争，再后来，国安进攻端又是冈波斯、卡西亚诺、安德雷斯的天下。除此之外，伤病也不时来"串门"。1996 年 4 月，杨晨左腿半月板伤情严重，不得不手术。手术康复后，又在训练中与队友相撞，腓骨骨折。"接二连三地受伤，状态自然会受到影响"。

4 年时间，杨晨为国安出场 55 次，打进 7 球。这还不及他后来在德甲法兰克福第一个赛季的进

球多。

辗转

山重水复疑无路，柳暗花明又一村。

当杨晨在国安陷入困境的时候，他职业生涯中的又一个贵人出现了，他就是国足前主帅施拉普纳。

1998 年初，施拉普纳与国安联系，准备运作杨晨到德国试训。"球队当时不想放我走，可是留在国安，也打不上主力，有点儿鸡肋的感觉。"施拉普纳找到了时任国安主帅金志扬，后者对杨晨到国外踢球表示支持。

在施拉普纳之前，青岛队两次找到杨晨，希望他能够转会去青岛，并派了一位总经理来北京找金志扬谈判。

结果，青岛方面的代表还没开始谈，就被金志扬"骂"了回去，"杨晨要是出国，我支持；要是去国内其他队，我坚决反对，根本不同意，免谈"。

"金指导当时特明智。"回忆起往事，杨晨认为三名教练对于他来讲意义重大，"第一个是周宁他爸周广生教练，是我的启蒙老师；第二个是刘敏新指导，没有他，我很可能放弃了足球；第三个是金指导，我出国踢球他帮了大忙。"

1998 年 2 月，杨晨抵达德国，第一站是施拉普纳的母队曼海姆。在曼海姆队试训时，杨晨的膝盖老伤复发，本打算回国，但施拉普纳建议他留在德国疗伤。

在德国，一边疗伤，一边踢球，没有任何德语基础的杨晨遇到了不少麻烦。去餐厅吃饭时，他会将牛肉、鸡肉等词汇用德语记录在本子上，点菜时拿给服务员看。厨师当然不会特意按照中国人的口味烹调，"不管好吃不好吃，我都得吃。好在西餐对运动员身体特别好，我本身对西餐也比较适应。"

○1997 年 12 月 28 日，足协杯决赛，杨晨带球突破。从 1994 年 4 月 17 日首开纪录开始，杨晨为国安效力 4 年出场 55 次，共打进 7 球。图 /Osports

1998 年 4 月，曼海姆同多特蒙德进行了一场热身赛，伤愈复出的杨晨表现出色，被法兰克福球探看中，邀请他去试训。试训三个月后，法兰克福对杨晨的表现非常满意，以 7 万马克的价格从国安租借一年，他也成为中国足球史上登陆欧洲五大联赛的第一人。

法兰克福俱乐部给杨晨租了一间房子。房子在楼的顶层，呈三角形状。家具和家电一共三样：床、桌子和电视。电视放在了地板上，因为房间太小，已摆不下第二张桌子。房子距离电梯很近，电梯升降时，会发出很大的噪声，杨晨经常被吵醒。

后来有德国记者到杨晨的房间采访。"他们来的时候，都惊了，觉得法兰克福俱乐部对我太差了。"杨晨回忆说。

1998—1999 赛季德甲联赛第三轮，法兰克福对阵门兴格拉德巴赫，杨晨攻入一球。这也是他在德甲联赛的第一个进球。"在德甲，如果一个前锋两轮不进球的话，那么第三轮的压力就会很大，除非你的名气很大"。

杨晨为法兰克福打进第三球后，俱乐部为他在富人区租了一间较大的房子，还配了专车。选车时，杨晨挑了一辆排气量相对较小的三菱汽车，"我刚到这里，还是低调点儿好，没想挑豪华的车"。因而，当全队集体开车外出时，杨晨经常被甩在后面。

那个赛季最后一轮，法兰克福在保级战中以 5 比 1 大胜凯泽斯劳滕。杨晨为球队首开纪录，并贡献一次助攻。法兰克福的保级竞争对手纽伦堡 1 比 2 输了球。两支球队在积分和净胜球都相同的情况下，法兰克福凭借多出来的四个进球，惊险保级。为了转播这场比赛，央视当时放弃了德甲冠军争夺战。

在德甲的第一个赛季，杨晨出场 23 次，进 8 球，是队内的第一射手。"按照我的能力来讲，在德国的第一个赛季已经算是很成功了。"

在杨晨看来，自己在德甲发生的这种质变与信心有关，"在国内踢球，压力很大，容易越踢越不自信。在德国，教练一直鼓励我。以至于我回到亚洲参加国家队比赛时，都显得特别轻松。"

在德甲效力一年后，法兰克福俱乐部希望能与杨晨签一份长达 3 年的合同，因此与国安俱乐部在北京展开了马拉松式的谈判。谈判历时 3 天，每天除了吃饭、睡觉外，基本上都在唇枪舌剑中度过。谈完之后，时任国安俱乐部总经理杨祖武，已经累得不行了。法兰克福俱乐部最终给了国安 131 万马克的转会费，并外加培训四名国安年轻球员。

131 万马克，这也是当年国内球员的第一身价。

回归

没多久，杨晨的身价就涨到了 400 万马克。

那是在法兰克福的第二年，凯泽斯劳滕看上了他，出价 400 万马克，但转会没能成功。

杨晨认为转会没成功跟施拉普纳有一定的关系。直到今天，杨晨依然非常感谢施拉普纳把自己带到德国，但他也觉得，施拉普纳并不是一个最适合自己的经纪人。1999 年，杨晨更换了经纪人。

在德国期间，媒体曾爆出杨晨同主教练马加特之间关系紧张，一度传出马加特排斥杨晨的新闻。"我跟马加特没什么积怨。我受伤的时候，他总觉得我伤得并不严重，如此而已。"杨晨从不怀疑自己的敬业态度，他在法兰克福效力期间还要参加国家队的比赛。2001 年时，他曾在一周内往返欧亚数次，打了三场比赛，一场德甲、两场国家队比赛。

2001 年，法兰克福不幸降级，杨晨为了帮中国国家队打世界杯预选赛，错过了保级战。提及此事，他心生遗憾："前两年保级的时候，我都在，结果偏偏第三年不在。哪怕我在，你降级了，我也心甘情愿啊！"

跟随法兰克福踢了一年德乙后，杨晨合同到期，自由转会到圣保利，踢了一年。

在德国踢球时，杨晨的工资不高。跟随法兰克福征战德甲，月收入在两万欧元左右，其中一半要上税。"当时具体能拿到手多少钱，记不清了。我去德国踢球，真不是为了钱。"

在德国五年，杨晨踢了三个赛季德甲，进球16个；踢了两个赛季德乙，进球8个。在圣保利时，他缺席了多数比赛，原因是韧带断裂，这也让他动了游子思归的念头，"出来五年了，父母年龄大了，我想回去，回到他们的身边"。

当时除了国安，上海中远、大连实德、山东鲁能、深圳健力宝等球队都希望杨晨能够加盟。有俱乐部老板提着现金来找杨晨，被婉拒，"在德国，转会签合同是要落在纸面上的，很正规。这种提着现金来找我的方式，我觉得没保障。"

杨晨首选是北京国安，但最终去了深圳健力宝。当杨晨代表深圳回北京比赛时，有球迷把他的头像跟美元放在一起。

对于球迷的行为，杨晨很理解："爱得越深，最后恨得也就越深。高峰、谢峰他们回来打比赛时，也是这样的待遇。我完全理解。菲戈回诺坎普比赛，还不是一样被骂？"

说到加盟深圳的原因，杨晨说得很坦率："国安当时起来了一批年轻球员，同时，我也应该尝试一下新的足球环境。在自己的家乡踢球，无形之中会有很多压力。"

他去深圳时，上千名球迷到机场接机，结果把机场弄得人满为患，"那种场面，是我一生当中第一次见到，非常感动"。

在深圳踢了三年，杨晨拿到了中超联赛冠军，也参加了亚冠的比赛。后来球队不太稳定，他受高洪波之邀，去了厦门。

在厦门踢了两年后，球队因为得不到市里面的支持降级了，杨晨正式挂靴，结束了13年职业球员生涯。

这13年，杨晨曾在五大联赛之一的德甲踢球，拿过中超冠军，踢过亚冠，还曾代表国家队征战十强赛、世界杯。退役时，没有难受，没有遗憾，杨晨认为自己球员生涯的句号，"画得很圆满"。

退役后，杨晨在江苏舜天先后担任助理教练、领队。2010年，他在德国拿到了职业教练员A级资格证书。

性情耿直的杨晨，以前说话办事都很直接，"但现在得换个方式了，球员们都是孩子，我说的话，既要不打消他们的积极性，又要让他们明白道理。有时候，换一种说话办事的方式，别人就能接受，我为什么不那么做呢？"

杨晨觉得，做教练需要具备一定的"表演天赋"，尤其是在球队困难时期，他更应表现得镇定自若，因为在这个阶段球员都在看着他呢。

作为土生土长的老北京人，杨晨始终如一地挂念着北京。

国安2009年夺冠时，他激动万分；北京男篮2012年夺得CBA总冠军时，他跟着高兴，说自己是马布里的粉丝，他全家都是马布里的粉丝。

必答题

《新京报》：你干过的最爷们的事？

杨晨：干了那么多事儿，现在真想不起来了。

《新京报》：除了你，国安队中谁最爷们？

杨晨：金指（金志扬）。

高洪波
回北京球迷不嘘

"另类！绝对的另类！"熟知高洪波的人，大都会如此评价他。为什么？面对记者，他左右逢源、滴水不漏；在足球圈，他不抽烟、不喝酒，也很少参加老友聚会；无论是踢球还是执教，获胜后他冷静得让人胆寒；面对田径教练的帮扶，他却因厌恶体测而远走新加坡；拿起教鞭时，他迷恋高科技，训练之余常与电脑和数据为伍。

就是这样一个足球圈的另类，却俘获了球迷的心。2011 年 8 月 10 日，执教国家队谢幕战，球迷在大雨中高喊"高洪波不要走"。素有"冷面杀手"之称的高洪波，其实并不怎么冷。

○ 2012 年 11 月 25 日，老甲 A
明星邀请赛，高洪波的踢球动作
并未变形。图 /Osports

另类

"职业生涯中最难忘的比赛是哪一场？"

"很多比赛都很重要，都很难忘。"

没错，这就是高洪波的风格。他的回答甚至能让急着写稿的记者发狂。无论如何，他一直如此，从未改变——发布会上左右逢源、滴水不漏，每句话都像打了草稿般严谨。执教国足时，高洪波谁的账也不买，从不接受专访。转战贵州人和，除了例行的新闻发布会，他很少公开露面。

莫非，高洪波真的不近人情？

还是听他自己的解释吧。"我确实不太爱接受采访，但这不是不好接触，是因为我的工作或多或少需要集中精力。干自己的工作，而且也没有什么可宣扬的地方。你说要采访，我没什么可表功的，做得也没那么好。"高洪波说。

除了出言谨慎不大抛头露面之外，高洪波还是个不抽烟、不喝酒的人，这在足球圈，简直称得上"稀世珍品"。休假时，他很少参加老友聚会，大多数时间是在家里陪妻子、孩子，给他们做饭，送孩子上学。

很多离开国安的队员，来北京与国安比赛时，总会听到球迷的嘘声，但高洪波没有享受到这一"待遇"，迎接他的，更多的是诸如"欢迎高洪波回家"之类的标语、口号。

向球迷征集给高洪波的问题时，最多的一个竟然是"高指导你什么时候回国安"。

"我去过很多城市当教练，大多数球迷对我还是非常认可的。不论在北京、广州当球员，还是在广州、上海、吉林、贵州做教练，我觉得球迷对我还是比较喜欢的。"谈到这一点时，高洪波终于笑了。

高洪波还有一个纪录，那就是作为国家队本土教练，他没被喊过"下课"。反倒是2011年8月10日，在合肥奥体中心，高洪波的谢幕战，球迷们冒着大雨为他助威，看台上挂着"换高帅亲者痛仇者快"的标语。比赛结束后，球迷仍不肯散去，围着中国队的大巴高喊"不下课"、"高洪波不要走"。

感激

与高洪波一起踢过球的老国安球员们，对他的评价大都是"特立独行"四个字。与爱玩闹、爱喝酒、爱聚会的北京球员不同，高洪波从不凑热闹，平时也很少跟别人开玩笑。不过，这并不妨碍他在国安创造佳绩。

中国足球职业联赛开始后，高洪波1994年远走新加坡，为中岑鲁队效力。1995年，他回归国安并待了两年，1997年转会广州松日。高洪波在的那两年，国安处于鼎盛期，足协杯冠军、联赛亚军都有高洪波的一份功劳。正是那两年，他永久地赢得了北京球迷的心。

对那两年，高洪波有无尽的回忆，但往事重提，他依然轻描淡写。高洪波说："那两年，球队的氛围非常好，因为北京文化的包容性，使得这支球队很多外地球员刚来就马上融入其中。像高峰等人，一进队就身陷这种哥们儿、爷们儿的氛围中，大家非常开心。对于这一点，我非常怀念。"

高洪波说，他还忘不了的是，国安1996年夺得了足协杯冠军。"这是我们球员生涯获得的最高荣誉。"高洪波说，"作为球员来讲，在北京获得这么多球迷的认可，当时国安的领导也对我非常器重，我非常感激。"

虽然北京球迷对高洪波一直"以礼相待"，但高洪波却在家乡父老的心中留下了很难愈合的"伤口"。

1995年，高洪波打入11球，帮助国安拿到联赛亚军。1996年他有6球入账。离开国安后，高洪波1999年带领广州松日战胜国安；2007年他率领长春亚泰客场击败国安，让老东家与中超冠军失之交臂。那一年，夺得联赛冠军的，恰恰就是高洪波的队伍。

面对老东家国安队时，是否会有些障碍呢？高洪波坦言："或多或少心理上有点别扭，因为当运动员时在这座城市获得了很多荣誉，也赢得了大家的认可，而且，俱乐部的那种欢乐氛围真的令人难忘。突然要'面对面'了，还是有一些不一样的感受。但从职业道德角度来讲，给人打工就得对人家认真负责，这是做人的一个基本原则。"

多年过去，高洪波对北京国安依然有很深的感情，老甲A联赛于2012年11月底在广州举行，虽然一直备战足协杯没法参与训练，但高洪波承诺，不出意外的话，他一定会作为国安"老男孩"的一员出现在比赛中。事实上，他也做到了。

冷峻

电影《这个杀手不太冷》的主角莱昂，冷静而神秘，不苟言笑的外表下，深藏着一颗温柔善良、天真质朴的心。这个角色，与高洪波颇为吻合——球场上，他冷峻无比，用各种进球杀死对手；在场外，他平易低调，像个邻家大哥一样朴实。

"冷面杀手"，这是那个时代球迷给高洪波的绰号。消瘦的身材，冷峻的外表，懒于奔跑但善于跑位，速度不出众但在最关键的抢点、捡漏方面却显示出超群的能力，总能出其不意地出现在最危险的地带，并一招致命。

如今，说起这个当年的绰号，高洪波有自己的看法："我觉得，实际是说当初我的身体素质、身体条件并不是很出色，很瘦弱，给人的感觉是弱不禁风的样子，但很多时候能完成最后一击。把这些结合在一起，才有了'冷面杀手'这个绰号吧。实际上，无论是我的性格还是内心，跟'冷面杀手'好像还是有很大的差别。"

无论代表北京国安还是广州松日，无论是

做俱乐部主帅还是执掌国家队教鞭，人们很难看到高洪波获胜后疯狂庆祝的场景。在球场上，他永远冷静，赢球、输球基本上都是同样的表情。1995赛季的最后一场比赛，国安3比1战胜广东宏远之后，高洪波竟然没有随队绕场庆祝，而是独自在场地里驻足观望，谁都猜不透他当时的心情，甚至有人怀疑他有离开国安的打算。

接触过高洪波的人都知道，他从来不对任何人大声讲话，对老板、队友、记者、工作人员的态度基本一致。不会对领导格外客气，也不会对陌生人格外冷漠，更不会冲着球员大声责骂。

高洪波解释说，如此待人，与他的生长环境和家庭条件有关。"我也算是苦孩子出身，所以不存在任何的优越感，和任何人交往都坚持平等原则，互相尊重，互相帮助。所以，了解我的人都会觉得，'冷面'这个词跟我的性格并不完全相符。"高洪波说。

高洪波对自己"苦孩子"的定位并不夸张，他排行老二，小时候父母加一起70元的工资要养活3个孩子。早年踢球时，高洪波从丰台区到崇文区体育馆路训练，每天在路上奔波四五个小时，中午吃点米饭加大白菜，训练结束后经常只有一个馒头充饥。孤身一人住在体委宿舍的徐根宝看他实在可怜，就收留了他，晚上常给他做蛋炒饭、排骨汤补身体。高洪波从不喊累，每天晚上一挨着枕头就立刻进入梦乡，谁都叫不醒。有一次，徐根宝回来得晚些，怎么敲门高洪波都听不见，最后砸开了小天窗玻璃才进去。

体测

"我是什么人？我不是一个特别能跑的人，我是在门前解决问题的人。"这是高洪波当年最经典的语录。12分钟跑，让他、高峰、郝海东这样的"现象级"球员吃了不少苦头。

说起中国足坛闻名的12分钟跑，许多球员，

○ 2002 年 1 月 11 日，高洪波挂靴两年后投奔上海中远，担任助理教练，辅佐恩师徐根宝。图 /Osports

尤其是体能"困难户"都可以倒三天三夜的苦水。如果未能达标，连报名的资格都没有。著名的体测"困难户"郝海东从未停止过对体能测试的炮轰，高峰 2003 年因体能测试未过而选择退役。

高洪波也在体测问题上栽过跟头，而且，发生在他身上的故事更极端一些。

1994 年初，甲 A 元年，国安还隶属北京体委。当时体委领导为了帮助高洪波过 12 分钟跑难关，特地找田径教练毛翼轩帮他练体能。到了昆明的测试基地，高洪波被列在"困难户"的攻关小组中。当时的教练唐鹏举称，一点球队训练都不敢给高洪波安排，完全把他扔在田径场上练体能去了。

把足球运动员当田径运动员练，是高洪波随后出走新加坡的原因之一。"当时的确有体测上的一些原因，也想出去开阔开阔眼界。我们那个年代去欧洲踢球就是一个梦想，因为中国足球水平确实比较低，跟国外交流也比较少。那时，东南亚有职业联赛，也是一个机会，所以我就出去见识见识。"高洪波说。

虽然1995年又回到国安，但体能测试始终是高洪波挥之不去的阴影。日后当了国足教练，高洪波明白拉体能对一个不靠身体踢球的人来说有多么困难，于是，就有了他亲自上阵、陪着毛剑卿在沙滩上跑步的画面。

"没有绝对的正确，也没有绝对的错误，因为每个人在制定他的发展目标和措施手段时，都会站在自己的角度考虑，所以我认为体测有利有弊。"如今，高洪波评价体能测试时用起了辩证法，"起码，体能训练你得抓，这关系到上岗证，你体能达不到一定的标准，就不具备参赛的资格。从身体素质方面来看，这是一个很好的要求。但是，足球比赛又不是单纯比体能，是综合较量，所以，还是有一些地方需要调整改进。"

电脑

《足球小将》里有一支队伍，完全靠电脑控制。这个桥段被高洪波巧妙地应用到国家队及贵州人和的赛前准备会中。

在国内教练中，高洪波是较早一批使用电脑进行定量分析的人。从欧洲游学归来后，他迷上了用电脑分析，并逐渐发展为多媒体展示。当年应聘国家队主帅时，高洪波便向"考官"们展示了这一技术。

国家队队员杜威、杨昊回忆说，每场比赛前，高洪波会给每位队员发一个iPad，里面有教练组做的PPT，内容涉及对手资料、特点、重点队员的防守措施，以及球员在比赛中该注意的跑位、罚定位球时的站位等。

高洪波无论走到哪里，几乎都会带着笔记本电脑，那里面存的都是球员的各项数据和球队的技术信息。长春电视台记者徐汇亲眼看到过高

洪波电脑里的内容，"信息特别全，每周他都会把队医测量的球员身体数据存到电脑里，每个人一个曲线图。球队的技战术打法也很详细，在给球员布置战术时，他就用电脑连上幻灯机，放幻灯片的同时还能插进欧洲先进球队打法的短片，球员更容易接受"。

自费出国留学的日子，高洪波还学到了比高科技更重要的理念，那就是因人制宜。

"我是在不断吸收、借鉴国外方方面面的经验和思路，然后再从中挑选符合我的那一部分。中国足球整体发展水平较低，想要达到高水平，不断向前发展，肯定需要借鉴和参考国外一些先进的东西。但千万不要照搬，照搬的话永远是跟在别人后面。"

和记者聊天时，高洪波介绍了自己的执教理念："首先是选材、用人。你的战术体系里，每一个位置需要什么特点的球员，这是教练员在定位球队的发展方向时必须首先考虑的。然后你再对人员进行组合，发挥他们各自的优势。我从做球员开始就是一个平民，各方面条件都不是很优秀，所以，更希望别人能寻找到我的优势并挖掘出来。做教练时，我会格外注意这一点。足球就是需要将不同特点的球员搭配好，如果场上有11个梅西或11个马拉多纳，那这支球队不一定能赢。"

必答题

《新京报》：你干过的最爷们的事？
高洪波：目前还真想不起来。

《新京报》：除了你，国安队中谁最爷们？
高洪波：那不是讨好一个人得罪所有人了吗？这个我确实没法回答，这话说出来，很容易把其他朋友都得罪了。

金志扬
"三杆洋枪"缔造者

1997 年 7 月 20 日，北京国安在工体 9 比 1 横扫上海申花。那时的联赛还叫甲 A，那时的国安主教练叫金志扬，那时的金志扬 53 岁。

2012 年底，15 年过去了，回想起这场比赛，金志扬记忆犹新。他说，名噪一时的"三杆洋枪"，正是以他为首的教练组力排众议打造的。

如今的金志扬，全身心扑在校园足球身上，"日本能办到的，我们也一定能"。

○2012 年 11 月，年近七旬的金志扬再次带领昔日弟子训练时，腰杆依然挺得很直。新京报社记者 陈杰 郭延冰／摄

教练

9 比 1。

1997 年那个夏天，金志扬带领北京国安在工体挖了一个大坑，待上海申花掉进坑里，他三下五除二盖上了土。

那场比赛，安德雷斯为国安首开纪录，曹限东随后进球，当吴承瑛追回一球后，"三杆洋枪"接管了比赛。从第 31 分钟到第 81 分钟，卡西亚诺打进 3 球、冈波斯和安德雷斯双双梅开二度。

而正是因为当时金志扬率领的教练组的坚持，才有了三枪聚首。

1997 赛季开始前，高峰和高洪波双双离去，肯尼亚外援英加纳加盟御林军。"当时他两场打进 3 个球，但我还是把他清除了。"金志扬回忆说。

金志扬的决定，让媒体、球迷不解，领导也提出疑问。但是金志扬有自己的想法，"虽然英加纳身体能力突出，但他不注重配合，比较独，不是北京队的风格，根本无法融入球队整体中来"。

"他在的话，前边就靠他一个人，其他人的能力都发挥不出来。"当时国安锋线上有安德雷斯，身高、技术还不错，金志扬想再要一个有冲击能力、速度比较快并且讲究配合的前锋。此时，经纪人推荐了卡西亚诺。

卡西亚诺和冈波斯是老乡，金志扬为此征求冈波斯的意见。冈波斯表示："他比我还棒呢。"看过录像后，教练组拍板签下卡西亚诺。"当时领导也过问了一下，但最后还是没有干扰教练组的决定，尊重了我们的意见。"

"后来有人说，金志扬你这是蒙的，我说那你也给我蒙一个看看。"据说，当时"三杆洋枪"加起来只花了 40 万美元。

金志扬也承认，自己的成功源于领导的信任。尽管在国安那几年，他从来没请领导吃过饭、没给领导送过礼。

"士为知己者死。"金志扬只认这一点。

1996 年，国安客场挑战深圳。深圳在当时是一支弱旅，国安上下都认为这是一场必能全取 3 分之战。

国安时任老板当时请了朋友、合作伙伴，一起从北京前往深圳观战。然而，由于自身发挥以及裁判的原因，国安输掉了比赛。

"当时我感觉特别对不起老板的信任，让他在那么多人面前丢人了。后来老板安慰我说，输赢没关系。他要请我们全队吃饭，我都不好意思去。"金志扬说。

这口气一直堵在金志扬心头，回北京后，一向不太爱喝酒的金志扬看到家中摆放了很长时间的药酒，便喝了 2 两，这导致心脏出现不适反应。

第二天，金志扬找到队医双印，后者见情况不妙赶紧带他去了医院。医生检查给出诊断，需要立刻做动脉造氧手术。

周二手术后要卧床休息两周，但金志扬只在医院待了三天便要求出院，因为周六国安有比赛。"球队输了深圳后士气受到打击，要是这场赢不下来，队员的状态就很难调整过来了。我必须得去球场，给他们开准备会，站在场边指挥，让他们感觉到无论如何，我都会和他们在一起，我要给他们获胜的勇气，带领队伍走出低谷。"金志扬说。

金志扬出了院，医院派了一个医生、一个护士跟随。那场比赛，国安 2 比 0 拿下，队伍从低谷中摆脱出来。金志扬心里那口气顺了过来，比赛一结束立刻又被带回医院。

执教国安期间，金志扬未能染指联赛冠军，但在外战方面，他让国安在国内树起了一面旗帜。2 比 1 击败 AC 米兰、2 比 1 战胜阿森纳、3 比 2 战胜弗拉门戈……

外战内行，这让金志扬自豪不已。金志扬说，他那些年带领球队无论去哪个城市，都不会像现在一样被骂，即便在宿敌上海申花的客场，球迷们也夹道欢迎，国安的球衣全国各地都有人买，球迷来信有几大箱子。

金志扬至今依然记得一个上海老球迷的来信：我是上海的老工人，20 世纪 50 年代就看足球。你们北京国安对外所表现的敢于争胜的气势代表了中国足球的希望。虽然我是上海球迷，但我也支持你们。

教授

这些年，北京和天津恩怨颇深，但金志扬恰好两队都执教过。即使率领天津队面对北京队，国安的球迷也没有当他是"叛徒"，而是集体为这位功勋教头送上掌声，金志扬忍不住含泪鞠躬。

1995 赛季，金志扬执教国安，1997 赛季结束后调入国家队任教。1999 赛季，金志扬执教天津，2001 年随米卢带领中国队打进世界杯。

这两次执教经历，给金志扬的履历簿留下了浓墨重彩的一笔。不过，后来执教北理工，虽非联赛的顶级球队，金志扬的自豪却无消减。

2003 年，在金志扬最困难的时刻，受聘为中国大学生足球队主教练，参加世界大学生运动会，所有关系调入北理工，并成为北理工的教授。

金志扬上任的第一关就是世界大学生运动会，代表中国出战的北理工与加拿大、伊朗和乌拉圭分在一个小组。

在以 1 比 2、2 比 3 先后输给加拿大和伊朗后，中国队要想出线，最后一场比赛必须净胜乌拉圭两球。其实在第二场小组赛结束后，中国代表团就贴出通知：男足被淘汰。谁也不相信，中国队能击败强大的乌拉圭。

对阵乌拉圭，上半时中国队 1 比 0 领先。比赛最后 5 分钟，中国队抓住机会再入一球。如果 2 比 0 的比分维持到终场，北理工就将出线。

最后 3 分钟，乌拉圭发起猛攻，门将都站到中线上，皮球基本就没离开过中国队的禁区。

金志扬说："在足球圈这 50 年，能让我大脑一片空白，什么都不知道的，只有那场比赛。他们教练、我们教练组全疯了，站在场边喊，我也不知道我喊什么呢，就看见球嗖嗖在我们门前飞。对手罚了得有五六个角球，有一个差点儿就进了。好在我们熬过去了。"

金志扬说，无论是带国安还是带国家队去世界杯，从来没有哪一场比赛让他这般想掉眼泪。

在北理工，金志扬每个月工资只有几千元。曾经有职业队以 200 万元的年薪邀其出山，但被他断然拒绝。

"士为知己者死。"金志扬还认这一点。

事实上，为了北理工和大学生联赛，他离"死"就差了那么一点点。

2003 年年底，金志扬在观摩大学生联赛时身体不适，去医院被查出患有结肠癌，必须手术。术后，很长一段时间他都要挂着便袋。

2004 年夏天，武汉形同大火炉，学校领导希望金志扬能亲赴武汉督军，带领球队拿到大学生联赛冠军。

"我的那个大粪袋子，不知道什么时候就会满，满了就得去换，特别味儿。我自己弄来太费劲，当时我爱人和我一起去的。"金志扬说。

"最后一场球争冠亚军时，突然东西就出来了。我赶紧捂着，冲我爱人招手。她从主席台跑下来跟我去男厕所清洗，当时太热了都捂出痱子来了，我爱人就哭了，说'金志扬你不要命啦'。"金志扬说。

不要命的金志扬，"督军"效果明显，北理工在决赛中 3 比 0 击败深圳大学队，取得大学生足球联赛的三连冠。

教父

改制。

这两个字最近一直困扰着金志扬。

按照中国足协在 2011 年推出的最新版本的

○ 1997年12月28日，国安2比1战胜上海申花，连续两年获得足协杯冠军，金志扬和外援冈波斯等举起冠军奖杯。当年，正是金志扬率领的教练组的坚持，才有"三杆洋枪"的聚首。图 /Osports

《中国足球职业联赛准入制度》，北理工必须改制才能留在中甲。

"足协规定，截至2012年12月5日，如果我们依然是社团性质，将取消参加职业联赛的资格。我们必须演变成工商局注册的职业俱乐部，有经营权利、能力，1500万元的注册资金，达不到要求，就取消资格。"

年近70，金志扬本该安享晚年，但他依旧为校园足球操着心。

算上这个赛季，金志扬已经带领北理工连续6个赛季保级成功。金志扬说话向来不兜圈子，他不想通过带领这支学生军从未降级来证明自己的能力，而是希望保留住这块阵地，吸引更多的人关注校园足球。

北理工的球员都是在校大学生，他们和正常学生一样上课、考试，每天下午三点半到五点半训练。

相比于职业足球运动员数以万计的月薪，北理工队员中级别最高的，补贴也只有每月800元。

北理工能一直留在中甲，金志扬认为靠的就是脑子："我们曾经 2 比 0 战胜过乌拉圭，比赛前我就告诉他们要破釜沉舟，把这个故事给他们讲了一遍，他们就能体会其中的含意。"

金志扬说，他就是要用好的成绩，用一直能够留在中甲的能力告诉人们，踢球也能上大学，上大学也能踢球，中国足球就该走这样的模式。

"现在一家一个孩子，要是送去踢球，按照现在的模式，十三四岁送到国安四队，6 年后才有机会升入一队，而四队到一队的淘汰率差不多 90%，到不了一队的干什么去？有那种踢野球的，帮人家单位踢比赛，200 元一场。"金志扬说。

随着体教结合逐渐深入人心，国安三队、四队的孩子不用小小年纪就被放到香河封闭训练了，而是搬到天坛，和当地的中小学挂钩接受教育。

日本足球教父川渊三郎是金志扬的榜样。"日本足球和中国足球都意识到了足球要从娃娃抓起，而两者在落实过程中的区别只有一字之差：日本认真，中国不认真。"金志扬说。

不少专家都提出，青少年足球是根，联赛是本。金志扬认为，绝大多数的青少年都在学校中，所以校园足球是根。

金志扬拿乒乓球举例。在他看来，乒乓球之所以成绩好，是因为基数大："哪个中国人基本都能拿起拍子来挥两下，咱随便几个就能跑马里拿个冠军去。但现在能踢上足球的孩子有多少？"

中国足球不行，中国足协挨的骂最多。金志扬不这么看，他认为足协只是组织者和指导者，教育部门才是主导者。

"韦迪天天喊，让孩子去踢球，人家听他的吗？说白了，一个学校的校长让踢，孩子就会去踢，校长禁止孩子踢球，那就踢不了。校长听谁的？教育部啊。所以我一直希望教育部门的人可以接受我的这个想法。"金志扬说。

30 多年前，川渊三郎说服了日本的文部省教育系统，将足球列为小学的正式课程。

"日本有 6 万多名经过培训的、可以任职的教练，中国有 6 万多小孩儿踢球吗？就这样让中国足球超越日本，可能吗？"金志扬说。

金志扬希望能够像当初的川渊三郎那样，让校园足球引起相关决策者的重视。他最喜欢说的一句就是："日本能办到的，我们也一定能。"

俨然，金志扬已经成为中国校园足球的教父，坚持着，呼吁着，身体力行着。

必答题

《新京报》：你干过的最爷们的事？

金志扬：当年做完癌症的手术，在那么热的天气下，去武汉带领球队参加世界大学生联赛。

《新京报》：除了你，国安队中谁最爷们？

金志扬：双印。那么多年了，就他一直在队里，别管什么领导、什么教练，他都能处得挺好，而且就踏踏实实干队医，不想别的，一般人没这本事。

谢峰
先当千里马再当伯乐

谢峰 1966 年出生，属马。球员时代，他是中国足坛首屈一指的快马。白驹过隙，曾经的快马慢了下来，却华丽丽地转了个身，干起了教练，成为名副其实的伯乐，想着怎么培养千里马。

2011 年，谢峰结束了漂泊，回到国安，当起了助理教练。足球之外，谢峰还喜好丹青，擅长画马，他的画作多被朋友们争相收藏。

——你看，这个人属马，当伯乐挑千里马，业余时间画马，跟"马"结缘是结定了。

○ 1998 年离京谋生，再次回来时，谢峰收获颇丰。如今，他以助教的身份与国安再续前缘。新京报社记者 陈杰 郭延冰 / 摄

快马

"球传给了高峰，高峰也是在右路，传起来！头球攻门！球，球进了！头球攻门球进了！这是北京队的 7 号谢峰，为国安 1 比 0 取得领先！"

北京电视台解说员宋健生的解说激情，仿佛 18 年前的这场比赛中用尽了。

对于那场比赛的时间，进球者谢峰记得一清二楚，"那是 1994 年 6 月 16 日，在工体同 AC 米兰"。

第一次与那么强的对手过招，谢峰有些紧张。"那时的米兰可是王中王。"谢峰说。他的父亲是足球教练，赛前鼓励他放开了踢。到场上，谢峰很快发现欧洲球员转身较慢，便毫无顾忌地运用自己的速度优势。一次进攻中，高峰右路突破传中，谢峰像箭一样冲入对方禁区，迎球一顶。

"后来看录像，球门的远角空当特别大，我顶的却是近角。当时真是刹不住了，没工夫考虑角度。"球砸在门柱上，又反弹到对方守门员的脚后跟上，撞进球门。瞬间，工体欢腾。一起欢腾的还有北京台的解说员宋健生。

这个进球让 AC 米兰主教练卡佩罗一脸郁闷，也帮助国安 2 比 1 战胜了来访的"王中王"。赛后，有 AC 米兰的球员想同国安队员交换球衣，却被"拒绝"了。

"当时条件差，我们只有主客场两套球衣，给出去就没得穿了。不过我是真想换。"没能换成球衣，谢峰有些遗憾。

这场比赛给谢峰带来了自信。1994 年，甲 A 联赛元年，谢峰与队友一起创造了一个绿色狂飙的时代。那个赛季，谢峰 11 次攻破对手城门，成为队中的最佳射手。第二年国安外战阿森纳，谢峰又打入关键一球，帮助国安 2 比 1 获胜。两次斩落世界劲旅，让谢峰一时间声名大噪，博得了"巨人杀手"的美名。

谢峰还有个绰号,与高洪波、高峰、曹限东并称为"京城四大名捕"。其中谢峰代表的是国安的"快"。11.2秒,这是谢峰的百米净跑速度。在国安队中,他与另一匹快马高峰谁更快,成为大家关心的话题。队友韩旭曾点评,短距离冲刺高峰强,而长距离奔跑谢峰更快,"他是越跑越快那种类型。"韩旭说。

1988年进入北京队的谢峰打过前锋、右边前卫,这些位置似乎都不能充分发挥他的优势。"边前卫冲刺的距离太短,跑着不过瘾。"直到金志扬执掌国安,对球队进行改造,谢峰改打右后卫,一下激活了这匹快马。此后,球迷们便总能在球场上看到谢峰的加速跑。其中最为人津津乐道的莫过于1996年北京国安对阵天津三星的那场比赛,谢峰从后场带球狂奔50多米,几名天津队后卫在他身后苦苦追赶无果,只得眼睁睁地看其将球打入。

已故解说员陶伟曾在解说谢峰的比赛时说:"别人追谢峰,没戏。"

驯马

30多年前,冬日清晨的龙潭湖,清冷寂寥。湖边,总能看到早起的"一大两小"跑步锻炼,年长的是谢峰的父亲,两个小的是谢峰和他的姐姐。

马之千里者,策之需以其道。好的球员就像老北京爱吃的卤煮一样,要久熬,才有滋有味。

谢峰出身于足球世家,父亲谢鸿钧是中国著名的足球运动员,当年曾与年维泗、曾雪麟一道留学过匈牙利。金志扬、商瑞华、王俊生等后来足坛响当当的人物当年都曾拜在谢老先生门下。母亲郑玉茹是20世纪50年代的中国女飞人,当时的全国女子百米纪录的保持者。谢峰也承认,自己跑得快是有遗传基因的。

谢峰练球还有个小插曲。小时候,他练足球没有练田径多。上小学时,谢峰还参加过北京市田径运动会,同业余体校的人一起角逐400米。作为业余中的业余,谢峰经过母亲指点后竟取得第二名的好成绩,与冠军也只有一步的差距。赛后,一位田径教练四处打听这个名不见经传的小孩儿是谁,后来才得知谢峰是名门之后。当时那位教练来到谢峰家里,劝说谢峰练田径。谢峰父母商议之后,还是决定让他踢足球。

那些年,小谢峰在先农坛跟着父亲练球。训练完毕,父亲会把他和高洪波单独留下来加小灶。他加练的是下底传中,每天要传出20个好球才能吃饭。"那时候我跟高洪波几乎每天吃饭都是最晚的。"还有一年,北京青年队去梧州冬训,训练基地与驻地隔着一条江。大年初一那天全队都在休息,谢峰和高洪波却扛着两兜球,同谢鸿钧一起坐船过江训练,"一艘大船,就我们三个人"。

冬训归来,青年队本要休息三天,可两人只歇了一天就回到体校继续训练。不仅如此,在青年队,谢鸿钧在生活方面对儿子要求十分严格。谢峰本人不吸烟不喝酒,这在江湖气很重的足球圈中凤毛麟角。

其实,谢峰年轻时也曾因好奇抽过几支烟。"当时父亲没有打骂,只是说,既然要搞这项运动,抽烟喝酒是没好处的。再者,谢家也没有抽烟的人。"父亲的话并不严厉,但起到了很好的劝说效果。此后谢峰再没碰过烟。

"父亲让我的足球生涯少走了许多弯路。"谢峰说。

马力

"待在那里,或是走开,结果一样。"用加缪的话来形容谢峰对国安的感情,或许很合适,因为不管身在哪里,国安都在谢峰的心中。

1988年就进入北京队的谢峰见证了北京足

球由专业队到职业化的历程。1992 年，国安曾经历过一次大规模的人才流失。那时专业队的待遇不是很高，有好多素质不错的球员都转到了工厂。"毕竟是个铁饭碗，而且还能分套房子。可以理解。"不过，谢峰选择了留在队里。1997 年后，国安开始了第二次人才流失，高峰、高洪波等一批名将相继离去。1998 年，谢峰也被深圳平安摘牌成功，远赴南国，这一去就是 13 年。

初到深圳的北方汉子大多不适应南方的湿热，"好在我祖籍是广东，慢慢也就习惯了"。谢峰如此安慰自己。没想到这一下就"习惯"了十几年。其间谢峰也想过回北京，"谁想真的离开北京啊，不是没办法吗？"

2001 年，谢峰从腓骨重伤中恢复。当年的足协推出规定，每支球队必须有两名 U21 的队员参赛，35 岁"高龄"的谢峰更多的是出现在替补席上。朱广沪建议谢峰跟着他干教练。于是，当年的快马操起了足球伯乐的行当。

离开了北京，除主客场比赛一年能遇见国安两次外，似乎命运总让谢峰与北京"藕断丝连"。2002 年联赛最后一轮，国安主场 2 比 0 战胜深圳，造成两队胜负关系、净胜球、进球数完全相同的局面，足协不得不采用抽扑克牌的方式决定亚军归属。代表深圳抽签的正是谢峰。抽签中，谢峰这名"老国安"以梅花 Q"绝杀"了国安队抽出的梅花 J，从而使深圳成为当年的联赛亚军。这无意中也为国安俱乐部省了 20 万美元——因为赛季之初国安与主教练彼得约定了名次奖金，第 2 名和第 3 名之间的差额就是这个数。谈到这件事，谢峰笑着说："看来那次我帮了国安一把。"

2009 年，谢峰有两个心愿：一是深圳保级；二是国安夺冠。那一年，国安经历了换帅，洪元硕刚接手国安的第一场比赛就是客场打深圳。赛前一天的场地训练，谢峰与几个国安队员曾有过短暂的攀谈。随后，他又给国安老总罗宁发了一条很长的短信：看（国安）队员的心气，感觉他们（对夺冠）信心不足。请您一定跟队员们讲，

再困难，有深圳队难吗？我们只有百分之十的保级希望，但是我们玩了命也得争下去，何况国安至少还有百分之八十（的希望）呢？国安得坚持！北京需要这个冠军！不知是否是谢峰的鼓励起到了作用，国安一直没有放弃对冠军的冲击。

最后一轮的形势是：如果国安不能击败浙江，就得看深圳与河南的比赛结果，深圳获胜国安才有机会夺冠。在这场关键战役前，远在深圳的谢峰接到了北京朋友的电话，对方说："老谢，今天你们跟河南的比赛你可一定要全力以赴。"谢峰在另一头笑答："我可是北京人，你放心吧。"最终，深圳力克河南顺利保级，国安也如愿在工体 4 比 0 大胜浙江，拿到了 2009 年联赛冠军。赛后，得知国安夺冠的谢峰十分高兴。"此前在接受媒体采访时我就表示过，希望北京国安夺冠，深圳保级成功。现在这两件事情都实现了，我觉得这是一个非常好的结果。"兴奋之余，他第一时间拨通了罗宁的电话，送上祝贺。

老马

2011 年 2 月 8 日是农历大年初五，下午国安队开始春节后的首练。守在入场口的几十名国安球迷惊喜地发现了队伍中那个身着国安队服、熟悉又陌生的身影——谢峰。

"老马"谢峰终于回到了国安，以助理教练的身份。春节过后的第一堂训练课，进入球场后，谢峰特意环顾看台和草皮，一切都是那么熟悉，"这里留下了我作为球员最美好的回忆，一辈子都抹不去。"谢峰用"如愿以偿"来形容回归国安。"2009 年，我虽然带着深圳队，但那年国安踢得特别好，他们后面几乎每场比赛我都看了。国安夺冠时我说过，我对国安的那份感情可能外人都不能理解。回国安、回家的想法在我脑子里已经很久很久了。"谢峰感慨道。

刚回国安的谢峰是"老人"也算是新人。"好

多队员我都不认识。我得尽快适应。"在国安队的训练中，谢峰主要是带领一组队员进行体能测试。虽然简单，但曾执掌过整支球队的他丝毫不摆什么架子。同时，谢峰带队的一丝不苟很快赢得新老队员和教练组成员的一致好评。国安队中的年轻球员与谢峰慢慢熟识后，也都尊他一声"谢哥"。重披国安队服，谢峰表示自己的目标就是尽力辅佐主教练把队伍带好。

回到北京，离家近了。训练结束后，谢峰都会回家照顾老人，一起多聊聊。其中绕不开的话题总是足球，一起看中超、欧冠的时候，就每个球员的特点父子俩都要品评一番。有时候，兴致高了还会打个小赌，100元钱放在桌子上，不管谁输谁赢，结果都给老太太拿去买菜。闲暇之余，谢峰犹喜画马，更擅画马，他的画作在朋友间可谓"洛阳纸贵"。同时谢峰还写得一手好字。队中训练的大名单一般都出自他之手。

谢峰又和之前的老队友们凑到了一起，吃饭踢球之余，大家又琢磨出来个"老男孩"俱乐部。一周双赛，进校园、搞公益，除了在国安的正常工作外，谢峰跟朋友们忙得是不亦乐乎。球迷们都留恋当年的甲A，也热爱这支国安队。现在老男孩们最大的希望就是能为足球在青少年中的推广尽一份力。

一次老男孩的训练中，瞧着发福的队友们，身材依旧保持良好的谢峰主动当起了体能教练。"其实我也胖过，刚到陕西那会儿，天天面，顿顿面。"谢峰说，他体重最重时，达到了180多斤。那时候，放假回到北京，就在龙潭湖跑圈，每天跑上5圈，"可再减也还是比踢球的时候胖了20斤"。不过，同其他队友相比，谢峰还是有自信的。

2012年10月15日，老男孩热身赛，赛前，金志扬把老队员们都叫到了一起，布置战术。一瞬间，仿佛回到了1995年的甲A赛场。接下来的一番对话，打破了人们的联想，当然也让大家忍俊不禁。

金志扬："一会儿啊，让谢峰、高峰顶在前头，

○ 2012年11月25日，老甲A明星邀请赛，北京0比1不敌上海。谢峰虽然明显发福，但带球动作依然有当年的快马风采。图/Osports

他俩速度快，能冲……"

谢峰接话茬说："那是当年，现在可老了，快不起来了。"

大家都笑了。

必答题

《新京报》：你干过的最爷们的事？

谢峰：自己的倒谈不上。最高兴，也是觉得最爷们的事情，就应该是国安2009年夺冠了，很可惜我不在队里。

《新京报》：除了你，国安队中谁最爷们？

谢峰：应该是高峰，1996年主场同天津的比赛，施连志飞踹高峰。高峰受伤之后，仍然坚持留在场上比赛，让我觉得很爷们。

邓乐军
最怀念足协杯登顶

邓乐军，爱零食，因喜欢名叫"米乐"的膨化食品而得绰号"米乐"；爱思考，曾被誉为中国"最会用脑子"的球员；爱国安，虽未曾将整个职业生涯都献给球队，但在离开后却想归来。

爱动脑子的他多才多艺，在足球场上帮国安拿了两个足协杯冠军，助鲁能成为双冠王；在高尔夫球场上，成为职业选手，并获得了欧巡赛资格。难怪有人说，在足球圈邓乐军是高尔夫打得最好的，而在高尔夫球圈，他足球又踢得最棒。

○ 2012 年 11 月再聚首，邓乐军重披绿色战袍，仿佛回到当年。新京报社记者 陈杰 郭延冰 / 摄

双冠

1994 年—1997 年，10 粒联赛进球，两个足协杯冠军。

2012 年 11 月 1 日，邓乐军随北京老男孩队打热身赛。初冬时节，冷风裹挟而至，看客们早已棉衣裹身，邓乐军的着装却单薄，外边是薄外套，国安的；里面是一件球衣，也是国安的——这两件可都是"老古董"。

外套是 1997 年的训练服，里面的球衣历史更久远，1994 年的。邓乐军当年身穿这款球衣庆祝的老照片如今成了他微博的背景图片。

"我自己都哭了。"他如此描述自己再次看到这张照片时的心情。

从两件衣服上可清晰看出岁月的痕迹。"这些衣服一直都在我母亲那里，她听说老甲 A 要踢联赛了，又给我找了出来。现在看来，还挺好看的。"邓乐军说。

邓乐军随国安征战职业联赛 4 个赛季，从1994 年—1997 年，他在联赛中一共为国安进了10 个球，两次帮助国安队拿到足协杯冠军。

1996 年的足协杯夺冠，堪称邓乐军国安岁月的巅峰。

那一年 11 月 3 日，足协杯决赛，北京国安队 VS 济南泰山队。对于国安来说，好消息是，由于决赛只打一场，通过抽签方式，国安队幸运地获得了主场作战的资格；坏消息是，从历史战绩来看，泰山队占据了绝对优势，有"国安克星"之称。

中国足协对本场比赛也十分重视，请来了日本裁判，这也是国内足球比赛中首次聘请外籍裁判执法。

天将向晚，浓烟般的大雾弥漫在北京的上空。

没有想到，比赛的过程几乎全是好消息。第 20 分钟，高洪波进球；第 45 分钟，高峰破门。第 50 分钟，泰山队扳回一球，但随后，高峰、

邓乐军接连得分，4 比 1，比赛结束，奖杯留给了国安，狂喜留给了京城球迷。

这是职业化以来高举"永远争第一"大旗的国安收获的第一个全国冠军。夺冠之后，主教练金志扬哭了，门将符宾哭了，邓乐军在欢庆的队伍中，也眼含热泪。

在这场比赛中，邓乐军在中场发挥出色，额外的收获是，还攻入了锁定胜局的一球，这一球，被他誉为自己职业生涯最美妙的一粒进球，那场比赛也成为他职业生涯最精彩、最辉煌的一战。

那是一次任意球机会。他和曹限东都站到了球前。

邓乐军很想主罚这次任意球，曹限东把机会让给了他。

"我一看球越过了对手的人墙，就知道肯定进了，撒腿就往回跑，直接庆祝去了。"后来邓乐军经常回忆起进球后作出的标志性庆祝动作——右手食指斜指向天空。

1997 年足协杯决赛，邓乐军的贡献不再是进攻，不再是"进球"，而是一名地地道道的防守队员：右边后卫。

对手换成了上海申花。彼时，申思、吴承瑛正大红大紫。

主帅金志扬把邓乐军安排在右边后卫的"怪招"，开场不久却铸成大错，面对申花的传中，邓乐军的头球回传造成一记乌龙球。

好在金志扬没有否定自己的战术。接下来，邓乐军开始发挥作用了。

"我造了乌龙之后，特别玩命，还好压制了申思和吴承瑛在左边的进攻。我不停地飞铲。"他近乎"野蛮"的表现让申花的豪华攻击线威力尽失，左路濒于瘫痪。

从 0 比 1，到 2 比 1，国安实现逆转，成功地卫冕足协杯。夺冠之后，据当时的媒体报道，金志扬难以掩饰自己的激动与欣喜，几乎是冲着镜头喊道："谁也没想到我用邓乐军打右后卫，

申花的左路完全瘫痪了。"他从身边搂过邓乐军，说："这个战术安排是我们今天获胜的关键。"

不过，这场比赛也成为他在国安的最后一战。1997年，冈波斯、卡西亚诺和安德雷斯组成的"三杆洋枪"如日中天，令各队闻风丧胆，并曾9比1血洗申花，邓乐军失去了在中场的位置，客串右边后卫无从发挥他的才华，他并不甘心。

两年

1998年—1999年，客居山东，7粒联赛进球，双冠王。

1995年，在北京电视台为国安举办的春节联欢晚会中，邓乐军携手一个名叫段乐的小女孩，演唱了改编歌曲《祝福你，国安的大哥哥》。邓乐军面容干净，头发打了摩丝，闪闪发光。演唱过程中，他习惯性伴有食指指向斜上方的动作。

3年之后，带着国安球迷深情的祝福，邓乐军远走济南。他留起长发和络腮胡子，线条变得粗犷，有了大哥的风范。他成为鲁能阵中的头号球星。

这一切则是缘于意外。祸兮，福兮，终难下定论。邓乐军在鲁能达到了职业生涯的另一个高点，却在两年之后匆匆退役。

与鲁能结缘，与当时甲A联赛实行的摘牌制度有关。邓乐军中途被山东"截和"。他已经联系好了下家，计划投奔深圳平安队。但摘牌之前，山东方面给邓乐军打了一个电话，告知了要"打劫"的意图。"山东找到我，告诉我他们要改鲁能了，老板提出了新要求，换了外籍教练。他们说只要你转，第一轮肯定要你。"邓乐军说。

摘牌制度没有意外，邓乐军成为鲁能阵中一员。鲁能时任主帅韩国人金正男推崇技术足球，誓要改变山东足球的"糙哥"形象。而技术细腻、意识出众的邓乐军成了头号球星，还戴上了队长袖标。山东球迷早就忘了邓乐军1996年足协杯在山东伤口上撒的那把盐，将他视为新的领袖。

"通过自己的努力，把自己的风格发挥出来了。我也很感激山东球迷对我的厚爱。我记得那一年任意球进了3个，加上头球、点球，一共进了八九个球。在国安，我一个赛季从来没有进过这么多球。"邓乐军很怀念他在山东的蜜月期。

但在第二个赛季（1999年），随着前南斯拉夫人桑特拉奇的入主，邓乐军在赛季中段失去了主力位置。坊间流传的说法是，作为一个"外来户"，邓乐军受到了山东帮的排挤。在之前接受采访时，邓乐军曾说他作为队长出场时，会遭遇山东主力球员的不合作。如今，他不再愿意过多提及当年的是非，只用一句话轻描淡写地带过："桑特拉奇跟我谈过话，表示根据队里的需要，人员要作出调整。"

被调整的人是邓乐军。

那个赛季，鲁能最终夺得双冠王。邓乐军获得了自己职业生涯唯———个联赛冠军，不过他觉得很缺憾，"个人来讲，双冠王过程中，我没有贡献自己的一份力量，挺遗憾的"。

冥冥之中似乎有天意。邓乐军职业生涯最后一场比赛恰恰是在工体对阵北京国安。他在禁区前沿犯规，给了老东家一个任意球。李东波快速发球至禁区，李毅拍马赶到，怒射破门。国安的这个任意球配合也成了甲A时代的经典之作，邓乐军是有"功"的。

那个赛季之后，邓乐军曾经动过回北京的念头，但终未遂愿。"我当时找过杨祖武。他给我讲，我的球没问题，但最终能不能回来还要看俱乐部的意见。再一个就是价格。'1999年你们是双冠王，尽管你踢得不多，毕竟是双冠王，工资、奖金加起来乘以系数，转会费低不了，能不能谈拢不好说。'这么说完，我估计就够呛了。"邓乐军说。然后，就退役了。

○ 从足球场转战高尔夫球场，邓乐军依然能独树一帜，他的转型相当成功。图/Osports

第二

离开鲁能后，邓乐军也曾前往德国寻找机会，不过未能找到下家。他后来在那里接受了足球教练课程。29岁的年纪，邓乐军的职业生涯走到了尽头。

而与他同时代的皮耶罗还在继续着足球生涯。邓乐军并不羡慕他，"我觉得环境还是不一样。我当时的身体条件也差不多了，不能说是盛年退役。如果当时能够在德国或者西班牙再踢一两年，职业生涯可能更完美吧"。

邓乐军退役后一心想做足球教练，去了德国读教练培训课程。课业间歇期，他回到北京，没太多事做，被朋友拉去了高尔夫球场。第三次下场就打出90多杆，他的高尔夫天分乍现。

从德国回来后，邓乐军并没有成为职业教练。中国足球联赛受到过多干预，始终无法职业化，让他望而却步。不过，这也让他

在另一个赛场上找到了新的春天。

他从绿茵场转到了高球场。刚开始是玩票，后来在2008年考下了职业资格，成为职业球手。从职业足球运动员，到职业高尔夫球手，中国体坛从未有此先例。

"当时正好有朋友，看我高尔夫打到这份上，让我找个教练好好练练，考下职业高尔夫考试应该是没问题的。我真的行吗？我当时这样问自己，考了一下，考得还不错。"邓乐军谈到了与高尔夫的情缘。

周宁曾说过，"我要是有邓乐军的脑子，加上我的身体，在德甲踢球绝对没问题"。邓乐军的脑子让他面对小小的高尔夫球也能游刃有余："体育运动员对于球类都有感觉。不管大小，都是圆的，变化之中考验你如何去应对。"

2012年春天，邓乐军在VOLVO中国公开赛华北资格赛中获得了第二名，带给他1.9万元的奖金，从而获得了参加欧巡赛的资格。出现在欧巡赛的赛场上，对于他

而言，也算是职业生涯的一大突破了。此时距离他2002年第一次摸高尔夫球杆已经过去了10年。

谈及职业生涯的规划，他并没有作过多奢望，"毕竟还在职业之中，成绩和水平还需要提升，仍要继续认认真真奋斗。不过现在年轻球手越来越厉害，跟他们竞争不现实"。

在高尔夫球球场上混得不错，但比赛的奖金收入不算多，而费用却不算少，同时，邓乐军心里对足球依旧不舍。2009年接受《体坛周报》采访时，他曾表示已经不踢球了。可现在，绿茵场上的"米乐"又回来了。他加入了北京老男孩俱乐部，与昔日队友们再次征战绿茵场。

飘逸的长发、络腮胡子、细腻的脚法，如果不仔细辨认脸上的白胡子楂，你恍惚间会有一种时空错乱的感觉。

眼前，依稀是那个清瘦的少年，1985年，读初二时只有1.5米的身高，北京市少年队拿不准要不要他，郭瑞龙和洪元硕两位教练带他作骨龄测试，医生检测的结果是，"这孩子将来能长到1.72米到1.77米之间"。邓乐军后来很给医生面子，长到了下限1.72米。

再后来，1991年，他代表中国少年队参加世界少年锦标赛，入选了最佳阵容。一同入选的还有皮耶罗，后来他成为尤文图斯队的招牌球星。

现在，曾经的"米乐"又回来了，以北京老男孩的名义。

必答题

《新京报》：你干过的最爷们的事？

邓乐军：就是急了骂人呗。1995年先农坛最后一场跟广东宏远踢，我大脚解围。对方一个黑人外援叫什么忘了，他很明显一个蹬踏。尽管他也是冲着球来的，但万一踩下来，很容易导致严重伤病。我下意识喷出了"F×××"。场上踢球，男人都有一些血腥的东西，打架不好，但有些

情绪宣泄出来也正常。

《新京报》：除了你，国安队中谁最爷们？

邓乐军：韩旭和安德雷斯。如果要是场上表现来看，韩旭给人感觉更男人，更猛一些。安德雷斯在一场比赛中，曾经有连续三个飞铲抢球。一个前锋，快1.9米了，给了我们场上的队员很多鼓舞。看到队友在场上有这样的举动，很受感染。

曹限东
高圆圆最爱"金左脚"

有人说他是北京足球"小快灵"的最好诠释，也有人说他是国安迄今为止最好的左脚球员，更有人说他是国安当年绿色旋风的代表之一，他是曹限东，国安曾经的队长。

曹限东如今把更多的精力放在了青少年足球培养上，也曾担任过北京八喜主教练。他说北京足球和中国足球要想搞好，打不牢地基是绝对不行的，"现在我们缺的就是一个牢靠的基础"。

职业

曹限东生于 1968 年，赶上了新中国的动荡期。由于当时还小，他对那段岁月印象不深。孩童时代，他就跟小伙伴们在北京的胡同里踢球。之所以选择足球，主要是因为在那个年代没什么娱乐项目，"踢足球代表着可以玩儿，是一件很幸福的事"。

10 岁那年，曹限东被招入西城体校。4 年后，他被北京少年队相中，进入专业足球体系。

曹限东说，当时的青少年选拔体系，甚至比现在竞争还要激烈。他说，自己在力量和速度方面都没有优势，"选中我主要是因为基本功扎实，另外，人和球的结合能力比较好，属于技术好的球员"。

北京少年队在先农坛的大院里，那里堪称北京现代足球的发源地。当时队中人才济济，高洪波、赵旭东、宫磊等人在北京三队，二队的代表人物是魏克兴，一队有李辉、刘立福等人。

在先农坛大院里的日子让曹限东至今印象深刻。小队员们很少放假，一年 300 天都住在大院里，足球成了他们生活中唯一的主题，每天除了训练和比赛，在吃饭和休息之余，也经常聊一些和足球相关的话题，"那时候的人非常单纯，想法不像现在那么复杂"。长期封闭训练，让他们那批人跟社会接触很少。曹限东退役后，没有立刻拿起教鞭，而是特意走向社会，适应一下"大院之外"的生活。

1988 年，曹限东进入北京一队，开始踢全国联赛。和他一批入队的还有郭维维，后者现在是八喜老板。在中国足球职业化前，曹限东并不清楚自己的未来将是什么样子，当年北京队很多队员二十七八岁就退役了，多数成了工人，当教练的甚少。曹限东觉得，自己也会像他们一样，退役后找个工厂上班，就此远离足球。

20 世纪 90 年代初，全国足球联赛已有电视转播，观众人数也逐渐增加。"虽然职业联赛还没有正式起步，但收入比老的那一批人高了一些。"曹限东说。与此同时，中国足协已在酝酿足球改革，并多次派人前往欧洲考察。

1994 年，中国足球职业化正式开始，北京队更名为国安，征战甲 A。从专业化进入职业化，曹限东感触最深的就是自己对足球的认识改变了，"原来踢球也可以是一种职业"。

除了认识的改变，职业化还带来了收入的暴涨。曹限东记不清自己职业化第一年挣了多少钱，但记得最早踢专业队时月收入有十几块钱，后来慢慢上百。进入职业联赛，月收入就已上千，"那时候有万元户的说法，你踢一年球，就变成万元户了"。

在联赛初期，国安队员的收入在全国算中等水平。当时收入高的俱乐部是广东宏远、大连万达和上海申花等队。"我们那时候对钱的概念不是那么清晰。但一下子挣钱多了，就觉得职业联赛挺好。"曹限东说。

箍儿

"传球是一种艺术。"曹限东说。

他是国安队中为数不多的左脚将，凭借出色的传球技艺，得到国安"金左脚"的美誉。后来留过洋的邵佳一、担任过队长的陶伟也是左脚，但都没有在国安队内得到这个美誉。"国安 20 年"，被誉为"金左脚"的，只有曹限东一人。

国安前主力门将符宾说，曹限东的传球特别"妖"。对于"妖"这个字眼儿，曹限东犯起了迷糊，"是夸我传得准？具体什么意思我也不知道"。在他看来，传球是足球场上运用最多的技术，"就相当于日常生活中用于交流的语言。在足球场上，你跟同伴交流靠传球。只有那些不会踢球的人才瞎带，实在带不过去了才传"。

每次比赛中，曹限东拿球前就先观察好队友的位置，拿到球后就直接传，甚至不用抬头看队友的位置，"只要你观察好了，低着头都能把

○ 退役后，曹限东的"再就业"道路破费周折，他最终从事青少年球员培养工作，算是回归了老本行。图/Osports

球传到一个比较舒服的位置"。他说，现在无论是中超还是国家队，有很多球员的传球让人看着别扭，"其实说白了，就是基本功不扎实"。

随着一批老队员退役，曹限东在甲A联赛元年便占据国安主力的位置，并在联赛第二年升任队长。"现在可能会进行队内民主选举，那时候当队长就是主教练一句话的事。"曹限东说，戴着队长袖标打比赛，不过是胳臂上多了一个箍儿，"没觉得有太大压力"。

联赛职业化以后，一些商业比赛渐渐涌入

中国。1994 年，国安主场 2 比 1 战胜当时雄霸欧洲的 AC 米兰。时任 AC 米兰队主教练的卡佩罗赛后接受采访时公开表示了对曹限东等几名球员的欣赏。"当时打这种国际比赛，大家比较齐心。像 AC 米兰、桑普多利亚这样的强队，我们平时只能在电视上看，现在他们突然一下子就来到了自己身边儿。"曹限东说。

作为中场组织者，曹限东在联赛中进球不多，但奉献了许多助攻。北京台转播国安比赛时，有时解说员刚说完曹限东边路传中，镜头就立刻瞄准高峰，两个人的默契程度可见一斑。国安队友和许多资深球迷都管曹限东叫"曹呗儿"，"呗儿"是老北京的儿化韵语言助词，"这个名字没什么具体含义，就是一个叫着亲切的昵称"。

在国安踢了 4 年职业联赛，曹限东和高峰、高洪波、谢峰等人都是当年最受追捧的球员。经常有球迷给他们写信，甚至有球迷追到他们的宿舍里要签名。

影视演员高圆圆后来接受采访时称，自己小时候是国安球迷，最喜欢的就是曹限东，甚至还给曹限东写过信。说起这段往事，曹限东笑了："当时球迷确实挺热情，主要是因为我们提出了一种精神，一种味道，一种北京足球的味道。至于高圆圆写没写信，我就不知道了。"

摘牌

1997 年，国安出现比较大的人员流动，高峰、高洪波等人此前就相继离开，球队请来了冈波斯、卡西亚诺、安德雷斯这"三杆洋枪"。在新人和外援的冲击下，曹限东获得的出场机会越来越少，就连国安卫冕足协杯的争冠战，他都没能上场。

那场比赛后，曹限东跟俱乐部提出离开的想法。他的本意并不想和国安一刀两断，只是想换个环境，哪怕租借出去一年，也比打不上比赛强，"我不甘心老在板凳上耗着，那种日子太压抑了，毕竟我还有上场比赛的实力"。

时任国安总经理的杨祖武听说曹限东要走，撂下一句话："你要是走了，就永远别回来。"

曹限东说自己 1982 年就进了先农坛，把最好的时光留在了北京队中，他对北京足球有着很深的感情，为国安这个品牌也贡献了自己的力量。

他至今认为，如果杨祖武把话说得婉转点儿，可能会好好思量一下是否真要离开。"但那时毕竟年轻气盛，当年很多老国安队员都是负气出走的。"他说。

得知曹限东要转会后，前卫寰岛、广东宏远、厦门等四五支球队向他抛出橄榄枝。曹限东本人更倾向于前卫寰岛，这支球队当时投入很大，高峰等人离开国安后就加盟了该队。

可当年中国足协实行倒摘牌制度，排名靠后的球队先摘，这导致曹限东被青岛队"截和"。本来不想去青岛队的他，只能接受这个结果。

"当年那个转会政策，一点儿都不人道，简直是没人性。"曹限东至今有些恼火，他说当年职业联赛很不成熟，有很多不符合足球规律的政策，"比如倒摘牌制度，比如体能测试……当年真是毁了一批人。"

30 岁前，曹限东基本在北京生活；而立之年，远走他乡。刚到青岛时，曹限东跟队里球员不熟悉，再加上青岛球员排外思想比较严重，他过得不愉快。

不过，曹限东很快用实力征服了一切，他在青岛队效力一年，打进 6 球，占了全队进球的 1/4。这也是曹限东职业生涯以来单赛季进球最多的一次。在国安失去主力位置的他，在青岛队重新焕发了青春。出色的表现让曹限东一度戴上了队长袖标。"足球是用实力说话的，只要你实力有了，剩下的一切都不算是问题。"他说。

主场与国安的比赛，两支球队打成 2 比 2 平，曹限东用一脚直接任意球攻破姚健把守的球门。

跟老东家打比赛，曹限东没有什么特别的感觉，"不像外界说的什么'复仇之战'，就是一场普通的比赛，尽量让自己表现得好一些"。

在青岛队踢了一年，曹限东合同到期，他拒绝了球队的挽留，选择回北京发展。在曹限东看来，北京是自己的家，在外面挣再多的钱，也不如家里好。

怀旧

回国安？显然不可能。曹限东在1999年加盟北京宽利，跟随球队一起征战甲B联赛。当时宽利俱乐部老总是董玉刚，主教练是李辉，都是曹限东的师哥。

曹限东说，当时还有很多选择，比如留在青岛队，比如再换个俱乐部踢甲A，"但到了我这个年龄，踢球也没什么追求了。国家队去过了，顶级联赛踢过了，还能有什么？"那一年，他31岁，对金钱和荣誉已不再留恋，"我只想寻找一些踢球的快乐和享受，这也是我踢那么多年足球悟出的道理。"

曹限东在宽利踢了3年，球队年年在保级。2001年，宽利降级，他宣布挂靴，曹限东在33岁那年，彻底结束了职业生涯。

选择退役，对曹限东来说并不是一个艰难的决定。那时，他踢球主要是为了享受足球的乐趣，而他两个做过手术的膝盖已出现肌肉萎缩的现象，无法完成高强度的训练。"球员不可能当一辈子，该离开的时候，就要自己调整自己，谈不上什么难受和遗憾。"曹限东说。

退役后，曹限东开过饭馆，做过生意，在国少队当过教练。后来，他又在上海中邦、北理工和八喜担任教练。"可能现在没有像做球员时那么专注了，但还是要搞足球，对足球的那份感情，割舍不掉。"曹限东说。

对于教练这个职业，曹限东自称是小学生，他说自己也有更高的目标，但要看机遇和条件，最起码要遇到一支好的队伍，"和当球员相比，当教练要难上一百倍。球员踢球表现出自己的水平就行了，教练员考核的是综合素质"。

曹限东觉得，做一个合格的教练需要很强的综合素质，除了钻研业务，还要处理好各种人际关系，"这需要积累，慢工出细活"。在北理工执教时，他曾师从金志扬，"当教练关键要自己感悟，积累经验，光靠别人教是不行的"。

2007年，老国安在丰体组织了一场友谊赛，对手是1997年那支老国家队。魏克兴、高峰、谢峰、邓乐军、韩旭、谢朝阳他们都回来了，曹限东也在其中。身体发福的他依然出现在了习惯的左前卫位置，只是已没有当年的风采，他跟队友开玩笑说："现在太胖了，脑子里想出来的是8，结果做出来的动作却是6……"

曹限东至今很怀念自己在国安踢球的日子，他们当年曾拿过甲A亚军，曾战胜过AC米兰、阿森纳这样的世界强队，曾在国内刮起了一股绿色旋风。曹限东觉得，1995—1996赛季的国安，每名队员都特点鲜明，有着北京足球的精气神。那时但凡遇到强队，金志扬就经常跟队员们强调："这场比赛不谈技战术，只要求比赛作风。"

"那个时候的足球，味道非常足。球员有技术，有基本功，一踢就是'小快灵'。现在的足球也在踢，发展速度也很快，但味道没了……"不惑之年的曹限东，有些许怀旧。

必答题

《新京报》：你干过的最爷们的事？

曹限东：干了那么多事儿，现在真想不起来了。

《新京报》：除了你，国安队中谁最爷们？

曹限东：队医双印。我们在先农坛的时候他就在队里。他给队员干了不少活儿，非常辛苦，队员休息了，他都休息不了。

南方
仍喜被叫"小将南方"

南方，这是一个老国安球迷异常熟悉的名字。

在国安效力的 10 年中，他踢过前锋、左右前卫、后腰、前腰、左右边后卫。

2004 年退役后，南方也有多种身份——酒店老板、青少年足球教练、BTV 体育的评论嘉宾。

南方说："和在球场上的'善变'一样，（球场外）我也可以干很多事。"

在网络上进行搜索时，关于南方最近的一条新闻是：2012 年 8 月 6 日，一条被醉酒主人扔下的小狗，砸中了南方的车。"这就是现在的流行话'躺着也中枪'吧？"南方说。

○ 2004 年 5 月 5 日，足协杯第 2 轮次回合，国安 0 比 2 不敌武汉。图为南方赛前练球。图 /Osports

球员

忆国安峥嵘岁月，南方的名字不能被忽略。最近，北京体育广播做了一个国安 20 年最佳阵容评选，南方是最佳前锋的候选人，在前锋这个位置的候选名单上，其余多是外援，本地前锋只有高峰、高洪波、谢峰和杨晨。在这些"土炮"中，南方无疑是资历最浅的一个，他也是唯一一个没有入选国家队的球员。没有入选国家队参加国际大赛，没能帮助国安获得一次联赛冠军，这都是南方足球生涯中的遗憾。"从 1993 年在国安二队开始，我就梦想着有朝一日能够拿到联赛冠军。但是，足协杯拿过 3 个冠军、超霸杯拿了两个冠军，亚优杯的铜牌也得过，却总是和联赛冠军无缘。"南方说。

球场上的南方，最让国安球迷津津乐道的便是他大连克星的角色。

在中国职业足球联赛的历史中，大连队是获得冠军最多的球队，而南方正是通过进大连队的球而出名。"大连克星"的称号，也奠定了南

方在足坛江湖中的地位。

1995 年，南方刚刚进入国安队，凭借着自己冬训时场场进球的表现，在国安主场与大连万达队的比赛中，南方第一次获得了首发的机会。"当时是一个前场定位球，高峰发出来，人家大连队的球员根本不盯我，我一看那就顶吧"。球打在大连队的门楣上弹地后入网，南方初次首发便打进一球。南方说："当时脑袋一下就蒙了，就好比早上一出门就被一捆钱砸脑袋上了，根本不明白怎么回事。"

随后几个赛季，南方又 4 次攻破大连队的球门，而这 4 场比赛，国安队也全部获得胜利："那会儿大连队是最强的，好多球队与他们踢比赛时可能就放（弃）了，但我们国安始终没有放弃过，跟他们踢就是死磕。如果那时候大连是后几名的球队，可能我进的那几个球也显现不出来了，毕竟那时候大连是冠军队，所以球迷对这几个球记得也更清楚些。"

另外，还有一件事确立了南方在年轻球员中的地位。2003 年，国安几名主力队员都有了

○ 2012 年 11 月 25 日，老甲 A 明星邀请赛，北京
0 比 1 不敌上海，"小将南方"已经发福的身体略
显笨拙。图 /Osports

转会的念头，当时几家财大气粗的俱乐部为他们开出了两倍于国安的高薪。这时，南方有意无意地跟自己几个兄弟聊天，告诉他们离家在外的种种难处，"我也不能拦着人家，当时一是舍不得他们，二是觉得出去确实太难预料了，就算是给他们一些建议吧。"最终，南方一句"干事业就得留在北京"打动了自己的队友，他们都留在了国安。

1999年，南方联赛中打入4球，这也是他的单赛季最多入球。转眼到了2004年，南方退役了，而这并不是他自己的选择，这是国安俱乐部当时的决定，"当时也想到外面去踢一踢，但被杨大爷（杨祖武）给拦住了，他问我：'你还想去哪里踢啊？'我孩子那时也刚出生，唉，当时一想，退就退了吧。"

老板

球员退役之后何去何从？只有少数人成为职业队教练，大多数球员只能慢慢淡出足球圈。因为球员时代有些积蓄，也有不少人选择了经商，不过真正成功转型的并不多。南方算是为数不多的成功者之一。

南方经营的饭店，已经成为老国安、新国安球员聚会的指定地点，这里也是国安球迷和偶像亲密接触的上佳地点。南方介绍说，2004年退役后，自己一直没找到合适的坐标。2006年，他与朋友合伙花了26万元，兑了这家羊蝎子火锅店。"我还和原来的老板打了官司呢。"南方说，"媒体报道这个事儿时，还特别提了我的名字。其实，对于这个，我有保留意见，谁让我有点名气呢！"南方摆摆手："不说了，不说了！"不过，南方也承认，这是他经商后最大的挫折。官司了结后，南方的火锅店生意就越来越火，南方也非常用心经营，只要没事总在酒店，有不少球迷认出他。

南方说："谁让咱是明星脸呢？"

队友们知道南方开饭店后都来捧场，这里渐渐成为国安球员聚会的指定地点。金志扬、沈祥福，甚至于后来的彼得洛维奇等教练都常来。南方高兴地说："我这里好啊，吃得好，环境也好。杨璞、陶伟、云龙……更是好这口。"

"有人说我胖了，你说能不胖吗？一是岁数大了，二是朋友多，我总要陪着喝点！虽然胖了、岁数也越来越大，但我更喜欢出道时大家对我的称呼——小将南方。"南方说，自己都记不起是谁给他起了这个绰号，"当时我在队里是年龄算小的，所以大家就这么叫开了，包括我现在的微博，还在用'小将南方'这名字，很多球迷和朋友现在还这么叫，听起来还蛮亲切的。"南方笑着说："当然大家也都是开玩笑，我都快40岁了，还小将呢！"

与南方经常开玩笑的还有自己的宝贝儿子南泊宇，"他有时候会看我以前踢球时候的录像什么的，然后回过头来跟我喊'哎，你是小将南方，我是老将南泊宇'。"

教练

踢球出身的人，很少有人能真正离开足球。南方尽管没有进入职业队当教练，但是他与足球的情缘一直没有终止。因为在球员时代他便展示出很强的表达能力，退役后无论是商家还是国安俱乐部，都喜欢邀请南方参加一些活动。小将南方，有时就变身为南指导了。

南方现身荧屏，主要是在BTV体育频道的《集结号》节目中。"我开始就是对于争议判罚，以一个球员的角度进行分析，给出关于裁判判罚的意见。随后，再由裁判专家来进行解读。"南方说，"这个时候还不能叫教练，哈哈！"

南方真正当教练的经历是在青少年足球中。他认为，中国足球之所以上不去，就是因为踢球

○ 在老甲 A 明星邀请赛，南方（左）在与刘越奋力拼抢。图 /Osports

的孩子少，因此退役的国安老球员们纷纷办起了足球训练营，南方就是这些老球员中的一位。老球员中，南方与刘建军等人成立了一个青少年足球培训中心，其中最杰出的一位"产品"是曾经的国青队主力谭天澄，目前这位小将在国安效力。

"主要还是为国安培养后备人才。"说起开办足球学校的初衷，南方回忆说，"最初刘建军在一家俱乐部带青年队，我退役后他让我过去帮忙。后来这支球队成绩不错，雷腾龙、张俊哲这些年轻人踢得都不错。带完这些孩子之后，我与

刘建军就有了自己开办足球学校的想法，最后我们一拍即合，在 2007 年的时候开办了北京朗月足球俱乐部，一直致力于培养青少年，现在培养了两拨孩子，向国安输送了近 20 名球员。"南方也很高兴能为青少年足球尽自己的一点力量，"毕竟从事足球这个行业这么多年了，北京的足球环境现在也越来越好，希望能有更多的孩子喜欢上这项运动。"

父亲

如今的"梁太"伏明霞在遇见真命天子梁锦松之前，曾与南方有过一段恋情，南方一位队友说，"南方是国安队里最爷们的球员，无论是场上还是场下"，这位队友所说的场下事，便是指南方与伏明霞的恋情。

年轻时，伏明霞被誉为"跳水皇后"，无论知名度还是财力，都远高于球员时代的南方。1995年，南方和伏明霞通过一次聚会相识并产生了好感。1996年，伏明霞在奥运会上成功卫冕后，她和南方的"友情"高速发展，伏明霞几乎逢国安的主场比赛就去给南方加油助威。

但是，不知是出于有意还是无意，伏明霞从来没有公开承认过南方就是她的男朋友。1999年以后，南方的状态逐渐下滑，伏明霞在读书之余，也积极准备参加悉尼奥运会。伏明霞此时和南方相处的时间很少，由此南方和伏明霞的感情进入了一种微妙状态。1999年底，伏明霞和南方在一次见面中，私下约定各自以事业为重，南方争取"焕发第二春"，伏明霞则努力在奥运会上再创新高，感情的事先放在一边。这似乎可以看成是南、伏二人感情历程的一个转折，从此以后，南方、伏明霞"聚少离多"，至悉尼奥运会后，这段恋情便不了了之。

最终，南方与一名职业模特牵手，那时，足球运动员与空姐、模特结缘是常有的事儿，用南方自己的话来讲："嗨，赶上了呗！"南方说，那时联赛比较火，明星与球员发生恋情的确不少，但自己是一个例外。"我们认识的那时候，她都不知道我是做什么的，她也不看球，也不知道我是谁，后来慢慢接触，感觉双方各方面都还行，就处上了。"南方坦言，"别看那时候自己踢球时挺风光的，但生活圈子并不大，平时就是训练，只能通过吃饭时朋友带着朋友来认识女孩。"

而就在南方退役之前，南方与妻子生下一子，取名南泊宇，"现在这孩子练短跑，个儿高，快到1.5米了，腿长，跑得比较快。体育老师现在让他练短跑，学校里还有足球队，有时候也踢会儿。他喜欢什么就练什么，我对他没什么特殊的要求。"

南方说，孩子好动的个性有点遗传，身高则是占了妻子的便宜，"我爱人比较高，1.78米多，在身高上（孩子）随他妈妈。他对我踢球一点也不感冒，有时候我教他，他不让我教，说我教得没有他们老师教得好，说我踢得也没他好。"说起儿子，南方一脸的幸福。

必答题

《新京报》：你干过的最爷们的事？
南方：我觉得进球就是最爷们的事。

《新京报》：除了你，国安队中谁最爷们？
南方：高峰，因为他总是违反队规。

胡建平
从教师转行踢球

在中国，能够角球直接破门的球员不多，胡建平算一个。

在中国，拥有正规大学文凭的球员很少，胡建平算一个。

拥有大学学历、善于用脑子踢球，队友和球迷习惯叫他一声"胡老师"，不过，胡建平本人更愿意将学历和足球分开来讲，"足球与学历关系不大，天赋很重要"。

胡建平的天赋很高，从教师转行踢球的他，当过七八年国安队的主力后腰。

○ 2011 年 8 月 3 日，"北京杯"国际中学生足球赛落幕，"胡老师"带领的人大附中队获得亚军。图 / Osports

工人

胡建平经历了两次高考。

第一次高考和第二次高考之间，他曾是机床厂的技术工人。一边下车间，一边去课堂，一边上球场，胡建平从未熄灭他的足球梦想。

胡建平打小爱踢球，10 岁进少体校时，他唯一的梦想就是踢进专业队，"当时晚上做梦都想哪天要是能进先农坛该多好"。

对于当时很多踢球的孩子来说，先农坛是他们心中的"足球圣地"。

在少年体校 7 年，胡建平除了在学校上课，其他时间都交给了足球，但是待到最后选拔时，他却因身体条件的劣势没能入选专业队。

"一般练体育的孩子都是早发育，在青少年中很容易脱颖而出，我是技术能力比较突出，但发育时间比较晚，因为身体的滞后没能选到专业队的层面。"胡建平解释说。

落选那年，胡建平已经上高一了，他一时间不知道自己以后的路要怎么走，"我们那时候就叫待业，压力还是很大的"。

一个很偶然的机会，胡建平又在国家体育总局旁的四块玉练起了飞机跳伞项目，但三个月后，他在接受第三次身体检查时，却因为心脏原因被刷了下来。

胡建平为此纳闷不已："踢了这么多年球也没觉得自己心脏有问题，怎么这一检查就不行了。"

胡建平彻底迷茫了。

当时，胡建平在北京 133 中学念书，他的老师李增建议他去考北京体育师范学院（现首都体育学院），"反正你有足球特长，去试试吧"。

1982 年，胡建平第一次参加高考最终落榜，无奈只能选择去工厂上班。"接父母班是我们那个时代独特的产物。"胡建平说。

当时胡建平父亲所在的北京第二机床厂，是北京业余足球发展比较突出的工厂，按照他当时的想法，考不上大学能去这样的厂队踢球也是件特别好的事情。

那一年，北京第二机床厂为了解决这批没能考上大学的工人子弟，办了一个车工班，胡建平迫于待业的压力就进了工厂，一边代表厂队踢球，一边在车间做技术工人，每天晚上还要赶去当时宣武区的重点高中十四中，上两小时的高考补习班。

第二年再战高考，胡建平终于达到了北京体育师范学院的分数线，以足球特长生的身份被录取，攻读足球专业。

在校期间，胡建平随队常与八一青年队、北京部队青年队过招，技术出众的他被好几支球队的教练相中，但学校当时却建议他读完大学再去，第二次进专业队的机会又错过了。

毕业时，足球专业上的突出表现为胡建平争到了留校任教的机会，但这个人人艳羡的职位在他眼中却丝毫没有吸引力。

胡建平只想踢球。

教师

胡建平始终坚信踢球靠的是 99% 的天赋加1% 的努力。他后来说，论天赋，比起高峰这样天赋很好的运动员，他差远了，"他百米轻轻松松跑 11 秒多，我练到死也只能跑到 12 秒。"但他也清楚自己的优势在哪里，"我技术好，对球的领悟能力也非常好，踢中场是需要脑子的，需要'左右逢源'。"

在北京体育师范学院读书，有三年时间校队要求每周正常出三天早操，但胡建平却给自己加量，每周出六天早操。每天早晨 6 点起床，6点 15 分时他就已经赶到了运动场。

读大学的那段时光，胡建平很好地诠释了对"1% 的努力"的重视程度。

当时，北京体育师范学院有一位年长的足球教练，年轻时踢得特别好，但年纪大了以后跑不动了。那三年胡建平每天要花 30~40 分钟的时间给老先生传球，"那个老先生脾气大，你给他传偏一点，他就叫唤。虽然动不了吧，但是他还喜欢表现自己，我就得给他把球传到身边，让他打凌空"。

就这样练了三年，胡建平的传球能力也算是练出来了。

大学四年，胡建平对足球的热情不减，进入专业队仍旧是他的最大梦想。那时北京部队队还在征战甲 B 联赛，他们有意将胡建平招至队中，冲击甲 A。

胡建平找到校方去谈条件，看可不可以办停薪留职，去踢两年球再回学校教课，但校方却驳回了他的请求。

不同意，怎么办？胡建平的选择是辞职，"我真的不死心啊"！

踢球心切的胡建平上午写好辞职报告，中午就坐着火车去天津踢了他在北京部队的第一场比赛。但造化弄人，校方并没有批准胡建平的辞职报告，还将此事直接告到了国家体委。国家体委立即下发通知至各个赛区，明确胡建平"个人关系不确定，建议不能参加比赛"。

那一年，胡建平的"离职风波"还在全国范围内引起不小关注，《足球》报以他为例花了将近一个月时间，在报纸上探讨关于足球人才流动的话题。

一纸禁令，胡建平这一歇就是一年。他的身份，还是教师。

球员

转机，往往留给能够坚持的人。

胡建平所属学院的院长告诉他，"如果北京队要你，我们都属于北京体委管，给他们输送人才那是正常的，你就可以过去"。而彼时恰逢北京队也对胡建平有意，双方一拍即合，26 岁的胡建平在 1990 年正式成为了北京队的一员。

胡建平的远射技术在国安队中堪称一流。

1998 年 3 比 3 战平山东的经典战役，正是胡建平一脚远射帮助国安将比分扳平。而在 1996 年足协杯半决赛首回合主场对大连的比赛中，胡建平也是凭借两脚远射帮助国安以 3 比 0 大胜。

司职中场多年，胡建平直言："我是打后腰的，进球是小概率事件，能进球算得上是锦上添花，没进球也不能说我不是一个好的后腰。"但无论进球多少，"胡老师"的脚法真是下工夫练出来的。

如今再回想起自己的职业生涯，胡建平依旧能够拍着胸脯说："我的远射八九不离十都是打在门框范围内的，大部分进球也都是远射。"

其实，除了远射，胡建平还曾利用角球直接破门。

1997 年 3 月 27 日，还是在与山东的比赛中，胡建平利用角球机会直接射门，攻破了张蓬生把守的球门。

在国安历史上，邓乐军和陶伟也曾有过角球破门。

有人说胡建平大器晚成，但他进队后七八年长期坐稳球队主力后腰的位置，直到 1998 赛季还保持着极高的竞技状态。健康生活，作息规律，这是胡建平长时间保持良好竞技状态的秘笈。

胡建平说："我生活作息非常规律，没有什么不良嗜好，每晚 10 点睡觉，灯红酒绿那些事我也都没有。走到这一步，我把自己的天赋和个人能力，发挥到了极限。"

2000 年，胡建平退役时，腿上的半月板都已经磨没了。

书生

"狡兔有三窟，仅得免其死耳。"

出自《战国策》的这句话，对胡建平影响

○ 1997 年 12 月 28 日，足协杯决赛，国安 2 比 1
战胜上海申花成功卫冕，时年 33 岁的胡建平仍是
场上的主力。图 /Osports

甚大。

胡建平做过工人、读过大学、踢过职业联赛、开过马厂、当过教练、也偶尔做做生意，每一次作出人生选择时，他都为自己留足后路。

1994年5月，国安时任主教练是唐鹏举。因为训练中的一点矛盾，胡建平跟唐鹏举闹僵了，立马甩手不干了，"我是做事很投入、自律性非常强的人，不愿意让别人挑出问题来，我不会太屈从，忍耐力和承受力不是很好"。

离开后，胡建平就和朋友在大兴开了一个马厂（现在叫骑士公园）。直到金志扬接手国安，才再度将胡建平招至麾下。

刚从学校出来那阵子，胡建平的人生规划是退役后回学校继续当老师。但到1998年时，他深知自己已不可能再回学校，便盘算着留队执教。

这一心愿最终达成，胡建平退役后留在国安直接捧起了教练这碗饭。

在国安执教3年后，2004年被足协调去德国当"08之星"的教练，2005年带队参加了世青赛，2006年又开始主抓1992年的国少队。

谈及教练行业，胡建平坦言在中国做教练是件太难的事，"上做不了老板的主，下做不了球员的主"。

他反复强调的一点就是："我在做一件事情的时候不想完全受累于这件事，一旦受累就不免作出妥协和让步，这个不是我愿意的。"

所以，在2006年胡建平又离开了足球圈一段时间，去做生意。

从事足球行业这些年，胡建平对这个圈子更多的是感到可惜与可悲，"这么好一个职业在中国做成这样，我觉得很纠结，在中国，你要想把自己的生活过得更好，尽量离开足球，因为它不可能给你带来什么"。

都说当局者迷旁观者清，胡建平能有如此清醒的认识，与他喜欢读书有很大关系。

在国安时，除了平日的训练与比赛，胡建平很少与队友来往，"我跟他们年龄差距比较大，是两个圈子的人，他们有自己年轻人的生活，我基本上训练完就回家了，很少在队里待着"。

回到家中，看书几乎成了胡建平球员时代仅有的爱好。他对经济类的书籍尤其感兴趣。马克思的《资本论》、珍妮特·洛尔的《本杰明·格雷厄姆论价值投资》以及《巴菲特传》他都读过。

说到对自己影响最大的一本书，胡建平认为是罗伯特·T·清崎的《富爸爸穷爸爸》。"那是改变我人生观和思维的一本书，是它告诉我怎么样才能实现财富自由，摆脱社会带给个人的压力。"胡建平说。

除了经济类书籍，胡建平还对余秋雨的书迷过一阵子，《文化苦旅》《山居笔记》等都曾是他的枕边书。

谈到《山居笔记》，他来了兴致："最好的就是这本，给人一种特别清新的感觉，他是用写游记和散文的那种唯美的语言，写出对历史的反思，我看的时候就觉得是一种比较新颖的表达方式。"

如今，胡建平读书的时间越来越少了，偶尔会翻翻像白岩松的《痛并快乐着》，原因是："我们同时代，他有一些和我一样的想法。"

必答题

《新京报》：你干过的最爷们的事？

胡建平：1994年跟唐鹏举闹崩了说不干就不干了，当时我跟曹限东一组训练，我当时是队长，他有时候训练吊儿郎当的，唐鹏举不说他说我，就因为这事我走了。

《新京报》：除了你，国安队中谁最爷们？

胡建平：主教练金志扬吧。1994—1995赛季那会儿跟AC米兰、阿森纳他们打比赛，当时没几个人敢说我们是代表中国去打的，结果还能赢下比赛。我觉得这挺爷们的。

周宁
曾代表"国安精神"

他是国安的"拼命三郎",被金志扬誉为"国安精神"的代表;他性格耿直,踢球跟做人一样直来直去;他退役后经商,但并没有离开体育这个行当。

他说生活方式变了,但做人的原则不能变,"不管踢球还是经商,真诚是第一位的"。

他就是周宁。

○ 2005 年 4 月 10 日，中超联赛第 2 轮，已经退役的周宁（右）和韩旭一身便装重返工体。图 /Osports

世家

周宁出身于足球世家。他的父亲周广生是足球运动员，退役后从事青少年足球训练工作，在北京市少年宫当了 15 年孩子王，后来被调到朝阳体校从事青少年足球教育工作直到退休。周宁的伯伯周广达是中国首位国际级裁判。

"我大爷就是裁判，结果我踢球时还老跟裁判较真儿。"周宁调侃道。

小时候，周宁父母不想让他踢球。可他太能折腾了，母亲只好让父亲带着他在少年宫踢球。那时跟周宁一起踢球的，还有杨晨，两人同时在北京市少年宫踢球，算是"发小"。

"小时候挺顺当的，基本没什么波折。"从少年宫到芦城三体校，周宁一边上课，一边踢球。和足球班的孩子一样，小周宁比较能折腾、爱惹祸，被学校的老师称为"异类分子"。

1990 年，16 岁的周宁入选朱广沪执教的 U17 国青队，随后进入洪元硕带的北京青年队，两年后进入唐鹏举带的北京一队。进一队后不久，周宁就被戚务生招入国奥队，和他一起入选国奥队的还有杨晨。

当年国奥集训给周宁留下很深的印象。"大家圈在一起，早上开会，晚上总结，天天开动员会。对于二十来岁的年轻人来讲，压力更多来自队内。"周宁回忆说。

1995 年底，国安全体将士曾参加北京台春节晚会，主持人在介绍出场队员时特意提到："杨晨和周宁两员小将由于跟随国家奥运足球队集训，缺席了我们的晚会。"

若是赶上奥运会预选赛前，国奥队集训更是长达 5 个月。周宁说，那时队员们每天圈在一起，不能随便外出，真正到了比赛时，大家反而兴奋不起来了："谁能一根弦儿绷着四五个月啊？这种集训方式抹杀了很多人的想法和个性，最重要的是激情没了。"

周宁那届国奥队在最后一场与韩国队比赛中，只要打平就能出线。由于有不少企业赞助，球队当时出线后可获得 1000 多万元奖金，这在当时已是天文数字。但国奥队最后输掉，兵败吉隆坡，无缘亚特兰大。

"都是穷孩子，突然这么多钱摆在面前，我们也心动。"周宁说，球是大家踢的，压力是自己给的，出不了线只能说当时还太嫩，承受不了这种历史使命感与外界诱惑力共存的压力。

队长

国奥兵败之后，周宁原本顺风顺水的足球之路，遇到了坎坷。

回到母队，他参加的 1996 年首场比赛是"绿化江河"义赛，国安的对手是申花，在那场比赛中，周宁锁骨断裂，用他自己的话来说就是："为祖国的绿化事业捐出了一根锁骨。"

同年 8 月，周宁右膝内侧副韧带断裂，这导致他整个下半赛季都没怎么踢，这也是他职业生涯以来第一次受重伤。"国安队那年刚搬到工体，我家当时也住在工体附近，那一年踢得不多，确实挺遗憾的。"周宁说，自己容易受伤跟踢球拼命有关系，"当时队里竞争非常激烈，作为年轻球员，不拼就没位置。再说了，我们年轻人不拼，难道要比我大 10 岁的魏克兴、高洪波那些师哥去拼吗？"

当时的国安主教练金志扬曾公开表示，杨晨和周宁是"国安精神"的代表。对于"国安精神"，周宁的解释是："拼搏、不服输、团结、热情、激情。"

1996 年 6 月，国安前往韩国打商业比赛，对手是现代汽车，当时是助理教练郭瑞龙带队。赛前，郭瑞龙给大家讲战术要求，首发中的 10 名队员的要求都讲了一遍，唯独没提到周宁，只是告诉他位置是前腰。

"对我没什么要求吗？"周宁在准备会上问郭指导。

"对你没要求，就负责大范围穿插跑动，明白吗？"郭瑞龙说。

听教练这么一说，周宁反倒蒙了："我不明白。"

"说白了，就是随便踢，在敌人的腹地冲杀，搅和！"郭瑞龙的战术布置成了国安队友日后聚会调侃周宁的段子，经队友们各种演绎，说得越来越离谱。

1997年，国安队请来"三杆洋枪"，曾在主场9比1战胜申花。周宁回忆说，当时他在场上错过了一个很好的机会，"不然就是10比1。"那年，伤愈复出的周宁开始戴着护膝参加联赛。国安当时三线作战：联赛、足协杯和亚洲优胜者杯。

到了1998年，国安队中老将不是退役就是转会，金志扬也不再担任主教练。沈祥福带着国安的"18棵青松"，开始走上换血与变革之路，最终拿到联赛第三的好成绩。24岁的周宁在那年一直担任队长，他是国安有史以来最年轻的队长。

身为队长，周宁深感重任在肩："以前踢得不好，有老队员罩着。但现在不行了，踢得不好，我自己要承担责任。不但要承担老板、教练的问责，更要承担工体球迷对球队表现不佳的指责与骂声。"

周宁产生了出国发展的念头。

"那时球队已经开始将重点精力放在培养年轻人上了，陶伟、杨璞等年轻球员都已经进队。"周宁说。

他的发小杨晨已赴德国踢球，所以他偷偷办了护照，并且找到了施拉普纳。

经过努力，周宁在1999年初经过15天的试训，顺利加盟德国曼海姆俱乐部。和杨晨一样，周宁也以租借的形式远赴日耳曼。

留德

留洋前，周宁已有一定的经济基础，他在郊区买了别墅，开的车是宝马5系。由于是租借，到了德国，周宁挣不到太多钱，"德国方面给我开的工资，勉强够吃喝"。

刚到德国时，他梳着最流行的发式，穿的大衣、背的书包都是世界名牌。

看到周宁这个样子，施拉普纳很不高兴："你是来这里干吗的，炫富还是踢球？"

"我这样是要证明中国人不是农民。"周宁并不服气。

施大爷却告诫他："只有在球场上，你才能证明一切。"这句话对周宁触动很大，他立刻将这些名牌衣服丢在一旁，每天穿着运动服，除了训练，还要自己做饭。

周宁说，去德国前，他的足球之路太顺了，基本上没有太多挫折，"蜜水儿喝多了。进北京队6年，没有把自己变成男人"。在异国他乡一年半，周年自认改变了很多，"一个是事业，一个是生活，这两方面都让我迅速成熟"。

刚到曼海姆，周宁就踢上了比赛。曼海姆在那个赛季最后一场德丙联赛中，凭借周宁的绝杀，客场1比0战胜对手，提前一轮升入德乙。

征战德乙中期，周宁的位置是右前卫，但后来队中一名右后卫受伤了，主教练要求他后撤，从前卫变成后卫。周宁欣然接受，并且在右后卫位置上得到了德国媒体的好评。周宁说，只要能打主力，场上位置都无所谓，"中国人到了国外，身体不行、语言不通，你就得主动适应变化，否则踢不上球"。

曼海姆队虽然在德乙征战，但周宁觉得水平依然比当时国内最顶级的甲A联赛高出很多："甲A的球队甭吹牛，来一个切一个。"最开始，周宁并不适应德国联赛的高强度训练，一堂课下来特别累，有点扛不下来。"不过，适应一个月

○ 2001 年 3 月 25 日，甲 A 联赛第 3 轮，国安客场 1 比 1 战平重庆力帆。周宁（上）高高跃起争抢头球，当时，他刚从德国曼海姆返回，状态不是很好。
图 /Osports

就好了，到了人家那里，不玩命是不行的。你别说你在国内是根儿葱，到了那里，人家都不拿你当土豆儿。"周宁略带调侃地作着比较，"你踢前锋，在国内可以不抢球，到了国外，你不铲球都不行。"

在曼海姆效力一年半后，周宁面临留下还是离开的选择。当时斯图加特和美因茨都有意将其招入帐下，母队曼海姆俱乐部也准备与其续约。斯图加特开出 80 万马克的年薪，但不希望转会费超过 50 万马克。而国安开出的价码是 100 万马克。

"当时国安并不知道斯图加特看上我，要知道，敢开 200 万马克。"周宁承认自己当年没有跟国安沟通好，不然他也有可能在德国走得更远。

随后，他决定继续回国安效力。

信命

"回国安之前，我已经两个月没有系统训练了，但踢国内联赛，还是跟玩儿一样。"不过周宁很不幸，回国后踢了半个赛季就伤了。

"主要是因为踢得太随意了，另外比赛的时候对方总是两三个人盯着我，所以就被铲伤了，左腿十字韧带断裂。"周宁说。

2001 年歇了半年，周宁的状态受到了影响。2002 年，国安请来了外籍教练彼得洛维奇。伤愈复出的周宁渐渐失去了主力位置，脾气暴躁的他还跟老彼得产生了摩擦。

2002 年 8 月 25 日，国际足联公平竞赛日，国安队客场挑战四川大河。国安队开始踢得挺顺，并且率先进球。在周宁看来，当值主裁判周伟新在好几次判罚中都明显偏袒对方。本来就脾气暴躁的他火冒三丈，"周伟新在吹黑哨"。

当时处于保级位置的四川队中也有不少周宁的好友，他们提醒周宁，"你悠着点儿，差不多得了"。虽然话没说透，但圈内人都明白，国安再怎么踢也赢不了。

周宁承认，自己在比赛中骂了周伟新，领到第二张黄牌被罚下后，周宁遭到看台上球迷的狂骂。结果在下场的那一刻，他朝球迷竖起中指，这一幕被现场的摄像机抓了个正着。

对于竖中指的话题，周宁至今都不回避，"当时没想那么多，就是一种发泄。""竖中指"的次日中午，周宁被足协禁赛8场，罚款1万元。

"我不后悔，既然干了就要承担后果，没点性格还踢什么球，只是这种性格不能影响球队的荣誉。"周宁说。

现在回想起来，周宁觉得自己当时的确太冲动，但裁判的行为也让他难以接受，"这么吹哨，把球员所有的求胜欲望和拼搏精神都给抹杀了"。后来，周伟新在反赌扫黑风暴中落网。

周宁说他信命，曾特意找一个大师看过。"大师就说，我从小到2000年之前，都太顺利；但从2000年到2012年，不会太顺。"他说，自己过了三十岁后，开始控制脾气，"但从另外一个方面来讲，球员就应该有个性。为什么老国安备受追捧？还不是有那么多个性鲜明的球员？"

2005年，周宁退役后没当教练，而是从商，担任一家体育文化公司的总经理。他说，经商有时跟踢球很像，"不管做什么，人品及做事的想法很重要。我很真诚，这也得到了很多人的认可，所以会有人愿意帮我，如果你谦虚、努力、好学，就会有贵人相助"。

在经商的同时，周宁的生活也离不开足球。他在2006年开通个人博客，写的内容基本上是足球。由于他敢讲大实话，因此很受网友追捧。

与此同时，周宁还在一些电视台和网站担任足球比赛的评论嘉宾。今后，他还打算写书，"过了45岁吧，那个时候是真正成熟、稳重的年龄，写出来的东西会更耐看"。

必答题

《新京报》：你干过的最爷们的事？

周宁：2003年，我受完大伤之后带着年轻队友拿了足协杯冠军。当时外界都在传大连实德肯定是冠军，结果我们4比1赢了，那场我是带着伤腿打满全场。后来领队魏克兴跟我说，你虽然是队长，但你让徐云龙举杯，由于之前的半决赛被红牌罚下，徐云龙决赛是停赛的。结果我就把举杯的荣誉让给了徐云龙。其实我是多么想亲手举起这座奖杯，因为我知道这座奖杯是我为国安带来的最后一次荣誉。

《新京报》：除了你，国安队中谁最爷们？

周宁：曹限东，他是带着我长大的。对我来说，不管是踢球还是做人，他都给我很大的启发与帮助。

高雷雷
阻辽宁夺冠很爷们

高雷雷，19 岁的时候一球成名。在 1999 年甲 A 联赛最后一轮国安与辽宁的比赛中，他怒射破网，撕碎了"中国凯泽斯劳滕"的夺冠美梦，同时成就了山东鲁能的双冠王。

之后，因为在国安上场时间太少，高雷雷与米卢的国家队失之交臂。2010 年，他接受媒体采访时直言，"过去的中国足球让我觉得恶心"。如今，再回过头聊这些事情，高雷雷说一切都不重要了，因为他现在正在四川省马边彝族自治县支教，他说这更能体现他的人生价值。

◎ 2012 年 10 月 17 日，由于援建的四川省马边县沙腔乡申子坪村小学交通不便，高霄霄背着给学校的电视机上山。 图/Osports

○ 2006 年 12 月 3 日，澳超联赛第 15 轮，新西兰骑士 1 比 1 战平纽卡斯尔喷射机。代表骑士队的高雷雷第 87 分钟替补上场。图 /Osports

支教

这个冬天，高雷雷变身"高老师"。他在四川省马边彝族自治县支教，担负着体育、语文和卫生课的教学任务。接受记者电话采访时，他刚与从北京前来探望他的朋友们叙完旧。

高雷雷投身慈善事业，要从 2007 年说起。当时，还在芬超踢球的他接触到一项名为"麦田计划"的民间公益助学组织，于是，就萌发了捐建希望小学的想法。当年，返回国内后，他先后在云南和四川考察。最终，高雷雷将捐资助学的地点定在四川省马边彝族自治县。当地的孩子们拿到一块糖后舔了又舔的情景，对他触动很大，坚定了他将这项事业坚持下去的信心。高雷雷在马边县沙腔乡中子坪村，以父亲的名义捐建了一所小学。2008 年 1 月开工，3 月竣工，当地村民出工，省了不少钱。从那年开始，高雷雷每年都会带去衣服、文具，去那里看望孩子们。

2012 年，高雷雷专门腾出半年时间，前往自己捐建的希望小学支教。体育课是他的老本行，不过孩子们很难得到这个昔日球星的"真传"。

"体育课还是以基础的队列之类为主，更注重体育项目兴趣爱好的培养。由于受环境的限制，足球没办法开展。"在卫生课方面，高雷雷亲自示范，教育孩子养成良好的个人卫生习惯。

高雷雷这次待的时间，比预想中长。他与孩子们朝夕相处，感触很特别，"这次支教半年，我希望孩子们养成良好的学习习惯和方式，也希望给他们带来质的改变，而不仅仅是在金钱和物资上的资助。金钱方面的帮助只是最初级的，心与心的交流、关怀才是真正的帮助。现在，我与他们更贴近了，这些孩子真是非常可爱。"

之所以选择支教，高雷雷主要是受父亲的影响。他的父亲是一名体校教练，乐于助人，曾经卖掉自行车和手表帮助困难学生。父亲的这些举动对高雷雷产生了潜移默化的影响。除此之外，他也希望能用自身行动改变足球运动员负面新闻缠身的形象。

"现在足球运动员的社会影响并不是很好。作为足球运动员，我希望能得到社会的认可，不希望我的同行被爆出来的总是负面新闻。"高雷雷说。

高雷雷最初的想法是捐建更多的希望小学。不过，随着慈善事业的进行，他调整了思路。如今，他把资助希望小学和扶贫结合起来，已经开始着手为孤寡老人、五保户建新家。

高雷雷说："做慈善的本质不单单是在金钱和物质上资助，更重要的是改变那些落后的观念。俗话说，帮急不帮穷。我认为给山区人们最有力的帮助是在心理和精神上的。金钱和物资很难给他们真正的帮助，而我希望做的就是给他们真正的帮助。"

2011年退役后，高雷雷在南锣鼓巷开了一家名为"贰拾壹"的日本料理店。因为忙于支教，他最近半年将店里的生意完全交给员工去做。好在女友和母亲都很支持，这给了高雷雷继续下去的动力。"没有她们的精神支持，我很难继续下去。"高雷雷说。

成名

与低调做慈善不同的是，高雷雷的职业生涯却是从高调中开始的。1999年，他与徐云龙等一干青年才俊进入国安一队。当年末，高雷雷就让球迷都认识了他。

高雷雷"一球成名"的故事是在工体上演的。1999年12月5日，这一天，高雷雷在辽宁球迷心中留下了永远的痛。甲A联赛最后一轮，辽宁队只要在客场击败无欲无求的国安，便将夺冠，上演中国版的"凯泽斯劳滕神话"。张引麾下的"辽小虎"距离这一奇迹只有咫尺之遥。但这咫尺之遥就像"霓虹灯到月亮的距离"，遥远到没有尽头，只因为高雷雷的出现。

第13分钟，辽宁队在中场突然发动进攻，曲圣卿接队友妙传后怒射破网，辽宁队1比0领先。第32分钟，辽宁队的吕刚对南方报复性犯规，被主裁判里卡多红牌罚下。下半场第29分钟，沈祥福作出换人调整，高雷雷上，巴雷德斯下。仅仅上场两分钟，高雷雷一脚怒射得手，将比分扳成1比1平。进球后，高雷雷脱掉球衣向场外狂奔，随后被狂喜的队友扑倒在地。辽宁队最终无力改写比分，夺冠梦被高雷雷无情击碎。

"大救星"高雷雷让济南的山东体育中心陷入疯狂，5比0击败武汉的鲁能，最终夺得联赛冠军。

这是高雷雷成名的一球。不过，这么多年过去了，言及这个进球，他的语气早已云淡风轻："这只是一场简单的比赛，我也只是尽力去踢一场普通的比赛。平时的努力训练和场上的情况促成了这个进球。它真的没有什么特殊的含义。我也不是想刻意帮助山东、故意阻击辽宁。这就是一场普通的比赛，没什么可渲染的。"

在高雷雷看来，如果这个球真的有价值的话，那就是展示了他和国安队的血性。"当时的大环境非常糟糕，假球、赌博充斥着中国足球。能用这个进球扭转联赛的形象，是爷们该做的。"高雷雷说。

即便如此，高雷雷仍不认为这是他职业生涯最重要的一个进球。"其实，我职业生涯进过很多精彩的球，但因为这个球意义太重大了，以至于掩盖了我之后的表现。"职业生涯后期，高雷雷先后辗转过芬超、澳超和美国大联盟，都上演过精彩进球。

与攻进辽宁的那个球相比，高雷雷更看重的是代表国安攻进的第一个球。"那是我第一次

○ 2006 年 1 月 15 日，高雷雷在海南参加冬训。一年后，他逐渐失去主力位置，不得不于 2007 年漂洋过海远赴芬超。新京报社记者 吴江 / 摄

上场比赛，对阵沈阳队。当时，我父亲刚刚去世一个月。这个球对我来说意义更大。"高雷雷说。那场比赛，国安队主场 4 比 0 拿下对手，高雷雷第 87 分钟进球，是比赛的最后一个进球。那一天是 1999 年 3 月 28 日，高雷雷时年 19 岁。

"决裂"

高雷雷个性鲜明，他称 "我很简单，不太会中国式的为人处世"。因为性格的原因，他吃过不少亏，失去了很多东西，其中包括入选国家队的机会。

"失去的东西，现在看来不重要了。我失去了国安队的主力位置，失去了为国效力的机会，经过时间的沉淀，失去的这些跟得到的比起来真

是微不足道。"高雷雷后来说。

职业生涯巅峰期，高雷雷无限接近米卢统帅的国家队。但是，关键时刻，他却在联赛中被雪藏了。对这段经历，高雷雷说他现在已经看得很淡："我现在不在意了，因为后期大家都清楚，中国足球是非常黑暗的。不送礼、不送钱是很难成为国字号成员的。我没什么遗憾，当时的国家队对我来说也没什么意义，掺杂了太多足球以外的因素。"

高雷雷与国安的分手方式也出人意料。2007年，他以自由转会的方式加盟芬超迈帕队，为中国球员打开了自由转会的大门。因此，高雷雷也被誉为"中国博斯曼第一人"。

选择这种决绝的方式离开国安，高雷雷说这是不得已而为之，"我也希望与国安妥善解决，但中间遇到了很多挫折。我很渴望去欧洲发展，没办法，最终选择了不得已的方式，那就是不通过国安，直接通过国际足联来解决问题。"

以这种方式告别，高雷雷亲手切断了重返国安的后路。

与国安队"决裂"，这还不够，高雷雷还与中国足球"决裂"。

"中国足球的黑暗彻底让我绝望了，那是最低潮的阶段。如果有一天结束足球生涯，我一定是在国外结束的。"高雷雷当时说。

离开国安之际，高雷雷的一篇博客引起了轩然大波。2007年6月7日，11时48分，高雷雷更新了一篇题为"傻×们……告诉你们什么叫不靠教练不靠领导"的博客，抨击国内足坛"关系第一"的怪现状。"教练领导是要去尊重的，而不是要去依靠的，但这也是建立在互相尊重的基础上，如若不然，爱谁谁！我相信父亲的一句话：有本事哪儿都能去！"他在博客上的留言掷地有声。

"在中国，很多冠军是因为关系而产生的，很多主力位置是因为关系而坐稳的。但足球终究是真刀真枪去拼的，中国足球拿到世界上去比拼时，是没有关系可以依靠的。别看足球在中国市场很火热，但这只是泡沫。"至今，高雷雷也不后悔写下这样一篇博客。

从芬超开始，高雷雷成了绿茵场上的"吉卜赛人"。离开迈帕队后，他重返澳超加盟惠灵顿凤凰队。加盟迈帕队之前，他曾以租借的形式短期为新西兰骑士队效力。此后，他又投奔美国大联盟明尼苏达群星队。

在四大洲漂泊，高雷雷很享受这样的过程，"我身边的朋友、队友都觉得我的性格、做事方式比较适合国外。我在国外适应非常快，这种经历很可贵。去澳洲、美洲、欧洲，我希望能看到更多人是如何热爱足球、理解足球的"。

效力迈帕期间，高雷雷还在与布莱克本的联盟杯比赛中登场。对这段经历，他非常看重，"因为我是第5个参加欧洲联盟杯的中国球员。能到这个平台展示自己的足球技艺，这是对我职业生涯的肯定"。

漂泊几年后，高雷雷2010年7月落脚北京八喜。2011年3月6日，他通过微博宣布退役。

必答题

《新京报》：你干过的最爷们的事？

高雷雷：还是1999年的那个球吧。当时假球、赌球充斥着中国足球，打进这个球击碎了让球的传言，是爷们的体现。

《新京报》：除了你，国安队中谁最爷们？

高雷雷：我觉得是（徐）云龙吧。我们是一起进队的，他在球队这么多年，一直都在国安，没有选择其他俱乐部。他的这种坚持让我们这一批运动员都很钦佩。

韩旭
曾被赞 " 脚底下长牙 "

" 曾经的 4 号韩旭 "，这是当年的后防硬汉在微博上的名字，他始终难以割舍对国安的深情。职业生涯，他以防守凶悍著称，被高仲勋誉为 " 脚底下长牙 "；进攻中，他又以头球见长，职业生涯总共打进 14 个球。他至今仍有资本揶揄南方，因为他比这个纯正的前锋进的球还多一个。

退役后，韩旭没有离开工体和国安，是中奥足球圣殿的老板之一，他们的店铺就设在工体 8 号看台。他的另一个身份是杨智的经纪人。

◎4号韩旭，曾被高仲勋誉为"脚底下长牙"。离开球场将近8年，韩旭却没有真正离开过足球。新京报社记者 陈杰 郭延冰／摄

复仇

多年后，当搜索记忆时，曾经的 4 号韩旭仍时常想起宿茂臻千里走单骑时那个遥远的下午。

对于看客们而言，当年的记忆早已模糊，但宿茂臻一定不会忘记那粒进球。他终结了 1996 年工体不败的神话，让国安球迷闭嘴的手势也饱受争议。除了他，韩旭是另一个对这个进球终生难忘的人。

一切来得猝不及防。国安在前场丢球，球传到宿茂臻脚下。那场比赛，韩旭就是宿茂臻的影子。即便宿茂臻在己方后场，韩旭仍尾随左右。看到球到了宿茂臻脚下，韩旭扑过去伸脚拦截。

接下来便是经典一幕的上演。身处中线附近的宿茂臻巧妙一扣，然后开始了长途奔袭。韩旭是这个经典进球的背景，他拼尽全力，还是无力追上对方，只能目送皮球滚入自家球门。

这是"糙哥"宿茂臻职业生涯最漂亮的进球。更为重要的是，从 1995 年起媒体和球迷津津乐道的工体不败成了历史。"宿茂臻进的这个球算是我的失误吧，位置没补上，在这之前工体一直没输过，当时压力也挺大的。"十多年过去了，韩旭对这个失球仍无法释怀。

从哪里跌倒就从哪里站起。那一年岁末的足协杯决赛，韩旭在同一块场地证明了自己。由于身材高大，韩旭成了盯防高中锋专业户。这场比赛，他的任务仍是盯防宿茂臻。

"新仇加旧恨"到了了结的时候。韩旭不仅让宿茂臻整场比赛无计可施，在进攻端还发挥了关键作用。"那是我表现相当不错的一场比赛。高洪波那个进球是我射了没进之后，他补射进去的。"韩旭说。

决定性的一幕发生在下半场。当时济南泰山队将比分追成了 1 比 2，韩旭接曹限东传球获得了单刀机会。出击的门将王军将韩旭放倒，被罚出场。以 11 打 10 的国安最终 4 比 1 获胜，

没有让冠军从指缝间溜走，韩旭也成功复仇。

大雾之中，金志扬哭了，符宾哭了。韩旭说，当时自己没哭，不过真的"释放了"，"这场球赢了之后，我终于释放了自己。没哭是知道以后的冠军还多着呢"。

4 号

1973 年出生的韩旭，家就在工体附近，有朝一日能够在工体踢上球是他少年时代的梦想。1992 年，他和杨晨、周宁等一拨队员被擢升进国安一队。这成了他日后登上工体大舞台的关键一步。

金志扬当时还是国安队助理教练。这帮年轻队员成了他重点栽培的对象。"那时候，每次训练完，金指（金志扬）都带着我们几个'吃小灶'。有我、杨晨、周宁，还有姚建。"

韩旭说，正是金志扬挖掘出了自己在头球方面的潜质。"金指对我说，你个子这么高，头球必须成为你的特点。刚进队时，我头球一点都不好，全是后天练出来的。"韩旭说。

除进攻端头球出色外，韩旭防守方面不惜命，有"拼命三郎"的劲头。在邓乐军眼中，韩旭是他队友里面最爷们的一个。因为防守凶悍，韩旭还获赠"脚底下长牙"的评价。

故事还要从 1995 年的海埂冬训讲起。其实，1994 年甲 A 联赛元年，韩旭已经出过场并进过球。不过，1995 年初，他尚未真正成名。高仲勋并不认识这个大高个子，但踢了一场比赛后，他不仅记住了韩旭，还给出了一个颇为形象的比喻。

"有一天，我们上午跟延边队踢了一场热身赛。那时我还不是绝对主力，主要负责盯防高仲勋。下午的时候，我们跟另一个队踢热身赛，高仲勋就在旁边看着。可能我有一个防守动作比较大，高仲勋就对我们队的郭维维说，'你们队的

○ 2003 年 8 月 10 日，国安客战四川冠城，外援安德列上半场率先破门，但最后关头韩旭自摆乌龙，双方握手言和。图 /Osports

这个4号脚底下长牙了吧'。"回忆起这段往事时，韩旭笑了起来。

从这之后，韩旭逐渐在甲A联赛中扬名。进入职业生涯尾声时，韩旭在国安担任过几年的队长。巅峰时间，韩旭是北京球迷的宠儿，甚至有女球迷专门为他创作过小说，还把小说送给了他，"以我为主人公，写在笔记本上，主角是我还有杨晨等人，国内比赛完事了又去德国踢球什么的。后来笔记本弄丢了，特别遗憾"。

他一共有3座足协杯冠军奖杯，独缺一个联赛冠军。"在国安，整个职业生涯最大的遗憾就是没有拿过联赛冠军。就我个人而言，可能最大的遗憾是没有进过国家队。"韩旭说。

韩旭在国安是响当当的4号，但当时中国队在中卫位置拥有范志毅、张恩华等一干名将，加上后来的李玮锋等青年才俊，让韩旭始终无法获得穿上国家队战袍的机会。

寒心

2005年春天，韩旭被国安球迷留在了时光里。他与南方、周宁与京城球迷挥手作别，结束了职业生涯。这是国安首次在工体为老臣举办退役仪式。

11：韩旭为国安征战顶级联赛的年头。他为国安奉献了全部的足球青春，随队经历了从甲A到中超，见证了中国足球从辉煌的顶点坠入绝望深渊的全过程。

14：韩旭在国安的进球数。这是他引以为傲的成就，即便到了今天，他还会拿这个调侃好友南方，"我比南方还多一个呢"。

其中1999赛季，他迎来了进球的井喷期，连续3场比赛攻进4球。这样的进球效率，即便是顶尖前锋也不过如此。在工体对阵武汉红桃K的6比0成了韩旭攻击波的开端。第9分钟，拉雷阿送出精准的任意球，韩旭后脑勺一蹭将球送

进网窝。最后时刻，他又用一个头球为这场大胜画上句号。

"接下来，客场对沈阳我又进了一个，紧接着是客场对青岛。"韩旭将对青岛的这个球定义为职业生涯最重要的进球，"那是比赛的最后一分钟，我们以少打多，我的进球将比分扳平了。"

除个人的摧城拔赛之外，他还是国安主场9比1血洗申花的见证者。只不过，由于在之前对大连万达的比赛中副韧带受伤，他未能在这场经典对决中登场亮相。"我们前一场刚1比5输给大连，我在那场比赛中受伤。当时我是在北京电视台看的这场比赛，直接从北医三院拉过去的。"谈到这场比赛，韩旭颇多感慨，"真是非常激动、非常开心。之前，我们刚刚输大连那么多。这是一场可遇不可求的比赛。不过，朋友经常调侃，没准我上了就打不了9比1了。"

国安把韩旭等人的退役仪式安排在与申花的比赛之前，这从某种程度上弥补了韩旭无缘9比1大捷的缺憾。

韩旭职业生涯真正不完美的是经历了中国足球的黑暗时刻。2004年，国安在五里河体育场主导了职业联赛的首个"罢赛"，被载入史册。如今，真相早已大白天下，当值主裁判周伟新已被绳之以法。

韩旭并没有登场，不过随队一起经历了这起罢赛。哀莫大于心死，这些经历让韩旭对当时的中国足球彻底寒了心。"当时，唯一的感觉就是规则全是你们定的，你们中国足协又当裁判又当队员。"韩旭说。

那一年年底，当与国安的缘分走到尽头时，韩旭没有选择去其他球队，而是直接作出退役的决定。"当时，以我的条件，去中超下面几个队，或者去中甲是可以的。看看当时的环境，想想自己干干净净退出就完了。"

经商

2012 年 11 月 8 日，韩旭在自己经营的中奥足球圣殿二楼接受了采访。这家店位于工体 8 号看台，以经营国安的特许商品为主，兼营其他足球类产品。可以说，韩旭从未真正离开过工体。

退役后，这里是他与国安血脉的一个延续。不过，店里韩旭个人的痕迹并不浓厚，看不到他的大幅照片。二楼最显眼的位置张贴的是徐云龙在赛场上的英姿。韩旭仅悬挂了几件他个人的球衣，道出了店主人历尽的足球沧桑。

刚挂靴时，韩旭一门心思想当教练，继续在绿茵场上奋斗。不过，他最终走上了经商的道路。"因为各方面的原因，最终没有当成教练。"言及此，韩旭并不愿过多提及内中详情。

除经营中奥足球圣殿之外，韩旭如今还有一个与足球密切相关的身份——足球经纪人。他已经有了足球经纪人的资质，杨智就是其旗下的签约球员。与记者交谈之前，他刚与国安总经理高潮商谈过。

"杨智能够留下，就是我们团队来运作的，与俱乐部谈的。"韩旭很羡慕现在的球员能够自由转会，"我们那时候球员是很弱势的，没有自己的经纪人。当时签合同，就是杨大爷（杨祖武）拿份合同，说'签了吧'。"

韩旭透露，从年初他们团队就开始与国安谈判，"我是球员出身，知道球员们最大的精力都在球场上，他们哪有精力谈合同啊。俱乐部有俱乐部的利益，而我则代表着杨智的利益，谈判就是为了寻找两者之间的契合点"。杨智之外，韩旭还计划签一些有潜质的年轻球员。

如今，韩旭又回到了绿茵场。他是国安老男孩俱乐部的发起者之一。韩旭已经退役 7 年了，但他与国安、与工体的故事还在继续。他从来就没有在我们的视线中消失过。

必答题

《新京报》：你干过的最爷们的事？

韩旭：在联赛中的进球，成就感是一般人体会不到的，几万人现场看你进一球，这挺爷们的。另外，比较爷们的就是我们 1995 年在工体赢阿森纳、弗拉门戈。虽然他们比我们强，但我们有不服输的劲。金指也说，跟国外球队踢，我们不仅代表北京，更是代表中国。我们没有因为联赛而不重视这样的比赛，都是派主力踢的。

《新京报》：除了你，国安队中谁最爷们？

韩旭：金指纯爷们。

小王涛
五次获"天下第二"

他脾气刚烈，不甘人后，他又极为随性，看破凡尘。他冠军奖杯拿到手软，他又银靴五只空留遗憾。他心灰意冷告别足球，他又心生眷恋难换工种。

他就是小王涛。

从大连的空中巨无霸，到国安的红牌争议人，再到八喜大老板，小王涛走自己的路，从不关心别人说什么。

○ 2001 年 3 月 25 日，甲 A 联赛第 3 轮，国安客场 1 比 1 战平重庆力帆。王涛与重庆外援米伦比拼脚法。图 /Osports

高人

1.94 米。

小王涛的身高，比意大利门将布冯高了 3 厘米，比西班牙门将卡西利亚斯高了 9 厘米。这样的身材，不做门将可惜了。

你别说，小王涛还真的差点做了门将。

小学三年级，小王涛所在小学的足球队门将生病，由于当天下午有一场比赛，足球队教练找到小王涛的妈妈，希望他帮球队守门。

那之前，小王涛从来没有踢过球。妈妈和

小王涛一说，他毫不犹豫就答应了。

比赛完后，妈妈问教练，"赢了还是输了？王涛会守门吗？"教练苦笑着说，"输了，球从他裆下钻过去了。"

那场比赛，对方狂胜，小王涛被多次穿裆，脸都丢尽了。

但从那以后，小王涛反倒喜欢上了足球。他对妈妈说，踢球太有意思了。

小王涛的妈妈是数学老师，他从小学习就不错，数学更是常拿高分。刚开始妈妈并不愿意小王涛踢球，但他对妈妈说，他每天按时完成作

○ 2007 年 10 月 26 日，在一场友谊赛中，97 国家
队 9 比 6 战胜 95 御林军，王涛（左）的身手还算敏捷。
图 /Osports

业，绝不会因为踢球耽误学习。孩子如此懂事，妈妈也就不再阻拦。

时隔多年，说起踢球的初衷，小王涛还是大大咧咧："那时候男孩儿都踢球，大连嘛，男孩儿不会踢两脚球都不好意思见人。"

初中毕业后，正赶上大连成立了足球学校，小王涛就进了这个学校。

很快，小王涛进了大连青年队，17 岁时在"希望杯"比赛中进了 3 个球，属同龄人中的佼佼者，18 岁便随大连青年队夺得首届全国城运会冠军。

19 岁那年，小王涛进了大连市足球队。当时，他的身高已经 1.9 米了。

身材高大的小王涛，在职业联赛开始后所向无敌，获誉"空中巨无霸"。虽然空中打击能力超强，但小王涛自己对身高没感觉，"真正关键的是要用脑子踢球，如果只用力而不用脑子去踢球，就不可能成为一名优秀球员"。

小王涛觉得自己与荷兰前锋范尼有些类似，与他同时代的高中锋中，宿茂臻和蔡晟的技术都比不上他。

刚开始踢球时，小王涛还不是前锋，而是前卫，所以特别注重脚下技术。运动战之外，他还有出色的任意球功夫。

在大连万达踢球那几年，每当球队在前场获得任意球机会时，大连球迷总是齐声高喊"王涛！王涛！"以任意球闻名的邵佳一，当年就跟小王涛学过罚任意球的诀窍。

高而不笨，看过小王涛踢球的，想必都会有这种感觉。

"他是全亚洲后卫的噩梦。"当初，韩国人朴成华看到小王涛踢球后，就下了这样的评语。

银靴

德国球星巴拉克，因职业生涯拿到 13 个亚军，被称为史上遗憾最多的球员。

小王涛在大连万达冠军拿到手软，1994 年、1996 年、1997 年、1998 年都拿到了联赛冠军，1997 年拿到了超霸杯冠军。但是，他也有未了的遗憾。

3 个足协杯亚军和 5 次联赛银靴，让小王涛有些不甘。

征战职业联赛九个赛季，小王涛杀遍四方，他曾以 82 球成为甲 A 联赛进球第一人。

可是，小王涛却从来没有拿过联赛金靴，5 次都是一步之遥。

1994 年，小王涛打入 12 球，不敌胡志军拿到银靴；

1996 年，小王涛打入 10 球，不敌宿茂臻拿到银靴；

1997 年，小王涛打入 11 球，不敌郝海东拿到银靴；

1998 年，小王涛打入 14 球，再次不敌郝海东第四次拿到银靴；

2000 年，小王涛打入 13 球，结果还是银靴，金靴被卡西亚诺穿走。

性格决定命运。小王涛认为"银靴定律"与性格有关。

"我这个人，真没有把这东西看得很重。我就没有那种概念，我必须去争这个东西。就像我以前在万达，一拿完冠军，还有几轮的时候，我一看拿完冠军，好，就无所谓了。对自己的要求也不严了，就不进球了，就拿不着金靴了。"

这种性格，也让小王涛在国家队不受重用。

1993 年，王涛首次入选国家队，此后数届国家队，小王涛进进出出，几乎没参加过重要的赛事，先后错过了 1994 年亚运会、1996 年亚洲杯和 1997 年十强赛。

"很多人进了国家队就表现得特别努力、特别积极，然后争取出场机会，但我脑子里没这根弦。在国家队我该怎么踢就怎么踢，教练不用我，可能就是觉得我'态度不好'吧。"

1997 年 3 月，小王涛入选戚务生执教的国家队，备战世界杯外围赛。但在当年5月，他主动退出国家队，返回万达。

外界都说，小王涛个性太强，不甘替补，所以愤而离队。

关于那次退出，江湖上还流传着一段未经考证的对话。

"我能打上主力吗？"小王涛问戚务生。

"那得看状态说话。"戚务生回答。

"那我就不去了。"撂下这句话，小王涛就回家了。

"现在回想起来，当时我的离队确实影响不好，但当时我感觉我这么做是对的。有人说王涛一天到晚闹新闻，但我没有必要用这种事来出名。"

"我不是那种一定要进国家队的人。"小王涛看得很开，"其实用一种很平常的心态去看，踢球只是我的工作。你要是有机会为国家效力，那就更好。要是没有机会也无所谓，你就去做好本职工作就行了。"

红牌

2000年4月30日，甲A联赛第8轮，北京国安客场对阵延边敖东。

第22分钟，姚健从后场把球大脚开出，开场就一直"关照"小王涛的主队队员张庆华从侧面与小王涛争顶头球，两人相撞后，张庆华重重地摔在地上。看台上的球迷不停地高喊"黄牌、黄牌"，主裁判张业端直接掏出红牌将小王涛罚出场外。

赛后，小王涛在接受采访时表示："当时姚健发出球门球，我在前场准备接应。没想到一转头，张庆华已经躺在地上了。主裁判对我说：'我已经全看到了，你等着吧。'说实话，我真不知道他看到了什么，因为连我自己都不知道是怎么回事呢。"

在回北京的飞机上，小王涛倒是看到了张业端，他本来想问个究竟，后来一想于事无补，也就罢了。

然而，关于小王涛那张红牌的风波并没有就此结束。

2000年5月11日，中国足协裁委会决定追罚小王涛停赛两场、罚款3000元。时任国安俱乐部副董事长的李士林不干了，"如果处于这样一个挨整的环境，国安绝不能再玩下去了，一定退出甲A联赛"。

在各方妥协下，退出事件不了了之，但这张红牌，却让小王涛写进了国安的历史。

"回看那场比赛，其实我真的没有肘击，但裁判就那么判了，还给我出示了一张红牌，很无奈，中国裁判的水准确实不够高。"12年后，小王涛回忆起那张红牌时说。

那是小王涛在国安的第一个赛季，除了那张红牌，他还有13个进球。

说起来，小王涛加盟国安也是被逼无奈。

因为"大连那边出了一些问题"，小王涛1999赛季结束便提出了转会。小王涛心仪的下家是厦门。球员转会摘牌大会那天，首次挂牌的他没等来厦门，反而被国安"截和"。他颇为无奈，"摘牌制度就这样，当年运动员都比较被动"。

小王涛想"悔婚"，他私自搬出了国安在海埂的驻地，要重回家乡球队效力。经过一番纠葛，小王涛还是被中国足协判给了国安。

当时，很多人都为国安捏了把汗，因为小王涛是一枚"定时炸弹"。

爱喝酒，也能喝，用小王涛自己的话说："我喝酒跟进球的水平差不多。"1999年，大连万达客战广州松日，主帅李应发没有让小王涛首发登场，他就在酒后大闹，一边踹门，一边骂人。在大连万达时，徐根宝谁都敢骂，但小王涛和郝海东是例外。

让北京球迷惊讶的是，在国安的小王涛特别本分，他说自己年纪大了，懂得珍惜了。"北京和东北差不多，说话、性格什么的都很像，不用适应。"小王涛说。

2002赛季中期，一次伤病放倒了小王涛，他在北医三院做了髌骨手术，随后前往欧洲的康复中心治疗，自此一去不回。

2002年12月26日，小王涛宣布退役。

老板

离得开球场，但小王涛离不开足球，2012年的现在，他是北京八喜的董事长。

退役之前，国安给小王涛提供了三个选择：一、外出学习，参加国内的教练培训班；二、担当国安青少队的教练；三、如果还想踢球，国安会给他挂牌。

小王涛拒绝了国安的好意，"我想彻底离开足球，做点别的，什么都行，只要能养家糊口。我离开足球，就算是换个工种吧"。

小王涛没有回大连老家，而是留在了北京发展。但是，他并没有彻底离开足球。

拿小王涛的话来说，"我踢了20年足球，退役后还是觉得舍不得离开。如果转行干别的，也能养家糊口，但没有搞足球那么有兴趣"。

于是，小王涛和原北京队队员郭维维一起，联合一家企业搞起了"北京八喜盛世足球俱乐部"。

那是2004年的事。

小王涛没有做教练，但身兼董事长、俱乐部副主席、技术委员会主任、领队等多项职务。

"在中国足球目前这种环境下，教练很多时候说了不算，那还不如自己搞俱乐部，用自己的方式走出一条路。"

至于为何不做教练，小王涛说："主要是我的性格做不了教练。可能我要当教练的话，会和乔里奇差不多，性格太暴躁。"

在北京八喜，小王涛是俱乐部中的灵魂人物，偶尔教练组出现问题，他会做救火队员，他的气场对八喜队员影响很大。

曾与他共事的陈彤夸奖说："王涛的业务能力非常强，而且很善于学习，如果他能坚持做下去，迟早会成为中国的穆里尼奥。他是一个足球的成功者，气场非常强，从日本和欧洲拿回来的资料，他都会认真学习。"

做了老板，小王涛还不忘踢球，前不久参加了老青岛海牛对阵老国家队的比赛，"最后2比3输了，有点遗憾，没进球"。

虽然身在北京，但离开国安后，小王涛就再没回过工体。但会看国安的比赛，"只要有转播，我都会看，只是工作太忙，一直没有去过工体"。

必答题

《新京报》：你干过的最爷们的事？

小王涛：2000年对敖东那场比赛，当时说我肘击，给我红牌，我也没说什么，后来足协追罚了我，李士林不干了，说要是如此不公正就退赛了。我觉得这件事中，国安整个儿都挺爷们的。

《新京报》：除了你，国安队中谁最爷们？

小王涛：我认为是杨璞吧，踢球的那个劲儿，场上场下截然不同，场下笑嘻嘻的，一到场上就拼命。

徐阳
一生不忘恩师米卢

与徐阳约访时，他坦言最近实在太忙，要录制北京电视台的节目，还要随中国足球记者联队比赛，每周要去央视解说一两场比赛甚至更多，前不久他们还成立了国安老男孩俱乐部。

见面时，他拖着踢球时拉伤的腿，走起来并不利索，一脸倦容，气色也不好。

"干解说这行就是得喜欢，不喜欢干脆没戏，你熬不住。"徐阳说。不过，聊聊国安，他还是乐意的，"我觉得还是要做个有故事的人"。

○职业生涯末段，徐阳过得
并不太如意。退役之后，他
的生活反倒丰富了许多，有
时忙得不亦乐乎。新京报社
记者 陈杰 郭延冰／摄

"鸡肋"

徐阳小时候生活在辽宁体工队大院，院里整天是一帮体工队家属的孩子在踢球，大院里的教练谁有空谁就带着孩子们练。

小学时，徐阳成绩很好，小升初还拿到了重点中学的录取通知书，但他毅然选择了足球，"我肯定要去踢球，因为打小就喜欢"。

当时，徐阳的父亲徐来贤是足球教练，他认为儿子在自己手底下肯定成不了才，还是出去锻炼价值更大。徐阳被送去了八一队。那会儿年纪尚小，他还挺激动，"要去参军了，就觉得新鲜好奇"。

在八一队一待就是11年。当时，八一队踢球总是输给北京队，徐阳很向往那支北京队。1994年，国安赢了AC米兰，1995年又赢了阿森纳。1996年足协杯，徐阳与国安队员有过直接对话，谈起那支国安，徐阳说："他们的踢法赏心悦目，看着就舒服。"

那年在昆明冬训，徐阳和他的队友觉得国安队的队歌很好听，就当着国安领队杨群的面一直哼哼，杨群并不搭理他们。

和国安结缘，是因为时任国安助教的李松海。当时徐阳和李松海的儿子李雷雷同在八一队，"雷雷当时就跟我弟弟一样，从小我是看着他长大的"。熟识徐阳的李松海在1996赛季结束后，把前者推荐给了金志扬。

金志扬当时手里握着5个名额，徐阳只是他心中的第五选择。同时徐阳也在选择，大连和沈阳的球队向他抛出橄榄枝，回家乡踢球不失为一个好的选择。

与金志扬谈完，过了几天，徐阳收到回复，"你可以去其他球队了，这个名额我们已经有人选了"。但不久之后，他又接到了杨群的电话，态度完全不同，"我们这边决定要你了"。

徐阳有些不解："金指导不是说不要我了吗？"

杨群说："反正我们要你了，你去工体跟张路把这个事先谈了吧。"

50万元的转会费在1996年并不是个小数目，金志扬说："小子，你给我签4年合同，别一年一年签，要不然明年你踢得好就跑了。"后来徐阳在国安果真待了4年，"可能这就是命吧。"他感谢国安成全他的梦想。

在国安，徐阳并没有初来乍到的陌生感，他与南方、杨晨、周宁早就熟识。但在国安的前三年，徐阳很难踢上球。

1997年，徐阳出场的机会不多，加之受伤做了膝关节半月板摘除手术，健康的时间更少了，他急了。眼瞅着一个赛季过去了，他想："金指导肯定后悔了。"

1998年，徐阳被一个可乐瓶子难住了。每年一次的体能测试要求球员必须完成12分钟跑和折返跑测试，而彼时刚做完手术的徐阳在折返跑最后一趟时没能碰倒那个"该死的瓶子"，与"及格线"失之交臂，让他付出在联赛3轮后补测的代价。那段日子，队友们都在正常训练与比赛，唯有徐阳整天和可乐瓶子为伴。

"知道的人知道我在训练，不知道的准以为我是捡破烂呢。"徐阳笑着回忆说。

就这么晃晃悠悠，眼看一个赛季又过去了。时任主教练沈祥福找徐阳谈话，直言"年底年轻队员要上来，老队员要调整"。言下之意，他是老队员，在调整之列。

徐阳有些委屈："我年龄也不大啊！"

他甚至有些怀疑自己，像块鸡肋，食之无味，弃之又可惜。但徐阳转念一想，又觉得可以通过努力找到位置，更重要的是不舍队中的这些兄弟。

他对沈祥福说："我还想拼一年，大家都在一个起跑线上。到时候不行的话，我自己走人。"

沈祥福回应："不在一个起跑线上。"

听了这话，徐阳心里咯噔一下。

1999年，徐阳并没有迎来一个好的开始。在国安期间，他一直跟南方住工体209房间，那一年的前 6 场比赛，这对"难兄难弟"一分钟都没出场，客场甚至都不用随队出征。别人比赛时，他俩躺在床上看电视。

第 7 场客战金志扬麾下的天津队，徐阳终于摸到球了，但打了半场就被换下了。他犹记赛后金志扬接受采访时说："徐阳踢得挺好，怎么就给换下去了？"

之后，徐阳再度高挂免战牌。同屋的南方在第 8 轮后打上了主力，还当上了队长。"我们那屋一个成了队长，另一个特衰。"徐阳自嘲道。

一天训练时，南方突然过来跟徐阳说："沈指导在场地等着你。"徐阳的第一反应是："找我干吗，我又踢不上球。"

徐阳过去，沈祥福问："你能不能踢比赛？"

徐阳说："我能不能踢，得你说了算啊。"

周末与武汉一战，徐阳上场了。一场 5 比 0 的大胜，奠定了徐阳的主力位置。

恩师

在国安的最后一年，"暴脾气"教头乔里奇来了。他引进了一些自己喜欢的球员，徐阳又歇菜了。当时球队助教拉耶瓦茨跟球员们关系不错，大家都喜欢称他为"老米奇"。

老米奇曾向乔里奇建议："你看徐阳这孩子踢球跟别人不一样，你能不能用他？"但乔里奇在那个位置上坚持用他从塞尔瓦多引进的球员，根本不搭理徐阳。这让徐阳非常不服气，"那会儿就天天跟乔里奇打架"。乔里奇本来脾气就火暴，争吵的结果是连替补席都没有徐阳的位置了。

联赛三连败后，乔里奇下课。魏克兴接手球队后，第一场是客场打四川。当时球队去了 19 名队员，但只能报 18 人。徐阳心里盘算着："都换教练了，怎么说我都不可能进不了 18 人名单。"

一天他与韩旭在队医那里按摩，韩旭开玩

○ 1996 年加盟国安，2000 年年底离开，徐阳这几年基本是个边缘人的角色。图 /Osports

笑说："听说你是那个最佳第 19 人。"一听这话徐阳立马就急了，韩旭忙说："你急什么啊，我开玩笑的。"

在成都体育中心，徐阳等来了他最不愿听到的话。

"你这场比赛就先不报名了，一周双赛，回北京还有比赛。"魏克兴说。

103

那一刻，徐阳迷茫了，他在心里不停地问自己，在国安3年了，外教觉得我不行，换了国内教练还是踢不上，"我真的不行吗？"

26岁的徐阳第一次问自己：我还能不能踢？

回到主场，与云南队的比赛，徐阳在那个赛季第一次进入18人名单。与云南一役上半场国安落后，下半时徐阳被换上场，球队赢了。紧接打深圳队，徐阳等来了首发。而接连这两场比赛，时任国家队主帅的米卢恰好都坐在场边。赛后老米奇找到徐阳说："米卢详细地询问了你的情况，你要做好准备，他可能要把你调进国家队。"

徐阳当时一点都不兴奋，老米奇的话在他听来就像是个玩笑。但那个赛季的确是徐阳职业生涯的巅峰，他入选了央视评选的各队中场核心。

在经历了1997—1999赛季的起伏后，徐阳觉得自己终于能为国安出力了，从一开始的自我怀疑到踢上比赛，再到重整旗鼓进国家队，"那应该是我人生中最美好的阶段"。

在徐阳最低谷的时候，米卢不断给他信心。

"我现在也敢说，换100个中国教练我都进不了国家队。"徐阳一直将米卢称作恩师。

俗话说，"士为知己者死。""你说这样的教练，我怎么可能不去为他拼命呢？"在徐阳眼中，中国教练看的是你进攻防守行不行，速度快不快，带球好不好，只有米卢看的是你的特点对球队有没有贡献。他再三强调："如果没有米卢，我真的进不了国家队。"

但是那一年又发生了一件事。在主场打厦门的比赛中，徐阳因为一脚很随意的传球，被对手断球后直接吊进球门。老板急了，说徐阳摆不正位置；有球迷怒骂徐阳进了几天国家队想出去挣钱。之后，他打的比赛越来越少。

米卢通过老米奇了解了这些情况，在一次去昆明的集训中，他把徐阳叫到身旁通过翻译表示："徐，我非常清楚你在俱乐部的情况，希望你不要灰心。因为我非常了解你，你要做到的就是在国家队好好训练，争取每一次集训都有收获。"

如今回忆起恩师米卢，徐阳言语间满是感恩。他还记得当年米卢离开时，他在北京的琉璃坊给米卢和他的孩子买了挂坠送过去，真诚地说了句："谢谢您。"

2012年9月"米卢杯"比赛中，米卢还找到他说："你来帮我踢比赛，帮我拿冠军。"最终这支由米卢率领，徐阳、杨璞和其他朋友组建的"米卢朋友队"还真拿了冠军。

说球

2000年底，徐阳决定离开国安。尽管在那一年他迎来了井喷式的爆发，但与厦门一战时的失误被放大，加之与教练组不合，诸多因素的叠加，促使徐阳在赛季末选择离开。

"临走时还是那股气，年轻气盛，现在想想如果我再忍一忍，说不定还能一直在国安踢。"徐阳说。

徐阳与重庆队教练李章洙谈妥了转会事宜，但不料被山东鲁能中途"打劫"。

当时，鲁能方面没人找徐阳谈过，直接以350万元把他摘了过去。徐阳现在还记得去鲁能的头天晚上，躲在房间里哭，"我来这儿干吗？"

在鲁能，徐阳经历了一个完全不同于国安的世界，"我在国安一堆兄弟，在那儿什么都没有，就我一个人，钱也挣不到，比赛也打不上"。

2003年，有几家中超、中甲球队要徐阳，包括徐阳的母队八一队。但当时鲁能给徐阳开出了很高的转会费，致使徐阳在整个2003赛季都无球可踢。

他找到俱乐部想问个究竟，得到的答案却是"徐阳你下岗吧"。他说："给条活路吧，还要养家糊口呢。"但俱乐部始终不愿低价放人。

终于，等到离开时，徐阳爆了句粗口："操你大爷的，老子不干了！"

就这样，徐阳被逼退役。

"我是中国足球转会制度的受益者，也是牺牲者。"徐阳说，受益是因为当年国安用 50 万元把他买了过去，成全了他的梦想；而牺牲则是指后来被鲁能半路"打劫"这件事。

30 岁退役后，徐阳转行做了解说，他生活的重心一直围着足球转，"足球是我一辈子都不可能割舍的"。

从 2012 年 11 月 7 日凌晨至次日凌晨，欧冠、中超明星赛、国青中韩战、欧冠，担任央视嘉宾的徐阳不分昼夜地解说了 4 场球。直播国青中韩战时，央视主持人申方剑问徐阳"累不累"，后者的回答让人心酸，"再累能看到个进球也值"。最终中青队以 3 连败的方式出局。

"要说现在转播，是真累，非常累，但我喜欢。"徐阳说。

在鲁能退役后，一下子适应不了清闲生活的徐阳还曾"客串"过足球记者，"当时觉得挺好玩，能和国安老队友在一起"。做了足记后，徐阳才觉得自己并不适合，毕竟他是球员出身，这些年跟队里太熟了，问的问题自己都觉得可笑，"有时候我问徐云龙、陶伟你们怎么踢的？他们说，我们怎么踢的你不知道啊"。

一个很偶然的机会，徐阳受北京台邀请解说中超，慢慢地入了行。不过徐阳深知，靠嘴吃饭跟靠脚吃饭是不一样的，"踢进一个球怎么都好，但要说一场大家都满意的好球，太难"。

现在，和国安那帮兄弟一起吃饭踢球是件很重要的事。徐阳不是土生土长的北京人，在国安也只待了短短 4 年，但这些年与国安球员之间的情谊却是他"职业生涯最宝贵的财富"。

"这些人都是可以信任一辈子的兄弟，是所有感情都替代不了的。"徐阳说。

必答题

《新京报》：你干过的最爷们的事？

徐阳：骂乔里奇。当时在去塞浦路斯冬训的飞机上，乔里奇他们抽烟，呼气面罩全都掉下来了，我坐在最后排，都急了，我说乔里奇"你他妈活够了，我们还没活够呢"。

《新京报》：除了你，国安队中谁最爷们？

徐阳：南方。我觉得南方真挺爷们的（此处省略一万字，记南方与伏明霞恋爱全过程）。

魏克兴
最擅长当救火队员

如果魏克兴站在球队中，不知情的人可能只会把他当作老队员；如果不看身份证，不熟悉的人很难相信他已经 49 岁了。2012 年中超联赛结束后，魏克兴回到国安老男孩队伍中踢球，场场不落，且踢满全场，如此好的体能，一干比他年纪小的队友都自叹不如。

入行以来，魏克兴在北京待的时间最长。在国安踢球时，他是永远的老大哥；退役之后，他又是国安的常任救火队长——三次任主帅三次下课。早先，魏克兴不太好打交道，如今，随着年龄的增长，担任领队的他，变得好相处了一些。

○ 三次被任命为主教练，三次被拿下，魏克兴在国安的角色就是一个救火队长，不过，他并不在意这些。新京报社记者 陈杰 郭延冰 / 摄

○ 1997 年 7 月 13 日，甲 A 联赛第 9 轮，国安客场 1 比 5 不敌大连万达。魏克兴（左一）拼尽全力仍无法扭转局面。1998 年，他从国安退役。图/Osports

锻炼

国安训练时，在哪里能找到魏克兴？你往跑道上看就行了，每天训练，他都坚持跑圈，要么自己跑，要么陪着受伤的队员跑，就算球队放假，他也坚持锻炼。虽然年近 50，他仍会在和球员一起训练时奋力拼抢。"中超这种强度全场

肯定坚持不下来，但老甲 A 那种比赛，绝对没问题。"魏克兴拥有与年龄并不相符的体能，令人惊叹。

魏克兴的父母和三个姐姐都不是搞体育的，家人也从未想过他会靠踢球吃饭。小时候，他家在国棉厂，很多北京队退役的球员都分配到那里工作，因此魏克兴的童年，足球氛围非常浓。"可

能现在的球员感受不到那种氛围了。受他们的影响，我喜欢踢球，觉得踢球能给我带来快乐。当时没想过会踢成什么样，就是爱踢。"他说。

魏克兴说，自己热爱足球，因此从不阻挡自己的队员去追求梦想，"邵佳一当年去国外，我很赞成，我一直鼓励他们去国外发展。还有徐云龙、杨璞，有球队对他们感兴趣时，我都非常支持。我觉得中国足球要想发展，确实需要更多好的球员到欧洲取经。不一定非要在特别顶尖的联赛，哪怕是有十多个球员在比利时或荷兰联赛的中游俱乐部打上主力，那中国足球就不会很差。"

1978 年，魏克兴获得青年联赛最佳射手，当时他在北京青年队效力。除了 1991 年去日本踢过 3 年之后又去香港踢过 1 年球之外，其余时间，他都在北京。中国足球职业联赛开始后，他便为国安效力，一直到现在。

20 世纪 90 年代，国安可谓人才济济，魏克兴算不上风光人物，但在球队中的地位毋庸置疑。1963 年出生的他是绝对的老大哥。

当队员时，他在球队踏踏实实踢，踢完就回家，很少跟其他人走动。不过，魏克兴跟队友的关系都不错，他在国安是年龄最大的，一直担任队长，也一直做大哥。"那些队员对我很尊重，我也会关照他们。不过，很大程度上都是在球场上和球队生活中的关照，很少在私底下交流。"魏克兴说，自己基本属于宅男，每天就是训练、回家，不参加球员之间的聚会，主要原因是"酒量差"，"喝一点儿酒，就大红脸，别人看着就更害怕了"。

魏克兴梦想在从小踢到大的球队退役。中途去过国外，这让他更加恋家，"在家里踢球和在外面踢球的感觉真是不一样"。

留洋结束后，他又回到国安，先踢球，然后担任助教、领队和主帅等各种职务。

救火

三次担任主帅，三次下课，这在国安，仅魏克兴一人有这样的遭遇。不过，这也不难看出，他是国安地地道道的救火队员。起起落落，魏克兴并没有特别大的怨言，他说自己爱足球，爱国安俱乐部，只要能在这里，为球队作点贡献，担任什么职务并不重要。

1998 年从国安退役后，魏克兴对自己接下来的人生道路没有刻意去规划，也没有太大的野心，他唯一的心愿就是留在这支球队里面。他说，国安已经成为他的家了。

2000 年甲 A 联赛 4 轮过后，国安首个外教乔里奇下课，时任助理教练的魏克兴第一次临危受命。"当年我才 37 岁，完全没心理准备，老板说，你来当主教练吧，当时我就蒙了，而且马上要带队打比赛，主教练该做什么我都不是很清楚，心里没底。"魏克兴回忆起自己的第一次上课。

带领国安打完下半个赛季及 2001 赛季，2002 年，魏克兴被老彼德取代。他这次的执教成绩不堪回首，2001 赛季 11 轮过后，国安仅积 11 分，排在第 10 位。连续两个主场输球后，球迷不仅在看台上泄愤，还跑到球队公寓门口高喊"魏克兴下课"。饱受质疑的魏克兴很识时务地作出回应，"要是有合适的人选，我让贤。"是年底，传出了李章洙将接替他的消息，魏克兴对继任者大加赞扬，并表示只要利于国安，他愿意接受任何结果。

2003 年，国安中途换帅，杨祖武出山任教练组组长，魏克兴为主要决策人。2004 年，魏克兴任执行教练，10 月，杨祖武带队罢赛，被禁赛半年，魏克兴全权负责。直到 2005 年沈祥福接手，他才再次交出帅印。

2010 年 9 月，国安赛季中途罢免洪元硕，魏克兴再度出马。不过，这次时间最为短暂，次年 1 月 4 日，帕切科便接过了教鞭。第三次救火，魏克兴打破了国安中途换帅首战不胜的纪录，此

○ 2000 年 11 月 16 日，魏克兴（左）从中国足协专职副主席王俊生手中接过奖杯。当年，国安首个外教乔里奇下课，魏克兴临危受命，带队获得联赛第 6、足协杯亚军。图 /Osports

前国安曾 4 次中途换帅，首战成绩 1 负 3 平。而他刚一上任就打了场硬仗，在工体 4 万名球迷的期待中，带队 4 比 1 大胜申花。

"我觉得能当几次教练，一两年也好，几个月也好，跟性格可能也有关系。我并没有像现在一些年轻教练，非要当成什么，很大程度上我就是顺其自然。"魏克兴说，这么多年来，他的野心、他的执教风格变化都不大，看到不认真的球员就火大，这个习惯一直没有改，"我受不了在场上的散漫。要有责任感，你这是在为集体去比赛，很多球迷在给你加油，你一定要以一种好的精气神去回报他们。足球比赛你保证不了每场都能赢，但应该保证每场都全力以赴。"

改变

很早以前就听说魏克兴很难接触，但意外的是，这次约采访，他很爽快地点头同意了。有同行说，放在两年前，他绝对不可能这么爽快。其实，这些年来，魏克兴也一直在改变自己。

"大家都说魏克兴像变了一个人似的。经历过那么多事，再加上年龄的增长及俱乐部的发展，又结识了很多不错的大哥，像高潮总经理等，总在教导我，如何干这行。"魏克兴解释说，作为俱乐部领队，很多媒体朋友和球迷朋友都愿意和他交流，愿意通过他了解一些国安的事情，所以，他也注意到了，首先应该主动跟大家去交往。"高总的话对我影响很大。以前别人总说我很傲，现在，我会强迫自己主动一点，改变原来的为人处世风格，拉近和媒体、和球迷之间的距离。"魏克兴说。

魏克兴的转变，源于 2009 年的一次短信风波。当年 5 月 13 日的《北京晚报》刊登了一篇题为《如此领队 如此短信》的文章，称魏克兴发短信辱骂了该报的记者。

"我不愿意再提这件事了，挺没意思的。我拿他（《北京晚报》某记者）当朋友，他却把我开玩笑的话写到报纸上了。"魏克兴说，他不太喜欢跟陌生人、不熟悉的记者打交道，很少接受采访。而一旦他当成朋友，就会特别交心。感觉被"出卖"之后，魏克兴发短信骂了那名记者。短信被曝光后，在俱乐部领导的批评教育下，魏克兴公开道歉。

此事过后，魏克兴对待媒体的态度，开始有所缓和。现任国安总经理高潮不止一次地劝他说："你是领队，负责沟通的，别老天天板着个脸。"魏克兴逐渐在适应领队这个岗位。他说，做球员，你踢好球就行了，做教练，完成好训练指挥好比赛就行了，但做领队，需要和各种各样的人搞好关系，才能对俱乐部有利。

"每场比赛总会有一两百铁杆球迷跟着我们去客场，他们往往会受到很多委屈。所以，我们更应该跟他们有很好的沟通，回报他们。"做领队时间长了，魏克兴的认识也在发生变化，"媒体的朋友也不容易，我了解到，很多媒体经费不是那么充足，但是为了报道国安，始终跟着我们南征北战，应该好好犒劳他们。"

除了态度的改变，魏克兴在公众面前的表达能力也进步了不少。"最开始在新闻发布会上，我紧张得直结巴。不知道什么话该说，什么话不该说，有些话说了是鼓励，有些可能是伤害，所以不敢瞎说。"魏克兴笑道，那时他不知该如何面对媒体，发布会上总是相同的路数——球队这场表现很好，经历了困难，下一场要努力，如此云云。如今，魏克兴已不再打官腔、说套话，他变得更自如了。

必答题

《新京报》：你干过的最爷们的事？

魏克兴：没有，我的整个职业生涯都算很平淡，没什么特别惊天动地的事儿。就是普通生活中，对待朋友特别仗义。

《新京报》：除了你，国安队中谁最爷们？

魏克兴：刘建军，当年他受伤了，打着封闭上场比赛。没有亲身经历的人，没办法体会，可能就会说，不就打一针吗？其实没这么简单。带着那么重的伤，踢 90 分钟比赛，我觉得这种精神特别爷们。当然国安队中不止他一个，好多人都带伤坚持打过比赛。

大王涛
战大连最难忘怀

大王涛，本名王涛。在效力大连万达时，队中还有一位比他小三岁的王涛，因此人们习惯称他"大王涛"，称另一位"小王涛"。

20 世纪 90 年代初，大王涛是中国足坛叱咤风云的名将。转入国安后，1996 年足协杯客战大连时，他曾打入决定比赛走势的一粒进球，给人留下深刻的印象。

○ **1997 年 1 月 10 日，王涛（中）随国安在海埂体测。踢球时，王涛一帆风顺；当教练时，他却一波三折。图 /Osports**

标王

1996 年，大王涛成了职业化以来第二个转会标王，他以 66 万元的价格投奔北京国安。在他之前，黎兵从辽宁投奔广东宏远，成为中国职业足球历史上首个标王，转会费 64 万元。

追溯历史，大王涛用"碰巧"来形容与国安的这段缘分。"当时国内职业化刚刚起步，就是一个碰巧的事。我希望换一个环境，正好国安这

边也需要我。而且我从小在北京生活（八一队的训练基地就在北京），各方面都习惯。除了这些，没有太多的其他因素。"他说。

1995 赛季，日臻成熟的国安与冠军失之交臂。他们花大价钱引进大王涛就是奔着冠军去的。

彼时，大王涛正值职业生涯成熟期。他甫一亮相就有惊艳表现。1996 年 4 月 9 日，北京国安主场迎战巴西劲旅格雷米奥队，大王涛身披 9 号战袍登场。他独中两元，为北京国安 3 比 2 击败

当时巴西的足坛"巨无霸"立下了汗马功劳。

当时的格雷米奥主帅正是日后蜚声世界的名帅斯科拉里。他因为对裁判的判罚不满，还抨击中国足球。"我现在终于知道，你们为何总能打败世界强队了，因为你们是 12 个人在比赛。另一个人是裁判。"输给北京国安后，斯科拉里有些气急败坏。

不过，国安球迷却沉浸在幸福之中。一方面，他们继续享受着工体不败的荣耀；另一方面，他们似乎寻觅到了新的灵魂人物——大王涛。

孰料，此后，他在国安效力了三个赛季，在联赛中颗粒无收。他为国安攻进的分量最重的一球是 1996 年足协杯半决赛对阵大连万达。

1996 年足协杯半决赛，首回合国安主场 3 比 0 完胜万达。8 月 4 日，决定命运的第二回合较量在大连举行。主队必须赢三球以上，才有机会获得决赛资格。开场仅 30 分钟，大连就取得了两粒进球，形势正朝着有利于大连的方向转变。然而，大王涛在下半时用头球敲开了旧主的大门。这个客场进球基本上宣判了大连队的死刑。家乡球迷对他毫不客气，刺耳的谩骂声从看台上飞流而下。

谈到家乡球迷对他的谩骂，大王涛反复强调"能理解"，"那时候职业联赛刚起步，球迷们不理解家乡的球员帮助别人打自己，容易偏激"。

那一年岁末，闯进决赛的北京国安在主场 4 比 1 横扫济南泰山，成就职业化以来首个冠军。大王涛以主力的身份见证了捧杯的全过程。

大王涛是那年足协杯捧杯的有功之臣，他将与大连比赛看成是个人在国安最重要的一场球，"因为国安很多年没有拿过冠军了。我在大连拿到的联赛冠军分量当然很重，但这个足协杯冠军对我同样很重要"。

接下来的两个赛季，"三杆洋枪"的加盟以及年龄的增长，大王涛渐渐失去了主力位置。他曾经在多个场合坦陈，自己在国安的生涯"算不上成功"。

国脚

20 世纪 90 年代初，大王涛是中国足坛的风云人物。1990 年亚运会，他就坐稳了国家队的主力位置。四年之后，中国队在广岛亚运会夺得亚军，他也立下了赫赫战功。至今，这仍是中国男足在亚洲顶级赛事上取得的最好成绩，与 2004 年亚洲杯的亚军并列。

大王涛是土生土长的大连人，小时候入读著名足球传统学校大连东北路小学。该校先后培养出了贾秀全、大王涛、张耀坤、孙继海以及冯潇霆等众多名将。

1979 年，八一队到大连挑选队员，大王涛和江洪、江津等 5 名队员被选中。同一时期进入八一队的还有日后成为国内第一射手的郝海东。

大王涛承认，在八一队的时光为他日后的足球生涯打下了坚实的基础。"当时的国家体委对我们很重视，教练们对我们要求很严格。我们每年都到全国各地去做培训，包括打大量的比赛，对我们的成长非常有帮助。"大王涛说。

1990 年—1995 年，大王涛连续 6 年入选国家队。回忆往事，不善言谈的他对于国字号的这段经历兴趣颇浓，"那个时候，能进国家队是非常高的荣耀。各个位置上的队员，如果不是全国拔尖的话，不可能进国家队。"他说。

当时的国脚中不乏亚洲佼佼者，由于受环境所限，他们未获得在更高平台上发挥的机会。念及此，大王涛叹息了一番："当时的运动员有非常高的水平，可是没有现在的交流机会，受环境及条件所限，就没有办法提高了。"

大王涛相对较幸运，职业化第一年他以军人身份回到大连，并帮助家乡球队夺得职业联赛首个冠军。"那时候刚刚开始职业化道路，大连非常希望我回去。我从八一队离开，大连也是付了一些钱的，当时还不叫转会费，类似于培训费。"大王涛如此回忆。

到了大连之后，他才拥有了"大王涛"这个

称谓。万达阵中还有一个与他重名的高中锋，外界更喜欢用"小王涛"来称呼这个日后的"空霸"。

整个职业生涯，大王涛的命运始终与八一队紧密相连。在为大连夺得联赛冠军后，他返回八一，继而转投国安，三年之后又回八一。其间，他经历了先退伍再度穿上军装的过程。

2002 年，大王涛在八一队宣布退役，次年转为球队的助理教练。这一年年底，八一队彻底从足坛上消失了。此时已经是正营级的大王涛在落寞中与八一队告别。

执教

大王涛走上教练员这条路有些顺其自然的意味。结束球员生涯后，他就成为八一队的助教。"当时做教练，也没有多想。毕竟从小就干足球，对别的行业也不熟悉，还是干自己熟悉的行业吧。就是因为这个原因做起了教练。"大王涛说。

与球员生涯比起来，他的教练员生涯坎坷曲折。在八一队干了一个赛季后，球队解散，大王涛再度脱离部队回到了地方。他选择去湖南湘军落脚，身份仍然是助理教练。

2005 年，大王涛成为陕西国力的主教练。时任国力总经理的王珀是个响当当的"足球掮客"，如今已经身陷囹圄。都是辽宁人，大王涛与王珀相交多年。那一年，陕西国力被王珀卖到了哈尔滨，更名为哈尔滨国力。

大王涛的这一段主教练生涯只经历了四场比赛就戛然而止。他回忆，他一共带队打了四场比赛，取得了三胜一平的成绩，但因为轰动一时的国力欠薪案，中国足协取消了当年国力中甲的参赛资格。

"一些队员因为原来的欠薪问题把球队告到了中国足协。当年我们的比赛就停了。从准备期到联赛，也就几个月时间。其实我们成绩还是不错的，当时有赞助，工资、奖金一个星期都能到位。我们还请了一个巴西的体能教练。但因为之前的原因，联赛资格被取消了，这些和我都没关系。"大王涛如此总结在国力短暂的主教练生涯。

2006 年 4 月，他走马上任乙级队广西天基足球队主教练。5 月，他在武汉酒吧与人殴斗事件发生后，球队与之解除合同。

2007 年 1 月，任安徽九方主教练，因战绩不好，8 月解约。

之后，大王涛又加盟中甲北京八喜教练组。2012 年 8 月，他与曹限东成为八喜队的联合主教练。此外，他还负责球队 1999—2000 年龄段的梯队工作。2012 年，尽管八喜已经降级了，但由于实德与阿尔滨可能合并，八喜一队并未放假，正在备战与中乙第三名的附加赛。

"我们其实是整个教练组，大家在一起干。一队都还没有放假，在认真等附加赛的消息。"2012 年 11 月，大王涛说。

2010 年 2 月，中国足坛反赌风潮方兴未艾。很多媒体都报道大王涛"失踪"，在接受专案组调查。

如今，再谈论这些传言，大王涛反应平淡："我和他们（王珀等）之间是很正常的关系，没有参与他们的事情。有这样的传言很正常，因为我和王珀认识比较早，很多人都知道这层关系。他们可能认为王珀出事了，我也怎么怎么样。这都很正常。但他后来搞球队，我都没参与过，他带的队跟我也没什么关系。"

必答题

《新京报》：你干过的最爷们的事？
大王涛：真想不起来。

《新京报》：除了你，国安队中谁最爷们？
大王涛：你要让我突然间想，我还真想不起来。

杨璞
世界杯加速过卡福

国安 8 号皆英豪。从 8 号曹限东到 8 号杨璞，莫不证明这个说法。

多次大伤，当过队长，拿过冠军，踢过世界杯……杨璞为国安 8 号镀了一层传奇色彩。

从国安球员到国安青少部主任，杨璞换个姿势，欲将传奇再来一次。

只是不知道，世界冠军队长卡福，是否还记得西归浦那个将他甩在身后的中国小伙。

○ 2000 年 11 月 5 日，足协杯决赛首回合，杨璞在指挥队友站位。接过曹限东的 8 号球衣后，杨璞为国安征战了 12 年。图 /Osports

璞玉

右脚停球顺势往前一趟，一个加速，杨璞很轻松就把卡福过了。

2002 年世界杯，巴西夺得了冠军，卡福作为队长举起了大力神杯。但是，在小组赛与中国队的比赛中，巴西队长第 65 分钟不幸沦为了杨璞的背景。

杨璞是在下半时替换马明宇出场的，他上场仅 3 分钟，就上演了连停带过卡福的好戏。当

时，李铁在中路传球，杨璞背身接球就势转身抹过了卡福，后者脚下使绊也未能阻挡中国队 3 号前进的脚步。这次进攻，杨璞一直杀到了对方的底线。

除了精彩的连停带过，杨璞还在卡福面前踩起了单车，迫使巴西队长倒地化解险情。

那场比赛，杨璞的位置不是国安球迷熟悉的边后卫，而是左边前卫。

事实上，在杨璞尚未出道的时候，他几乎踢遍了足球场上的每一个位置。因为刚开始踢前

锋，他的偶像是巴乔，小时候每天都会模仿很多次巴乔踢球的动作。

杨璞走上足球道路也是阴差阳错。刚开始他只是在胡同里踢，后来，有一次他在学校做广播体操，结果就被足球队挑中了。杨璞回忆说，那个时候他个子高，站在最后一排。至于为什么被足球队挑中，他说他也不知道。

杨璞的父亲喜欢足球，原来是工厂球队的门将。儿子选择足球，他自然是支持的。但是，杨璞的母亲一直反对他踢球。那个时候，杨璞的成绩不错，母亲希望儿子能通过念书有出息。

不过杨璞最终还是选择了走足球路。

从东直门小学到东城体校，杨璞遇到了启蒙教练黄维强。也正是黄教练的一个大耳光，才有了后来职业赛场上风生水起的杨璞。

在一场比赛中，杨璞的球队明显比对手强，但他们却在上半场踢得无精打采。中场休息时，忍无可忍的黄维强，当着全队的面，给了球队"小头目"杨璞一个大耳光。杨璞被扇得眼冒金星，半天没缓过劲来，但这一耳光却让他清醒了。下半场，他带领队友打起精神，将对手的球门射成了筛子。

杨璞直到现在还对这一耳光记忆犹新，"我要谢谢黄教练"。

后来，杨璞进入了北京少年队，并加盟了北京威克瑞俱乐部。但也就是在威克瑞，杨璞差点提前"退役"。

1995 年是国安年，但对于杨璞来说却是灾难年。那一年，他遭遇两次骨折不说，还两次患了脑炎，连走路都走不稳，更别说训练和比赛了。三岁才开始说话的杨璞，想到了退役。他和队友们开玩笑，说退役在先农坛门口摆个西瓜摊，"你们吃西瓜免费"。

杨璞摆西瓜摊的"梦想"并未实现，伤病好后，他又站了起来。

8 号

"什么时候，我也能坐在工体里看你在下面踢球，我也能跟旁边的人吹吹牛，'看，那个就是我弟弟，亲的'"。

1997 年 12 月 28 日，国安在足协杯决赛中 2 比 1 击败申花捧杯。当时，杨璞和姐姐就在工体的看台上。姐姐对杨璞说这话时，他并没有想到自己很快就能成为国安的一员。

国安以 1200 万收购威克瑞，是 1998 年 4 月 30 日的事情。5 月 8 日，杨璞前往国安俱乐部报到，正式成为国安球员。

"那一天，一共做了三件事情：领装备、拍照和训练。"杨璞回忆说。

杨璞领到的是 8 号球衣，老国安中场核心曹限东的球衣号码。不过直到第二天醒来，他才想起这事，也才有了点小压力。从 1998 年—2009 年，杨璞穿着传奇的 8 号，为国安征战了 12 年。

12 年里，杨璞南征北战，为国安立下赫赫战功。

2002 年 7 月，北京国安主场 2 比 0 击败山东鲁能。第 82 分钟，杨璞拿球和禁区边沿的小王涛做了一次撞墙式二过一后形成突破，并冷静打球门远角得分，帮助球队锁定胜局。

2007 年 9 月，北京国安主场 4 比 1 大胜厦门蓝狮。第 53 分钟，北京国安开出角球，厦门队员头球解围不远，杨璞在大禁区线上迎球凌空抽射，皮球直入死角，厦门门将安琦没有做出任何扑救动作。这个进球也是该轮最佳进球。

据统计，杨璞为国安在联赛中打进了 15 球，而对厦门的世界波，也是他职业生涯为国安打进的最后一个联赛进球。

12 年里，杨璞忠于国安，放弃了两次留洋机会。

1999 赛季开始前，国安前往西班牙冬训。被沈祥福一句"我差点没给你报名"吓蒙了的杨璞，天天玩命练，"不然真的没面儿"。那会儿杨璞的想法很简单，"我得让沈指用我"。但令他没想到的是，他的努力不光得到了沈祥福的认可，还被西甲的奥萨苏纳相中了。

当时球队的西班牙语翻译武又文告诉杨璞："奥萨苏纳对你有点儿兴趣。"但时任球队总经理的杨祖武认为杨璞太过年轻，不愿意放人。"我也没想太多，年轻嘛，不让走就不让走呗，留在队里踢就完了。"杨璞回忆说。

2003 年，杨璞又收到了来自英超南安普敦的试训邀请，对方有意买断他。但当时国安队内人员不整，俱乐部方面希望他尽量不走。杨璞跟俱乐部谈过后又一次选择留在国安，"说白了作为土生土长的北京人，其实也不是特别爱出去，就觉得在北京待着也挺好的。"

12 年里，杨璞严于律己，一次失误能纠结到现在。

2007 赛季，主帅李章洙将队长的重任委以杨璞，但这一年却给他留下了职业生涯最大的遗憾，他在主场 0 比 1 输给长春的比赛中犯下了失误。

2007 年 10 月 4 日工体的那个雨夜，杨璞经历了职业生涯最为灰暗的瞬间。第 77 分钟，长春亚泰打出反击，杨璞回撤防守，但陈雷却趁他判断落点时绕前将球顶到了中路，杨璞没能作出任何反应，只能眼睁睁看着长春外援埃尔维斯攻破了国安大门。那一刻，杨璞"整个人都蒙了"。

彼时长春亚泰是国安争冠路上的最大竞争者，赛季结束后舆论普遍认为主场输给长春是国安失冠的决定性一役，而犯下致命错误的杨璞则被看作了罪魁祸首。"作为后卫我就必须承受压力，如果不是那个失误，可能真的就提前两年夺冠了。"杨璞说。

天道酬勤，是你的终究是你的。

2009 赛季，杨璞在国安的收官赛季，球队拿到了历史上的首个联赛冠军。

"同居"

"你哪儿的？"杨璞直视着那个背着包儿的男孩。

他坐在宿舍一进门的床上，很黑，分头，稍微有点自来卷儿，眼睛很亮，没穿运动服，便装，旅游鞋。

"我什刹海（体校）刚来的。"他也看着杨璞，眼神中有些茫然。

"你是住这儿的吗？"杨璞接茬儿问。

"是张指（张建国）让我住这儿的。"他回答。

"我住这儿，你换个屋儿吧。"杨璞说。

"那我住哪儿去？"他反问。

"你去问张指，让他给你换个屋儿，就说是我说的。"杨璞态度傲慢，面无表情，双眼直视着他。

他没说话，转身出去了。

1996 年 2 月的一天，杨璞和他进行了一次不太友好的对话。这个他，就是杨璞职业生涯的"同居"密友徐云龙。

后来想起这茬儿，杨璞还跟徐云龙说："当时谁认识你啊，照样轰走，该去哪儿去哪儿。"徐云龙对杨璞的第一印象则是"臭流氓"，"谁搭理你呀，我一新来的，不愿意惹事儿"。

杨璞"倚老卖老"夺回了自己的地盘，那时他们都在威克瑞，后来到了国安，两人长时间住在一间房里。杨璞笑言："我比他媳妇跟他住的时间都长。"

两人在国安"同居"是因为同病相怜。1999赛季，徐云龙在客场打鲁能的足协杯比赛中右腿膝盖十字韧带断裂，几天后杨璞在训练中也因一次铲球造成了右腿韧带断裂。两人在一起养伤、聊天、吃饭、唱歌，最后杨璞直接找到沈祥福要求搬到徐云龙的房间去住。

两人就此"同居"，直到 2009 年杨璞退役。

同住一个屋檐下，磕磕绊绊是难免的。两

○ 2002 年 4 月 6 日，甲 A 联赛第 5 轮，国安主场
4 比 0 大胜重庆力帆，杨璞梅开二度后脱衣庆祝。
在国安的日子里，杨璞共出场 212 场，打进 15 个球。
图 /Osports

个大老爷们儿，有时候也会因为踢球的事拌个嘴，好几天不理对方。

这么多年走下来，杨璞坦言："其实两个人住一起就是相互鼓励。"这又得说起2007年那个令杨璞至今难忘的失误。他还记得比赛后徐云龙吃饭的时候跟他讲："只不过是一个丢球而已，别往心里边去。"

杨璞退役后，年龄渐长的徐云龙在场上也不免出现一些失误。他也会跟徐云龙开开玩笑："你现在的这些失误跟我那失误没法比，我都能过去，你怕什么。"

杨璞说："朋友之间，会用一种比较熟悉的方式，帮助对方尽量忘掉不高兴的事。"

2010年国安在昆明冬训，因为杨璞退役，徐云龙的室友换成了王长庆。有天，徐云龙拿着房卡先下楼的时候，很不经意地对王长庆喊了一句："杨璞，我先下去了啊。"坐在床上的王长庆听到不禁一愣。

辗转听到这一出，杨璞直言"很伤感"。

那年球队返京后，杨璞回宿舍收拾东西，赶上球队训练结束，进屋后，徐云龙一脸坏笑地看着杨璞说："大哥，这床现在可是我的。"

只跑了几圈，杨璞的右脚就已经疼痛难忍。"平常我以能咬牙著称，但现在的牙似乎怎么咬都不管用了。"杨璞说。

第二天，杨璞没有跟上大部队的训练节奏，自己跑出了汗，就回宿舍了。

第三天，脚还是疼，杨璞干脆没有再参加训练。

"是不是真的到了结束的时候了？"当杨璞把这个想法告诉徐云龙时，好友劝他再踢一年。但就在那天开车回家的路上，杨璞还是决定退役。

几天后，杨璞找到洪元硕和俱乐部领导，一席谈话后，退役的事敲定。

如今，拿杨璞自己的话来说，他是标准的朝九晚五上班族。每天早上六点半起床，收拾妥当后开车上班。从京承高速进城，从西门进入工体18看台的俱乐部，上三楼进入青少部。进门第一张办公桌属于杨璞，上面有电脑、茶杯、文件等工作必需品。

从北京国安的8号球员，到北京国安青少部主任，杨璞完成了转身。

接下来，国安8号传奇将由谁来传承？

转身

2009年12月31日，肇俊哲从辽宁给杨璞发了一条短信："生活还要继续。"

那一天，杨璞和几百名球迷一起迎接新年，顺便办了个退役仪式。他看到肇俊哲的短信后，回了一条："去你大爷的！"

英雄难过美人关，球员最怕伤病缠。杨璞退役，恰恰就是因为伤病。

2009年11月30日，刚刚获得中超冠军的北京国安重新集结。每年都一样，归队当天要搞一个12分钟跑的测试，目的是要摸底球员的身体状况。

必答题

《新京报》：你干过的最爷们的事？

杨璞：骂裁判算吗？（答：这个不能算）。2004年集体罢赛吧，就是不理他们。

《新京报》：除了你，国安队中谁最爷们？

杨璞：南方。别看他身高不是很高，从这批老队员来讲，他以身作则那种范儿确实有种大哥的感觉。我所谓这种"大哥"的感觉就是对年轻队员的这种帮助，无论是场上还是场下。平时包括他的做人，沈指对他的评价也挺高的。

商毅
受困于"10号魔咒"

商毅，易伤。如果不是伤病，商毅的足球成就肯定会更高。

他曾经是健力宝队的才俊，初登甲 A 联赛时，身披 10 号战袍，被寄予厚望。不过，因为伤病，他错过了米卢的国家队，在国安也渐渐失去了主力位置。妻子在他身上看到太多的伤痛，坚决不同意他们的孩子继续走足球这条路。

○ 2010 年 6 月 14 日，商毅为南非世界杯的某个活动助阵。退役之后，他的生活内容非常丰富。图 /Osports

巴西

1993 年，"施大爷"统领的国足冲击世界杯又一次功败垂成。经历多年的折戟沉沙后，中国足球将未来的希望寄托在一群十几岁的孩子身上。他们便是在中国足坛近二十年历史上占据重要地位的一群人，他们拥有一个共同的名字——健力宝足球队。

商毅成了这支球队中最年轻的一员。赴巴西前，他才 14 岁，还是一名中学生。凭借出色的技术和意识，商毅通过了层层选拔，成为同龄人中的幸运儿。

14 岁远离父母去异国他乡闯荡，商毅并不觉得作出这样的决定很艰难。他认为这与当时的大环境有关，"我们这一批人都是 70 后，我是 20 世纪 70 年代末出生的。以当时的社会风气来说，能够有这样的机会是非常自豪的。这种事情如果搁到现在，大家会进行人性化、合理化的讨论。当时我们更多的是服从和响应。"

初到巴西，健力宝队的生存条件颇为艰苦，他们被封闭在一个植物园中。少小离家不知愁，偶尔碰到小鹿来拜访，他们还希望能打个"牙祭"，结果他们的意图还是被小机灵们识破了，瞅准机会溜之大吉。

商毅自认为是一个独立能力很强的人，但毕竟年少，生活中闹出的笑话不在少数。"就说洗衣服吧，李金羽教我把衣服放在洗衣盆里泡。结果训练结束后忘了，一泡一个星期，都坏了。"商毅说。

等到后两个阶段在巴西时，健力宝的生存环境得到了改善，他们已经可以依附在当地的足球俱乐部中。"吃饭啊，住宿啊，条件相对好了一些。"商毅透露，除了训练，他们已经开始在巴西各地打比赛了。

包括李金羽在内的"四小天鹅"从健力宝队中最早脱颖而出时，商毅并不在列。他并不觉得遗憾，一方面是因为年龄偏小，另外就是当时受伤了，做了半月板摘除手术。这让他整个职业生涯埋下了阴影。

谈及在巴西的5年，商毅认为这是人生中很重要的阶段，"那时候我还是中学生嘛，人生观、世界观都还没有形成。历时5年，这些东西就逐渐形成了。可以说，这是我人生中很深刻的5年"。

10号

回国后，商毅加盟北京国安。他是土生土长的天津人，与张效瑞不同的是，他并未在天津足协注册，不必像张效瑞那样选择返回天津，而是获得了自主选择的机会。

1999年，国安"三杆洋枪"时代刚刚结束，处于青黄不接的阶段。国安提拔了包括高雷雷、商毅在内的一批年轻人。

商毅被寄予厚望，披上杨晨留下的10号战袍。在国安历史上，10号战袍不是一个吉利的号码，在京城球迷中甚至留有"10号魔咒"的说法。刚刚接过这件战袍时，商毅并没有额外的压力，"的确，一直以来在国安穿10号是很有压力的。那时候，作为一个年轻队员，我在巴西的时间比较长，对国内世俗的东西感受少一些，所以并没有觉得压力很大"。

1999年，商毅取得不错的开头。作为一个边前卫，他单赛季奉献3个进球。不过，在这之后漫长的岁月里，他再也没有在联赛中奉献过进球。

"10号魔咒"在2000年开始显灵。那一年，商毅的职业生涯仍处于上升期。他入选了米卢统帅的中国国家队，实现了自己进入国家队的梦想。"当时，我已经打了4场比赛。能够入选国家队，并且有出场的机会已经非常难得了。米卢当时对我很好，让我学到了很多东西。"商毅回忆说。

不过，那一年夏天商毅在客场与深圳的比赛中，左膝外侧副韧带断裂，被迫接受运动生涯第二次大手术。长达半年的养伤期，不仅让他与国足的世界杯外围赛失之交臂，连国安的主力位置也丢掉了。

商毅的名字倒过来是"易伤"，队友也曾以此来调侃他。面对这些，商毅唯有苦笑。他承认，伤病让自己的运动生涯命运多舛，"受伤比较多应该是我职业生涯比较大的遗憾，而且是在最有希望的时候遭遇了这么严重的伤。我一共动过3次手术，两次是比较严重的伤病。除此之外，关节方面的炎症对我打击可能更大一些。每一次恢复都需要很长时间。"

球迷将"容易受伤的男人"这个略带调侃的头衔赠给商毅。面对职业生涯难以承受之痛，商毅感慨生不逢时，"当时职业化刚刚起步，还处于初级阶段。对运动员的训练和伤病的预防还没有太多规律性的东西。在这方面，我们确实在摸索。我个人也没有太多理论知识，没办法，这些都没法避免。"

西乙

去西班牙接受高水平足球的熏陶，是商毅的一个愿望。2002年，他曾经自费前往西班牙试训，希望能够寻找职业生涯的新突破。不过，那一次的试训无果而终。

2003年夏天，皇马中国行给了商毅一个机会。"当时正好皇马跟国安打过一场比赛，接着健力宝又临时组了个队参加比赛。西班牙球探在比赛中观察到我，那边也刚好需要一个中国球员。"商毅于是获得了加盟西乙赫雷斯的机会。

第二年年初，赫雷斯确认正式将商毅招至麾下。随后，商毅的妻子、乒乓球前世界冠军邬娜也奔赴西班牙。商毅开始了一段真正职业的球员生涯。

加盟3个月后，"裸照事件"让商毅在国内又火了一把。当时，赫雷斯球队财政状况不理想，拖欠球员工资。整支球队开始了裸体讨薪。2004年3月，他们在西班牙最大的情感类杂志《访谈》上发布了裸体全家福，向球队讨要欠薪。

商毅藏在第二排一个并不显眼的位置，仅露出大半个脑袋。但这件事经国内媒体转载后，还是沸沸扬扬了一段时间。

如今回想起来，商毅表示这只不过是当年在西班牙的一段插曲罢了。"西班牙球员都比较直接。当时，西班牙经济不景气，出现欠薪的球队比较多。当时大家比较有娱乐精神，想去炒作、呼吁一下。我作为球队的分子，服从整体安排。其实，老板对我还是不错的。"商毅微笑着回忆。

整个国安生涯，商毅有3个联赛进球，他在赫雷斯所待时间不长，奉献了1个进球。当时是西乙联赛倒数第二轮，商毅在下半场替补登场。

上场后不到3分钟，他依靠速度甩开对方后卫，将球送进网窝。

两相对比，商毅认为，位置不同，得到的机会也不一样。"我在国安时，打边前卫。那时候，边前卫第一任务是给队友创造机会。我们能够到得分区域的机会相对少一些，对传中要求更多一些。我们当时中路有卡西亚诺，边路主要为他创造得分机会。在西乙，我打的是前腰，位置和战术都不太一样，获得的射门机会也相对多一些。"商毅说。

网球

重返国安后，商毅又踢了近5个赛季。不过，每个赛季登场亮相的机会并不多。整个2008赛季，他在联赛中没有获得出场机会。

经过了西乙的熏陶后，商毅的家庭观念变得浓厚起来，他和妻子邬娜也有了爱情的结晶。

他说，国内的集训制度让他感到不适，"有了家庭后，照顾家庭会更多一些，觉得跟家人在一起更重要。在西乙时，每天都能回家，有更多的时间陪伴在他们身旁。国内虽说是职业化，但封闭的时间非常长。有时候一周有5天要在球队集训"。

到了2009年年初，商毅作出了退役的决定。那时，他才刚满30岁。对于一名职业球员来说，退役稍显早了一些。"作出这个决定并不是特别艰难，我确实没法坚持了，踝关节的伤病以及一些关节炎症让我无法再坚持下去。"商毅说。

退役后，商毅成了北京电视台的足球解说嘉宾，主要解说国安队的比赛。如今，他生活的重心是孩子，"我现在除了孩子，其他的事情不太参与。主要就是北京台这边的解说，工作量不大，也不用坐班，比较自由"。

商毅的儿子已经7岁多了，目前主要兴趣

○ 2006 年 5 月 13 日，中超联赛第 13 轮，北京国安 1 比 0 小胜辽宁队。商毅重返国安后，受困于伤病，每个赛季亮相的机会并不太多。图 /Osports

集中在网球上。儿子并未继承商毅的衣钵，吃足球这碗饭。商毅透露，自己的前车之鉴让妻子断然拒绝让孩子踢球。商毅的整个职业生涯都被伤病所困，邬娜心疼儿子，坚决不同意儿子走父亲的老路。

只要有时间，商毅都会陪着儿子进行专业的网球训练。他们希望儿子未来有机会能向职业化方向发展。商毅培养儿子的模式有先例可循，网球名将纳达尔便出身于足球世家。

不过，网球训练之余，商毅还是会陪着儿子踢踢球。"他训练完了之后，我会带他踢一会儿，有时候跟他学校的小朋友、小伙伴一起玩。他的水平在同年龄段中算是不错的，不过不会考虑职业足球了，他的重心在网球上。"商毅说。

接受采访时，商毅正在赶往北京电视台的路上。回味命运多舛的职业生涯，商毅语气平淡，有一种超脱感，仿佛在讲述别人的故事。谈到儿子时，他的话语中明显多了一些情感，语气也更亢奋。"我比较享受现在的生活。"足球之于商毅已经如往事般随风而去。

本身身体非常好，破了（国安队）出场纪录。他是国安的领袖型人物，打了那么多场联赛，非常难得。

必答题

《新京报》：你干过的最爷们的事？

商毅：与沈阳金德的那场罢赛吧。不仅仅是我，整个俱乐部的高层，对假赌黑都很反感。这算是很爷们的一件事。那场比赛之前就有传闻，我们队很团结，就是要认真去踢，等到比赛中，有些东西印证了之前的传闻。或许我们可以更冷静一些，但大家都觉得做得没错。我没有上场，但跟球队在一起。

《新京报》：除了你，国安队中谁最爷们？

商毅：我觉得最爷们还是徐云龙吧。云龙

谢朝阳
把 3 号传给儿子

谢朝阳有个很土的外号——"大宝子"，但见过的人都说，他脸上有股侠气。侠者，善德仁勇之士，谢朝阳就容不得兄弟和球队受委屈。

谢朝阳是北京人，他的整个职业生涯都是在国安度过。他进过国少队，进过国家队，也拿到过 3 次足协杯冠军，唯独缺少一个联赛冠军。

谢朝阳踢球时穿 3 号球衣。如今，他刚学球的儿子也穿 3 号球衣。谢朝阳说，这是他职业生涯的延续。

○ **2003 年 10 月 1 日，足协杯决赛，国安 3 比 0 击败大连实德，第 3 次捧杯。与谢朝阳对位的大连大佬郝海东。图 /Osports**

忠诚

1985 年，14 岁的谢朝阳进入北京少年队，之后再也没离开过北京足球。

谢朝阳说，他并非没想过离开，只是没碰对机会。从 1996 年起，高峰、符宾、曹限东、高洪波、邓乐军等人相继离去，国安后防中坚谢朝阳也想到过另谋出路。用高峰的话来说，那个年代的足球很疯狂，球员收入数倍飙升，但国安球员的收入比其他俱乐部球员少了许多。

一段时期，国安队人员紧张。最困难的时候队中只剩下 18 人，一场队内赛都踢不起来。正是在那个特殊时期谢朝阳想到了离开。主教练沈祥福得知此事后，找他进行了一番长谈。"沈指说希望我能留下来，稳定一下球队。他这么一说，我就没法走了。"谢朝阳说，他知道出去踢

球挣钱多，而且不是一般地多，但沈祥福和父亲的轮番谈话让他打消了念头。"我父亲也跟我说，北京是个好地方，要成事，还是留在北京吧。"13 岁起就一直离家踢球的谢朝阳听了父亲的话。

1998 年，谢朝阳成为国安队队长，逐渐成为国安队的精神领袖。一直到老彼得接手国安，才很少起用谢朝阳，2002 赛季只让他踢了 8 场球。那时的谢朝阳已过而立之年，年纪一大，就更不想到外面折腾了。谢朝阳说他对国安队有感情，这感情，是一辈子的。

在国安十多年，谢朝阳曾短暂入选霍顿时代的国家队，但他更愿意谈的是在朱广沪时代的国少队。1988 年，国少队在亚少赛中出线，打进次年世少赛。那一届国少队星光熠熠，除了谢朝阳，还有李明、姜峰、宿茂臻、符宾、魏群、张海涛等人。刚进国少队时，谢朝阳穿的是别人

○ 2001 年 12 月 9 日, 甲 A 联赛倒数第 2 轮, 谢朝阳 (前) 防守辽宁队的李金羽。那场比赛, 国安 0 比 2 败北。之后, 他遭到弃用, 2003 年退役。图 /Osports

穿过的 2 号球衣，本该心中不爽，但一看到球衣上的"中国"两个字，谢朝阳就兴奋得睡不着觉。这种感觉，很幸福。

在国安队，谢朝阳难忘的比赛是 1995 年，国安在工体对阵阿森纳队。那场比赛，金志扬赛前没有任何技战术布置，只是给队员讲了"三元里抗英"的故事。24 岁的谢朝阳听得热血沸腾，那是他永远不会忘记的一场赛前准备会。"你不是看不起我们中国人吗？来吧，你狠，我比你还狠！"谢朝阳说，那场球国安队拼疯了，输球的阿森纳队教练连赛后发布会都没参加。

提及这些，谢朝阳仍会陶醉其中。侠客一样的心，容易沉醉。"等我们老了，再聊聊这些，多好呀！"他说。

2003 年，谢朝阳决定退役。在外人看来，他至少可以再踢上两三年，但他还是转身离去。"迟早要面对新的人生，不如早些开始，可能还会更主动些。"2004 年，谢朝阳带着父母四处旅游，放空人生。

2009 年，国安队终于不用再喊"永远争第一"了，但这个联赛冠军跟谢朝阳已无关系。"做队员时最遗憾的就是没能拿到联赛冠军，拿过三次足协杯冠军，也拿过联赛第二，就是没拿过冠军。"谢朝阳说他儿子现在也在踢球，穿的也是 3 号，"我一直认为，儿子就是我运动生命的延续，这可能有点自私。但希望有一天，我会坐在工体看台上，看我儿子穿着 3 号球衣，为北京队争光，为国安队争光，这是我内心最真实的想法。"

义气

谢朝阳很直率，直率得有时连自己都惊讶。

国安俱乐部有位工作了 20 多年的老厨师张晓林，厨艺不错，对队员很好。谢朝阳回忆说每次训练回来，张师傅都给他留着好吃的，饭都是放在蒸箱里，担心凉了。国安队员每餐都有水果，

有一次张师傅买了提子回来，当时俱乐部就有人质问说怎么不买葡萄，便宜。

"当然，这可能只是一个借口，目的就是让俱乐部炒掉厨师长。"谢朝阳说，谢朝阳听到消息后立马动了打抱不平的念头。周五晚上，他写了一个倡议书，挨个找队员签字，希望俱乐部留下张师傅。周六一早，谢朝阳跑去找主教练沈祥福，希望把这封信送到俱乐部高层。国安队周日还有比赛，但为了这事，沈祥福周六晚又把谢朝阳喊去谈话，两人聊到晚上 11 点左右。沈祥福说这事俱乐部会处理好的，他希望谢朝阳能带队打好周日的比赛。

1998 年 7 月 26 日，谢朝阳清楚记得那天是星期日，国安主场迎战深圳。"那是车范根执教深圳队的第一场比赛。"挑边后，国安队按惯例又围拢在一起，"那场比赛我们没说'加油'什么的，我当时就说了一句话'哥几个，今儿这场球是为张师傅踢的，一定要赢！'"那场球，国安队 5 比 0 大胜。当然，比赛终归只是比赛，张师傅最终还是离开了国安俱乐部（编者注：张晓林后来又回到了国安俱乐部，又回到了他熟悉的岗位）。

"现在想想，当时的处事方式和方法确实不太好，但当时的目的很单纯。"那件事后，俱乐部找谢朝阳谈过话，说这个队长没怎么起到好的带头作用嘛。谢朝阳说他就是这样的人，大家在一起，就希望能一荣俱荣，朋友嘛，就是要相互关照。现在大家踢老男孩比赛，经常在一起吃饭喝酒，每晚都能聊到十一二点。"总有说不完的话，那个时候，大家都很单纯。"谢朝阳说。

说起谢朝阳的个性，还有一件事必须要提。

1996 年 11 月，谢朝阳随队去德国拉练，之前在意大利那不勒斯打了一场球，右手被对方踩了一脚，小拇指当时就被踩破了，下场缝针。之后转道德国罗斯托克踢热身赛，那是德国东部唯一一支顶级球队，谢朝阳只能坐在场边。"那场球，我们实力确实不如人家，输了个 0 比 6。"

不过场上裁判哨子有点偏，越位什么的都不吹。比赛后半段，有德方队员受伤，罗斯托克队助理教练上场检查后，路过国安队替补席时做了一个很不友好的手势。

"我当时感觉特别不好，不管怎样，你不能做这样挑衅的动作。"谢朝阳想都没想，准备冲上去理论，被一旁的队友及时拉住。德方助理教练见状往自己的替补席跑，谢朝阳想都没想，从兜里掏出一把叉子就扔了出去（当时谢朝阳的右手还打着夹板，只能随身装把叉子吃东西）。"叉子扔到了他们替补席棚上边了，擦着那个助理教练脑袋过去了"。过了一会儿，谢朝阳才意识到有些疼，低头一看，线崩了，满手是血。

之后，金志扬批评了谢朝阳，说这对球队影响不好。不过私下里，队员们还时常说起这事，都说谢朝阳够义气。

娃娃

2012 年 11 月 2 日，初冬，天黑得早。灯光透过薄雾投射在芳星园小学操场上，十几个衣着单薄的孩子在演练攻防转换，一群家长在场边安静地看着。

"别等呀！压上去！"一旁的男子大声吼着，哨子时不时响起来。待训练结束，你会发现面孔很熟悉，是国安老队长谢朝阳。

自 2005 年，谢朝阳就在方庄这家足球俱乐部任教，多年来总是跟一帮小学生打交道。这是谢朝阳现在的工作，一份有意义的工作。"大家都说体教结合，其实体育是教育的一部分。"谢朝阳说，在他看来，作为社会，作为教育，应该让更多的孩子有个特长。让孩子有出路的教育才是好的教育。"不能让所有的孩子都以成绩论优劣。我记得一句话，'你让金鱼上路，这是不公平的'。同理，你也不能拿一个文科的孩子来跟理科的孩子相比较。"

谢朝阳 13 岁离开家，他说身边淘汰的孩子太多了。这些孩子，大多学习荒废了，球也没踢出来，"半途而废。现在很多孩子都是这种情况。"谢朝阳说现在的孩子，如果能踢球，然后能上一所很好的学校才是最重要的，"我觉得全社会的教育者，看到孩子有这样一个特长，让他去发挥这个特长，并利用这个特长去生活，去体现他的价值，这才是最重要的，也是最好的教育。"这正是谢朝阳现在正做的工作。

芳星园小学紧邻北京十八中，几所学校已经形成联动。芳星园一小、二小毕业的孩子，成绩好一点的，都能以特长生身份进入十八中。十八中也在联系高校，让特长生进高校，有更好的出路。这是谢朝阳所梦想的一条道路，"不是所有孩子都能踢出来，必须依托一个好的学校，让孩子有更好的出路。"

谢朝阳说，不单国足要学习日、韩，青少年培养模式也要学习日、韩，他以韩国蔚山现代为例，介绍学校足球的重要性。"韩国也是从小培养，从小学到高中，蔚山现代从高中时代就资助那些有天赋的孩子。"这样到了大学阶段，又能读书，又能去踢大学生比赛。"人家真是大学生球员，不像我们这样，都是专业队下来的，打比赛的时候挂一个大学的牌子。"如果在大学阶段的训练确实具备专业水准，就可以进俱乐部，可以一边上大学，一边接受专业训练。"这样他能代表蔚山去打比赛，回来后还能继续学业。当然，如果他不具备这样的条件，一样能毕业，拿到大学文凭，日、韩的很多大企业也会吸收这样具有专项特长的毕业生。"

谢朝阳正一步步接近自己的理想，2005 年刚来这家俱乐部时，这里总共有不到 20 个孩子，如今已经超过 300 个小学员了。方庄一共有 12 个幼儿园，基本上每个幼儿园都有孩子在他这边训练。

"真能把这套青少年学校培养体系建立起来，这些年的工作也算没白做。"谢朝阳说俱乐部正在跟皇马青训营联系，很可能成为对方在北京的一个训练点。此外，国安青少年方庄地区少儿培养基地很快也会落户俱乐部。

必答题

《新京报》：你干过的最爷们的事？

谢朝阳：曾经为了让国安的厨师张晓林长留下来，给队里写过一封倡议书。虽然张师傅最终没能留下来，虽然当时处事方式上可能不太合适，但我一直觉得这事是我应该做的。

《新京报》：除了你，国安队中谁最爷们？

谢朝阳：我觉得魏哥（魏克兴）就很爷们，不是说做了什么了不起的事情。很多时候，"爷们"是因为做了很多不为人知的事。国安 2012 年状态起伏有些大，各方之间肯定会有一些沟通上的问题。作为领队，魏哥在外教、外援、队员、中方教练、俱乐部高层之间起到了很好的安抚、沟通作用。

双印
此队医击退癌症

他曾经是跑得最快的举重运动员，但他最终扔掉杠铃，改行学医；他是队医，但他曾被主治医师下过"死亡通牒"，他是一名死里逃生的抗癌斗士。

双印，国安俱乐部队医，医术精湛，为人谦虚，问他当初为何选择现在的这条路，他说就是为了谋生。

转医

　　小时候，双印的特长是短跑，他参加过北京市首届中学生运动会。当时，14岁的他百米11秒3。不过，后来双印从事了与奔跑、速度不太搭边的举重运动。

　　1975年，16岁的他进入北京举重队，后来拿过一次全国青年冠军和一次全国锦标赛亚军。

　　1981年，北京体工队安排一批运动员学医。借着这个机会，双印打了退役报告，来到体工队医务室学习运动康复。至于为什么要选这一行，双印说，在当时看来，这是一个谋生的手段，自己从没想过要靠这个出名。"我的按摩手法是跟当时一个著名的师傅学的，治疗一些腰椎间盘突出、颈椎病、膝关节、踝关节都特别好。"双印说。

　　1983年，北京青年足球队打全国联赛，双印作为体工队的大夫随队出征，那是双印与北京足球的第一次亲密接触。双印回忆说："这就是缘分，那次跟队让我与北京足球有了感情。"

　　全国联赛结束不久，双印开始了四年的专业进修，主修西医。双印说："做队医不能光会按摩，不然你只是一个按摩师。"

　　1987年，学成归来的双印正式入职北京足球队。1992年，国安俱乐部成立，双大夫的关系又转到国安。

　　作为一名优秀的队医，跟队二十多年来，双印凭借自己精湛的医术，赢得了俱乐部和球员的信任。如何评价自己的医术？"还行还行，这么多年来，还没给谁治残废了。"双印自谦地调侃着。

　　尽管在队中的职位不高，但国安历任主帅都很尊重双印的意见。"我确认哪个球员踢不了，我会建议，这场球不能让他上。一般教练都会听。"双印说。只有一次例外，那一年沈祥福执教，队里就剩18个人了，有伤的队员也得上。"没办法，只好上场前先给他们打个封闭。如果伤情加重了，我再想办法给他好好治。我不会去跟主教练吵，

○ 不管发生什么变化，双印一直在北京国安工作，国安每年的全家福中总有他的身影。新京报社记者陈杰 郭延冰／摄

但要把这个利害关系说清楚。"双印说，多年以来，他一直不忍心看着队员们打着封闭比赛。

　　网上国安贴吧里有一组图片，内容是进入职业联赛以来国安俱乐部历年"全家福"，照片上雷打不动的人只有双印。"老了呗，照了20次，老了20岁。"双印感叹道。这20年里，无论现役的还是离开的，对双印印象都很好。邵佳一去德国踢球那段时间，受伤后依然会打电话向双印讨教，退役了韩旭等人还经常回来让双印按摩。

　　在球队的几十年中，双印从未有过离开的念头，"我就是想在队里待着，为队里服务。这里是我的家"。

抗癌

双印，曾经是个被医生下过"死亡通牒"的癌症病人。

1993年。刚刚参加完第七届全运会后，双印被查出患有淋巴癌。主治医师告知，最多还能活三年。

听到这个消息后，双印全家人都傻眼了，只有他平静地接受了这个结果。当时有人问他什么感觉，双印说："还有三年呢，不是挺好？"

那段时间，双印经历了痛苦的化疗。每次化疗后都很难受，吃不下东西。一直从医的双印知道，越是在这个时候越应该补充营养。他强迫自己吃饭，家里吃着不对口就去下馆子，想吃什么点什么。点完菜还不忘再整两瓶啤酒。

"那时候没怎么忌口，除了去治疗，其他时候都跟正常人一样，该吃吃，该喝喝。那时候就想着，高兴也是这三年，不高兴也是这三年。"双忆后来回忆说。就这样，双印乐观而平淡地对抗着病魔，休息了几个月。

1994年春天，国安队的另一名队医离开了球队。说来也巧，有一天双印骑着自行车遛弯，在先农坛体育场门口碰到了时任国安俱乐部副总经理的杨祖武。杨祖武向双印介绍了队里的情况，并邀请其回国安当队医。双印很感动，一想自己闲着也是闲着，能在自己人生的最后阶段发挥点儿余热也是乐事，便欣然同意。

双印很快又回到队里。对于当时的决定，双印没有豪言壮语，"我就是觉得我还能干，就回来了，而且我确实也喜欢这个俱乐部，喜欢咱们国安队"。

之后的几年，双印既没有像那位医生诊断的那样不久于人世，也没有完完全全病愈康健。虽然不用住院，他仍要不断地去医院做放疗。

随队出征客场时，双印需要自己给自己打点滴。"就是自己把针扎进自己血管里，自己给自己治病。"双印说，那段日子他从来没有绝望过，

"要是自己都对自己绝望了，那别人就更绝望了。"乐乐呵呵过了几年，双印挺了过来。

命是保住了，但病没好利索。2004年，双印再次住进医院，这次是做淋巴管和静脉管的搭桥手术。这都是因为那些年做放疗留下来的后遗症。

在接受了3个月住院治疗。在办完出院手续后的第三天，他回到了队里。"球队需要我，再说我也想回来。"双印说。

除此之外，练举重时留下的职业病也给他带来一些不便。现在，如果他把右手举起来往自己脸上凑，无论如何也摸不到自己鼻子。"你看我胳膊，弯不过来，我摸不着自己的鼻子，也没法用这个手洗脸。"双印示范着。满是肌肉的胳膊，由于骨质增生，不能朝自己脸部弯曲太多。由于这并不干扰他平时的工作、生活，他一直没去医院做手术。

扎针

在队中，双印就是个开心果。队员受伤了找双大夫，能给你治好了；队员心情不好了找双大夫，他也能把你逗高兴了。

所以双印的房间少有冷清的时候，队员找他来看伤、聊天的络绎不断，"双大夫您给我看看脚。""双大夫我腰疼。""双大夫，我没事儿干找您聊聊。"

双印有着自己的"双"氏疗法，治疗的时候，嘴巴一直不闲着，跟队员们聊天。"治疗的时候和他们逗逗，可以帮助他们减轻痛苦。"双印说。

由于有举重的底子，双印的手劲儿格外大，这双手做起按摩来，会让队员们个个龇牙咧嘴。谈起双大夫的手艺，邵佳一等人都会开玩笑说："下手狠着哪。"

双印说："这是根据实际需要，有时候没办法，不狠没效果。"

还有队员开玩笑说："不能惹双印啊，不然扎针时候明明扎一针，回头给你扎两针。"双印

○ 北京国安队医双印在场边帮助守门员杨智查看伤情。这个曾经的举重运动员如今是国安队员离不开的好大夫。图 /Osports

对此哈哈一笑："这是真的。一针扎下去之后，我开玩笑说让你小子胡说八道，再扎一次。其实那是逗他们呢，有时候扎下去之后，我觉得可能偏了一点，就会重新扎，他们就觉得我报复呢。其实嘴上逗归逗，手上可不能逗。"

按摩手劲大，扎针稳准狠，双印成了国安队中最可爱也是最可怕的人。他经常与队员开玩笑说："你就招我吧，回头给你脑袋扎一针，你就立马老实了。"

只要听到双大夫这句话，再贫的队员口才也会失灵。球队著名的"大喷子"路姜谁都不怕唯独怕双印。双印说："他特别怕疼，扎个针，大爷、爷爷都叫唤出来了。老一批队员里的南方特贫，一到我这床上，老实着呢。"

平日里双印是个老好人，可他急了也打人。有一次高雷雷胳膊骨折，双印给他打上石膏固定，结果还没到拆的时间，他自己给拆了。担心高雷雷的伤势不能好利索，双印急得拿笤帚打了他几下。

"我平时不爱生气，但如果我说的什么有利于伤病恢复的话，他们不听，我就火大。你就比如高雷雷这件事，刚打上石膏没几天就私自拆了，对他不好。不过呢，也是逗着玩儿打的，不然成虐待队员了。"双印说。

不过国安阵中也有幸免于双印"魔掌"的。跟随国安这么多年，他总结身体素质最好的当属徐云龙，高峰虽然先天条件没这么好，但灵活、懂得自我保护，也很少受伤。

必答题

《新京报》：你干过的最爷们的事？
双印：抗癌呗，得了癌症也没休息过，一直扛到现在。

《新京报》：除了你，国安队中谁最爷们？
双印：谁爷们？都特爷们，不然就去女足啦。

137

张路
被迫当国安老总

"今天我们演播室里请到的是大家的老朋友张路张指导……"提起张路，了解一点的知道他是央视解说嘉宾，他标志性的"嘿嘿"陪伴很多 70 后、80 后甚至 90 后长大。

再了解一点的，还知道他曾是国安俱乐部的总经理，后来的副董事长，先后在陕西队和北京队踢过球，位置是守门员。

不过你或许不知道，2002 年带领中国队历史性杀进世界杯决赛圈的神奇教练米卢，当初正是张路的牵线搭桥才得以执教中国队。

国安队主场、"北京十大建筑"之一的工人体育场，也是张路的父亲沈勃一手主导设计的。

○ 2007 年 6 月 2 日，央视主持人明星队与江苏明星百姓队在南京举行了一场比赛，张路担任央视明星队守门员。图 /Osports

球员

张路的足球生涯，在 28 岁的时候结束了。

当时，他在北京队担任替补门将。"当时夹在中间，上面有李松海、王俊山，下面有刘建仁。那会儿年纪也不小了，28 岁了，后来想了想，

没有出头之日，就打了份申请，退下来了。"

为了踢上球，张路走了很长一段不平路。

在他四五岁的时候，父亲沈勃就经常带他去先农坛看比赛。那会儿的北京还没有工人体育场，包括全运会等比赛都是在南二环的先农坛进行。"小学三四年级时，我的球踢得很不错了，

那会儿学校有个小操场，天天在那儿踢。到五六年级，我就是校队守门员了。"1964年，张路小学毕业，考上名校北京四中的同时，也收到了先农坛业余体校的录取通知书。

张路的父亲沈勃是著名建筑师，时任北京建筑设计院院长，母亲侯瑞霞则在电影界有不错的声誉。这样的家庭很难让已考上四中的张路去踢球。沈勃当时并未同意张路进少年队，他的意见是至少读完初中。

1965年，先农坛体校成立了足球提高班，主要面向1953年、1954年那拨队员，1951年出生的张路破格被吸收进班，"当时学校担心我跑了，先把我拉进去再说。"

一年后，"文化大革命"席卷华夏大地，竞技体育就此中断。近50年后，张路坐在国安俱乐部的办公室，再回忆那段黑白岁月时，只轻轻说了一句话："我的足球梦，也就这么断了。"

1969年2月，张路去陕北插队。

1970年恢复竞技体育，陕西队向北京队咨询，插队学生中是否有踢过球的，北京队便推荐了张路。陕西队教练找到张路，面试后很满意，便让张路等消息。那段时间，他们需要给张路做政审。由于沈勃被划为"走资派"，张路的政审没通过。1970年冬天，张路从陕北回到北京过春节。陕西队节前发来电报：经政审，不同意张路来队。"我一想，那就算了吧，就收拾东西，准备节后再回村里去。"不过没等张路回陕北，又来了一封电报：经政审复查，同意张路进队，速来冬训。

在陕西队踢球那两年并不顺，张路跟领队有矛盾，"那会儿年少气盛，不太懂事"。时间一长，总打不上主力的张路就想着离开，随后他以工农兵身份考上北京体院（现北京体育大学）。

"文革"期间，张路的母亲侯瑞霞被迫害致死。1976年，沈勃夫妇才被平反，张路得以有机会重回北京队。

在北京队的3年，张路长时间打不上主力，

于是选择了退役。

退下来后，张路进了北京体育科研所。在那里，一待就是17年。刚到体科所时，张路从最基层的摄像员做起。一年后，调到所里搞研究，带他的老师是京城足坛名宿史万春。善于思考的张路次年在《中国体育科技》上发表了一篇《防守不等于保守》的论文，这让他声名鹊起。

那一年，张路不到30岁。

经理

最近两年，国安在外援引进方面走了很多弯路，"三杆洋枪"时代的辉煌一去不复返。

国安历史上无与伦比的"三杆洋枪"，正是张路在国安做总经理时打造的。

1996年4月1日，北京体委任命张路为国安总经理，当时他的身份是北京体育科研所常务副所长。"我跟领导说，能不能再考虑考虑，我还是待在体科所比较好。"张路说他并不是一个愿意待在风口浪尖上的人，他习惯坐下来搞一些研究。但领导说已经决定了，张路只能服从。

硬着头皮坐上国安老总位置的张路，很快就展现了自己管理上的才能。

随着职业联赛的发展，球员的待遇也与日俱增。当时，为了留住高峰的心，国安俱乐部不仅为他解决了北京户口，还分给他两套住房。但是，俱乐部并不想总是靠物质刺激来留住大牌球员，因此，1997年国安停止了球员分房。

1996年底，陆续有队员提出转会，这是张路出任总经理后的第一个考验。为了俱乐部工资体系的健康，张路并没有在这方面过多妥协，以至于高峰和高洪波双双离开。他曾经说过："如果俱乐部是一台机器的话，我就是看机器的人，我需要保证的是机器正常运转。"

1997赛季，如何弥补"双高"出走的损失，是张路需要考虑的问题。刚开始，俱乐部引进了肯尼亚外援英加纳。不过以金志扬为首的教练组还是大胆舍弃了他，转而引进卡西亚诺与安德雷斯、冈波斯组成"三杆洋枪"。对于金志扬的决定，作为俱乐部总经理，张路予以了支持。张路也承认，那是自己最成功的一次引援。

随后，更多的球员紧随"双高"的脚步离开国安。当时，外界都认为国安很难再争第一，但张路还是凭借自己在北京体科所积累的经验，带领球队渡过了难关。那段时间，威震京城的"国安三少"邵佳一、杨璞和徐云龙冉冉升起。

当然，张路做国安总经理时也并非全是成功，比如引进外教乔里奇就是一步臭棋。"后来想想，也不能说完全失败，乔里奇那次也让我们之后借鉴了很多东西。最重要的是，那次在经济上没有大的损失。"张路说。

从1996年开始，张路在国安总经理的位置上待了4年。2001年，张路改任俱乐部副董事长兼党支部书记。2011年，60岁的张路退休，但仍留有俱乐部副董事长职务。

作为中国足球第一批职业经理人，回顾那几年，张路说俱乐部还是努力向着正规化迈进，在制度管理上也摸索了一套东西，而且建立了青少年训练、培养体制，"这是我来了之后做的，大的架构一直沿用到现在，只是规模大小有所不同。"

如今，不忙时张路还会到俱乐部去，他的很多书和资料都还在那里。俱乐部办公室出门下楼就能进工体内场，那是他父亲沈勃一手主导设计的。

媒人

"有人说米卢是神，顶礼膜拜之；有人说米卢没什么真本事，走运而已，这都是因为没有真正理解他。米卢不是神，但他游历五国，五次成功，天下无双，靠装神弄鬼或撞狗屎大运都是不

可能成就的。符合逻辑的结论只有一个，那就是米卢有真本领。"

2001年10月7日，在米卢的带领下，中国队历史性地闯进了世界杯决赛圈。随后，张路给《足球报》连续撰写六篇稿件解析米卢。

一个是国安俱乐部管理层，一个是中国国家队主教练，似乎张路和米卢没有什么交集。但事实上，如果没有张路的牵线搭桥，米卢恐怕很难来中国。

1999赛季，国安获得联赛第6名，创造了1994赛季后的最差名次。赛季结束后，时任主帅沈祥福希望能去国外学习，而俱乐部则决定聘请外教，选帅工作由张路负责。

经人介绍，张路认识了米卢的经纪人杜什克，当时米卢正执教美国大联盟的纽约巨星队。米卢的相关资料很快就送到张路手上，他也比较中意。不过杜什克很快回复，称米卢已经不想再执教俱乐部，如果来中国，他更愿意执教国家队。

当时国足主帅是英国人霍顿，后者走人只是时间问题，足协正在四处寻觅合适的替补。张路随即联系上时任足协副主席张吉龙，后者很高兴。在张路的撮合下，米卢开始跟中国足协接洽。

收到米卢资料的同时，张路手中也收到了阿根廷教练比拉尔多的简历，后者带阿根廷队赢得过1986年世界杯冠军。这两人的材料，张路一并送给了张吉龙。张吉龙看后询问张路意见，张路说他更倾向于米卢，"米卢的优势在于能把一个弱队带进世界杯，比拉尔多的优势则是带一支强队拿世界杯冠军，中国队现在还达不到"。

张吉龙听从了张路的意见，足协敲定时间与米卢约谈，地点在昆仑饭店，足协谈判代表是马克坚和李晓光。

张路原本以为过程不会有波折，但他很快就收到了米卢的经纪人杜什克的电话。"他跟我说足协的人没诚意，这事不成，米卢要走。我就赶过去问情况，米卢方面说足协的报价太低，跟

○ 从 1996 年担任总经理开始，张路用 13 年的时间等来了亲手捧起火神杯的机会。图 /Osports

他们的心理差距太大。"张路回忆说。

张路耐心地告诉米卢的经纪人，说中国人做买卖的心理是"漫天要价，就地还钱"。他询问了一下，米卢那边的报价是 130 万美元，而足协当时还的价是 30 万美元，米卢经纪人认为差距太大，没法继续谈下去。"我就跟他说，你们这两个价位的中间价码，应该就是大家的心理价位了。"张路没再干预这件事，但米卢最终还是成了国足主帅，薪水也与张路的预测不相上下。

米卢带领中国队到世界杯上走了一遭，2002 年底，有媒体评选出国足进军世界杯的"十大幕后英雄"，张路与阎世铎、张吉龙等人一同入选。

尽管撮合米卢来华执教，但张路跟塞尔维亚人的交往并不多。"我们私交很少。"张路说前年米卢来过一次北京，他请米卢看了一场舞剧，吃过一顿饭。

"我们交往并不多，米卢那个人，你要跟他成为朋友，很难。"张路说。

"嘿嘿"

"开场之后，奥斯瓦尔多就让对方后卫吃了一个暗亏。"

2012年11月11日，在央视体育频道转播的意甲罗马德比中，张路照常作为嘉宾与主持人刘建宏搭档解说。开场1分35秒，他第一次就比赛作出评论。在这之前，刘建宏一直在播报双方的首发名单和主教练，而张路则在旁边用"嗯"回应。

对于广大球迷来说，熟知张路，更多的是通过央视的意甲转播。当年，张路和黄健翔搭档解说意甲时，标志性的"嘿嘿"成为经典。

实际上，张路走上解说顾问这条道，与他踢球一样波折，他从1981年开始递字条，直到1990年才得以出镜解说。

"我觉得央视当时之所以找我，可能是看到了我写的一些评论。我写东西还是不错的，当时在报上也发表了很多文章。"刚去央视，张路并没得到解说机会，他一直坐在主持人身边，不停地递条子，将一些意见无声地反馈给主持人。

这一递，就是5年。

"1988年，终于可以出声了！"那是张路第一次真正意义上解说比赛，尽管只是在幕后。

1990年，张路在北京电视台解说英国足总杯，跟他搭档的是北京台主持人宋健生，那是他第一次出镜。那一年，张路40岁，正式职务是北京体科所副所长。

一年后，中央电视台开始转播意甲，张路也以评球嘉宾的身份开始出镜。"当时我在北京台和中央台轮流解说，一般周六在北京台，周日在中央台，中午还要抽空去广播台，最多的时候，一个周末要上4个节目。"

1994年美国世界杯后，张路声名大振，报纸上几乎天天有他的消息，他预测的比赛也很准。不过张路从不买彩票，他担心自己一买，观点势必会有偏差，也容易误导彩民。之后，大火的张路还在央视做过一段时间的文艺节目嘉宾主持，与他搭档的有倪萍、孙晓梅、朱迅等人。

张路解说有一些自己的特点，他几乎不会在赛前查阅资料，很多时候到了台里，才知道自己要解说哪场比赛。他说不能在赛前看太多，就是怕给观众带去一些主观想法。

"我是现看现说，怎么看怎么说。咱是踢球出身，对足球的理解自然不一样，对场上的变化观察和预测也要好一些。"每一次解说，张路都把自己看成是球队的教练。边看球，边思考场上出现的任何情况，然后再去想一些对策。从这个角度去评说比赛，更专业、更深入，"其他东西，电视台解说员都可以说，我就尽可能说些其他互补的东西，这样两人配合才会比较好"。

2005年12月，张路在意大利驻华大使馆参加授勋仪式，他被授予意大利"仁惠之星骑士勋章"，这是第一位获得这一殊荣的中国体育界人士。

对了，张路父亲姓沈，母亲姓侯，他为何姓张？其实，张路父亲原名张豫苓，后来改的沈勃。

必答题

《新京报》：你干过的最爷们的事？
张路：我觉得"爷们"不是一个特别清楚的概念，没法去衡量。

《新京报》：除了你，国安队中谁最爷们？
张路：队员们都挺爷们的吧。

张帅
非典型坏孩子

搜索关键词"张帅 足球",显示的基本都是坏消息——兴奋剂事件、国奥集训期间泡吧被开除、国安队"内鬼"……难道,他就没有正面故事?面对这个问题,他手一挥:"不用,没必要证明给别人看。我是什么样的人、到底好不好,周围的亲人朋友了解就行了。"张帅说,他小时候的梦想就是玩,现在也没什么太远大的志向,每天高高兴兴活着就挺好。

○ 2008 年 6 月 29 日，中超联赛第 11 轮，国安主场 0 比 2 负上海申花，两个丢球都与张帅（右二）有关。赛后，张帅被下放到预备队，他负气消失几个月后于同年 11 月 10 日宣布退役。图 /Osports

泡吧

小时候太调皮，张帅被父母送到青岛一家足校，与他同一拨的还有王栋。

每天上完文化课，张帅就得去训练。那时候，训练很苦，即便是现在回忆起来，他仍心有余悸。张帅说，他明年准备要小孩了，以后不会让孩子踢球，太苦了，"人家孩子天天放学玩去了，我得去训练，不管是夏天快 40℃还是冬天下着雪……"

和枯燥的训练比起来，最难熬的当属受伤。张帅坦言自己算十分幸运的，从未受过大伤，最

严重的就是断过两次鼻梁骨，到现在，他的鼻子还是歪的。"这在球员中都不算事，歇两天就得接着练。"张帅第一次鼻梁骨受伤是在国安青年队，他争顶时被撞断鼻梁骨，那年，他 17 岁。到了医院，医生在跟他聊天时突然用铁筷子一夹，总算拨正了。张帅说，当时把他疼傻了。

有了这一次教训，2002 年被肘击，他的鼻梁骨再次断了之后，张帅说什么也不去矫正了。"歪就歪吧。有时候照镜子，看着挺别扭的，但真的不想正了，疼。"他说。

说起职业生涯中的"贵人"，张帅毫不犹豫地说出了沈祥福的名字，他说，这是他最尊重最

○ 2006 年 7 月 12 日，中超联赛第 17 轮，张帅（左）争顶时头部受伤，简单包扎后继续比赛。那场球，国安客场 0 比 0 战平上海联城。图 /Osports

不想辜负的人，没有之一。

从国青到国安，沈祥福带了张帅七八年。他说，不管是球场上还是生活上，沈祥福对他帮助都很多。张帅记得，他从中卫改打边后卫时，遭到很多质疑，而沈祥福总是在媒体前替他说好话，"他刚刚改打这个位置，还不适应，你们得给他时间。"每每听到这些，张帅都会更加刻苦地训练，给自己和沈祥福正名。

张帅第一次"出名"是在 2002 年。国奥队在云南红塔基地封闭集训，他和路姜、徐亮因私自外出泡吧被开除。21 岁的张帅，头一次面对铺天盖地的指责。

"当时小，没那么大承受能力，觉得（职业生涯）可能就到这儿了，挺害怕的。"回到国安后，直接被下放到二队，张帅每天靠训练来排解压力。

当时，沈祥福气得拒绝跟张帅见面。张帅说，那段时间，无论是媒体写什么也好，球迷骂他也好，他都不在乎，他唯一在乎的就是让沈指导失望了。从国奥队走的那天，他写了一封道歉信，塞到沈祥福的门缝里。但沈祥福并未因那次事件放弃张帅，等他气消了之后，在以后的日子，依然对其十分关爱。

然而，刚刚通过努力重返国安一队和国奥之后，张帅又被爆出联赛例行尿检呈阳性，成为中国足坛首个涉嫌服用兴奋剂的球员，遭禁赛半年。

"这个事没法说。当年是误服感冒药了。我只能说，错不在我，但是事已至此，自己扛着呗。"如今，张帅不愿过多提及此事。

耿直

都说人的性格会被岁月打磨得越来越圆滑，但是时光显然没有在张帅身上留下太多痕迹。除了依旧孩子气的脸庞，他一直没学会"见人下菜碟"，有人因此跟他成为铁哥们儿，有人因此记恨他，即使被人背地里害过，他也不曾改变。

"我从小说话就直。我记得 2002 年我刚进队时候，当时才二十岁出头，周宁已经是队里的老大哥了。有一场比赛，上半场大家踢特别差，周宁回到更衣室就一直叨叨。他其实也不是在埋怨我，就是觉得大家都不在状态。大家都在那儿听着，就我回了一句，你别叨叨了把嘴闭上。"张帅说起自己没大没小的事时哈哈大笑起来。好在周宁大度，后来两人还成了好朋友。

2007 年，队医张扬开玩笑说："国安场上都是大爷，谁都说不得。后边是徐云龙、杨璞、张帅、张永海，后腰隋东亮、周挺，前边是陶伟、马丁、提亚哥、潘塔，顶多也就骂骂杨智。"

张帅确是"大爷"脾气，谁哪儿没踢好他都忍不住说道说道。"比如谁回防不到位啊什么的，我就会说，我觉得这是为了球队好，你做得不对，我说你还不行啊？要是连这点儿建议都听不进去，度量也太小了吧？"

由于性子比较直，张帅说跟队里的人几乎都吵过架。不过在球场上，他却比较冷静，作为一个后卫，几乎没有吃到什么红牌。

张帅说："不谦虚地说一句啊，我意识挺好的。我虽然不太爱上学吧，但是我挺聪明的。"

张帅说自己最喜欢的球员是卡纳瓦罗，最喜欢的中国球员是彭伟国和王新欣。"他们都是靠脑子踢球的，我就欣赏这样的。"张帅说自己也是如此，靠意识，在场上比较清醒。

"查查我的数据就知道了，几乎年年全勤，没吃过红牌，一直打主力。我经常会在比赛中被惹恼了，比如看见谁踢球特别脏，特别坏，我就忍不住想端他。但是一想，发完火，停赛了怎么办？生生给自己压回去了。"张帅说。

1981 年出生于青岛的张帅，2000 年起效力于北京国安队，他也是国字号的常客，曾获得亚青赛第 3 名；2007 年，因为在联赛中表现出色，入选了国家队，并参加了 2007 年亚洲杯，在朱广沪、福拉多手下均获重用。

星光之路仿佛已经铺展开来。

"内鬼"

禁药丑闻、受伤、球队罢赛等，都没让张帅萌生退役的念头，唯一让他不能忍受的，是 2008 年对阵申花他造成一记乌龙球后，被国安下放到预备队。之后，俱乐部又对其作出取消第二年比赛资格的惩罚，年仅 27 岁的张帅随即宣布退役。

往事重提，张帅用苦笑开头，"还有球迷能记起来我吗？过去这么久了。"

时间回到 2008 年 6 月 29 日，中超第 11 轮，国安主场迎战上海申花。那场比赛，外援小马丁赛前突然受伤无法出战，后防线上更是捉襟见肘，徐云龙与杨璞都因伤休战，张帅被迫改打中后卫。国安以 0 比 2 告负，这是申花队该赛季首个客场胜利。国安的两个丢球，都与张帅有一定的关系。

第一球：申花队于涛利用张帅的盯人失误首开纪录；

第二球：申花队发出角球被杨智扑出，禁区外的姜坤无人盯防，起脚抽射，皮球弹在张帅的身上折射入网。

比赛中，李章洙用满 3 次换人名额，其中包括换下主力中卫张永海，但张帅打满了全场。

赛后，俱乐部认为张帅的表现不正常，决定将他下放到预备队。经媒体报道，张帅就成了国安输球的"内鬼"。

"当初我已经说得很明白了，我承认我当时状态不好，国家队、联赛我几乎场场不落，从国家队回来不休息直接就打联赛，太累了，但是我绝对没有打假球。"张帅说，最让他不服的是，他并非那场比赛中状态最不好的人。他说，那场比赛只是球打到他身上弹进一个乌龙而已，有好几个人比他状态还差。但是，比赛结束后，只有他一个被下放到预备队，"责任全压在我一人

○ 退役后，张帅曾经触过电，但他觉得太折腾，就没在演艺圈继续发展。如今，打高尔夫、玩德州扑克等成了张帅的新项目。新京报社记者 田颖 / 摄

身上，我觉得有点儿牵强。"

张帅说，那场比赛打完后紧接着是客场对天津。他正在屋里收拾行李，领队魏克兴过来说："队里觉得你表现不太正常，你先休息吧，不用去天津了。"当时他以为真的只是让他休息，结果被下放到了预备队，张帅气不过，走了，当年媒体报道称，张帅"消失"了几个月。之后，魏克兴发短信让他归队，张帅理都没理。

之后，国安后防严重缺人，俱乐部不止一次让张帅回队救火，他都没搭理。"你叫我滚，我滚了，你叫我回来，对不起，滚远了。凭什么你

们让我走我就得走，你们让我回来我就得回来？当时也有朋友劝我，既然给台阶了就下吧，可我不是那种性格的人。"张帅下定决心不回国安，根据当时转会规定及合同，他两年后才能转会。张帅当时计划自己先练着，然后去别的俱乐部。

2008 年 11 月 6 日，国安向中国足协上报了《关于停止张帅参加中超联赛资格的报告》。张帅 11 月 10 日得到消息："一点儿征兆都没有，突然来了这么个东西，我直接就发表声明说我要退役，没跟任何人商量。当时有人找到俱乐部，说这是别人假冒张帅发的，好像还想挽回一下。

但我就站出来说，这确实是我发的，我就是要退。"

4 年过去了，张帅说他觉得有一丝惋惜。"当然了，对于没继续留在国安，我永远都不会后悔，我绝不允许别人侮辱我人格。我只是觉得等两年变成自由身了，可以去其他球队踢……当时还是冲动了。"

退役时，他正值职业球员的黄金年龄：27 岁。

扑克

采访张帅并不容易，几经辗转终于成行。张帅解释说，他真不是要大牌，而是特别不愿意出现在公众视线中，只想踏踏实实做个平凡老百姓。对他来说，走大街上被人认出来，跟着球队做活动被球迷追捧，都挺不自在的。

2010 年南非世界杯期间，张帅与谢晖、李承鹏等人一起出演了电影《谋杀章鱼保罗》，他扮演一位被牵扯到赌球风波中的职业球员。面对这个和自己有些"相似"的角色，张帅完全没有纠结，"我没把这个跟当初我的事联系到一起，就觉得以前也没去过世界杯，借这个机会能去世界杯，挺好，就同意了"。

然而，拍电影比想象中难了好多，尽管台词很少，导演对张帅这个非科班出身的新手要求也不高，但还是经常 NG（注：NG，即 "No Good"，表演不符合要求要重拍）。拍过一次之后，他便不想再涉猎演艺圈了。张帅说，当时有人让他跟娱乐公司签约，他没签。

"我真是不太擅长这个，而且进娱乐圈不就是为了红吗？你要是红不了，折腾半天干吗呢？要是红了，还得一天到晚参加这活动那活动的，想想就烦，我还是过我的普通日子吧。"张帅说。

张帅坦言，自己长得确实"还行"，不过，已结婚快 6 年，老婆对他一直很放心。"她知道我不爱出风头，女孩不会主动找我的，一看我就特难接触。我也不太会跟姑娘搭讪，也不爱交新

朋友，整天活在自己的小圈子里，感觉挺好。"张帅很符合一个巨蟹座男生的特质。

由于性子比较直，年轻时，张帅跟妻子经常聊着聊着就吵起来了。不过，经过岁月的磨炼，他现在火气小了很多。

2012 年 11 月的一天，在一家咖啡厅里，爱尔兰咖啡需要把酒点燃倒进咖啡里，张帅看得聚精会神，"这个真好玩"。

小时候，每个人都会有关于未来的梦，有人想当科学家，有人想当老师，张帅说，他小时候的梦想就是玩。现在，他依然是个贪玩的大男孩，喜欢打高尔夫球和德州扑克，有时间了，就和朋友聚在一起踢球。

"退了之后，还是挺怀念以前那种大家互相乱贫的集体生活的，前几天还和原来在青岛踢球的哥们儿一起去中山玩沙滩足球去了。"张帅说自己没有什么太远大的志向，每天高高兴兴活着就挺好。

说起最自豪的事，他说："德州扑克比赛拿了北京第一。"2012 年，已经 31 岁的张帅，接触起来更像个 13 岁的单纯少年。

必答题

《新京报》：你干过的最爷们的事？
张帅：也没什么特爷们的，非得说，那就是退役这件事儿吧，不太能接受别人侮辱我的人格。

《新京报》：除了你，国安队中谁最爷们？
张帅：要是站在女性找老公的角度上，我觉得是杨智。他什么坏毛病都没有，特别老实，特别顾家。

薛申
罗宁认可他人品

看着自己的发小儿徐云龙在训练中挥汗如雨，薛申很是感慨。若不是当年代表北京队参加 2001 年全运会时的断腿，他的足球生涯可以延续得更长。现在，薛申每天参加国安的训练，不过，他已经是带队训练的体能教练了。

球员退役后当教练的不在少数，但当体能教练的并不多，尤其是像薛申这种在美国拿到 NSCA 专业体能教练证书的球员更是绝无仅有。他当体能教练的原因很简单，"当球员时就体能不好，老受伤"。国安内部有条不成文的规定：从国安走出去的，就别回来。薛申是国安第一个"出去"后又"回来"的球员。其他拥有类似经历的只有陶伟、邵佳一等寥寥几人。

○ 当球员时，薛申两次断腿，他说这与体能不好有关。于是，退役后，薛申担任了国安的体能教练。图 /Osports

断腿

薛申不算根正苗红的国安培养。1998 年前，他和杨璞、陶伟、田野、孙永成在北京威克瑞足球俱乐部效力，后来该俱乐部被国安收购后，薛申成为国安一员。"如果不是那次收购，也许就没有后来的国安情缘了。"薛申说。

薛申出道时被视为天才的边路选手，他速度快、传中准，一直司职右边锋。来国安后，他一度被教练组视为重点培养对象。同样来自威克瑞的其他几人很有成就，杨璞、徐云龙参加了世界杯，唯独薛申，别说进国家队，就连国安的主力位置都不稳固。

2001 年全运会，25 岁的薛申代表北京队参赛。第一场对重庆队，1 球领先的北京队在下半场同时换上小王涛和薛申。小王涛在第二次触球后，因与对方后卫周麟发生摩擦，被主裁判红牌罚下。10 人应战的北京队没有自乱阵脚，薛申前场得球后，巧妙带球盘过正面堵截的重庆队年轻小将陈渝，后者在无法抢到球的情况下，飞身一铲，一脚跺在薛申的小腿上。薛申当即就被踹翻在地，躺在草坪上再也起不来了。

○ 2001 年 11 月 8 日，甲 A 联赛第 21 轮，国安客场 2 比 1 战胜沈阳金德。以速度快、传中准著称的薛申司职右边锋。5 天后，他在全运会赛场上小腿粉碎性骨折、韧带撕裂。此后，薛申开始走下坡路。图 /Osports

薛申被紧急送往珠海当地的医院，当时谁也没想到他的伤会如此严重——粉碎性骨折与韧带撕裂，这两种伤的任何一种都会让球员闻之变色，然而他却是同时受伤。"这是我职业生涯的一次重大挫折，对我来讲，是非常大的事儿。那时国内的康复手段也不好，之后我的竞技水平一直往下走。"薛申说。

薛申养伤期间，杨璞、徐云龙参加了世界杯，他只能在电视机前为好兄弟加油。"受伤这件事儿对我影响挺大的。像我这种肌肉类型的球员本身就是很容易受伤，不仅仅是那一场比赛，那一段时间对我的影响都很大。"薛申说。

2003年是薛申在国安非常不开心的一年，因为腿部受过重伤，他的速度大不如前，早已不是国安边路的首选，成为一个可有可无的替补。他选择了转会，去了深圳健力宝："其实我不想离开，离开也不是我自己的意愿，因为我是北京长大的孩子，当时没有特别多的想法，就是想在北京这块地儿上简简单单地踢球。"

离开北京前的那晚，徐云龙、杨璞找薛申吃了顿饭，哥儿几个把酒问青天……

冠军

在深圳的日子，没有在国安打出名堂的薛申竟然拿到了首届中超联赛的冠军。"其实，我比国安的球员们都幸运，当时深圳队在欠薪的情况下，硬是靠着凝聚力获得了冠军。"薛申说，"当时为了给我们发奖金，朱广沪甚至拿出了自己的钱。"

实际上，在深圳队薛申也没有成为绝对主力，不过夺得联赛冠军成了他最好的经历。他至今珍藏着那个赛季的球衣，"留着呗，多好的回忆啊，我都舍不得穿"。

用薛申的话来讲，转会至深圳队丰富了他的人生经历和社会阅历，不仅赶上了欠薪，而且

看到了足坛不少阴暗面。"假、赌、黑'经历了一个遍。"他说，这是当时特定环境下产生的，不仅深圳队打假球，很多球队都打，甚至青年队也打，这是大环境造成的，"你一个俱乐部钱都不发了，还去指责球员踢假球？"他觉得，当时的联赛本身就不职业。

薛申听到过足坛不少负面传闻，也看到了不少丑陋的东西。他给自己定下了一个原则——不参与打假球。"有时候我会跟队友们说，你们打假球的时候让我知道一下，但我不会参与，别拿我当傻子就行。到时候我上去踢了，卖命似的，后来比赛完了，我才回过神来，'哦，原来是这么一回事'，心里挺不舒服的。"薛申说，队中其他人踢假球前从来没跟他透过口风，"可能跟位置有关系吧，可能人家觉得没必要通知我。"

不管怎么样，薛申说："在深圳获得中超冠军时还是很兴奋，我想一个联赛冠军对一名球员来说，算是最高荣誉了吧，而且是在那种欠薪的环境下。这个冠军的取得与朱广沪有着很大关系，他在这支球队的掌控上很不容易，最后大家都为了荣誉，获得了这个冠军。但后来就不行了，队员出走，球队也一下沦落到保级的地步，打假球、赌球的球员也比较多了。"

从2009年起，随着司法部门的介入，中国足坛掀起一场声势浩大的反赌扫黑风暴，许多涉案官员、裁判和球员落网。"中国足球想要发展，首先得净化风气，那么多人打假球，你想好好踢都不行。"薛申认为，这是大快人心之举，"现在也没有听说哪个队欠薪、不发钱了，场上也没有假球了，这跟各项制度的完善有关系，现在许多俱乐部都越来越规范了。"

回家

2005年，随着深圳队老板张海入狱，这支冠军俱乐部变得更加混乱不堪。虽然亚冠一度打

到了四强，但是欠薪、不稳定以及一些传闻一直在队内充斥着。队内球员都在想出路，此时国安向队内的陆博飞投来了橄榄枝，薛申得知后也在和国安联系，希望自己能回去。

2004 年—2006 年，在深圳踢了 3 个赛季后，薛申于 2007 年重新回归国安。"我能回去应该感谢罗总（罗宁），当时他真是顶着很大压力。"他说。

在国安内部有一个说法，"走了就别回来"。陆博飞也因此未能转会成功，不过薛申却以 80万元身价成功回归国安，成为国安历史上第一个转走再转回的球员。国安能接纳薛申，当时队中边路缺人是一个方面的原因，同时，薛申有口皆碑的人品也让国安高层赞赏，后来他能当球队的体能教练也得益于此。

薛申说，在深圳的 3 年，对他个人的改变很大，他当初的想法很简单，跟很多在北京长大的孩子一样，在外闯荡有个球踢就行，"但后来我的经历让我彻底转变了，看到和知道了很多之前不知道的事情"。他在与国安俱乐部高层沟通时表示，能回北京踢球最好，"其他队肯定不会去了，不行就退役了"。

薛申很感谢国安俱乐部给了自己延续足球生涯的机会，并在退役后当了教练："其实，那个所谓的什么'不成文规定'不能成为职业体育发展的障碍，我们需要发生一些改变，包括后来，也有不少前国安球员回来踢球，这是一挺好的事儿。"

薛申回忆，当时回到国安的第一天，发小们又找到了薛申。徐云龙就说"咱们的情缘不断"。

2007 年，薛申在国安终于找到了比赛的感觉，一度成为球队的主力。可是伤病这个"老朋友"再一次找到了他。再次受伤后，李章洙就没有再给薛申机会。赛季结束后，薛申选择退役，他的去向是前往北京体育大学学习。

留学

在北体大学习期间，薛申遇到了在这里交流任教的美国马里兰大学的马克教授。有一定英语基础的薛申，居然和这个老外成为忘年交。在马克和在北体大任职的国安前总经理马冰的帮助下，薛申获得了去美国马里兰大学学习的机会。

2008 年 10 月末去美国，已经拿到国内 C级教练证书的薛申在马里兰大学学习体能训练专业，并在 2009 年底带着肌力与体能专家的证书回到北京。

薛申说："我去美国学习得到了俱乐部的支持，回来就想为国安效力，毕竟自己是在国安退役的。因为我在体能和伤病方面吃了不少亏，我想把学习到的知识和经验带给我的队友、队员。"

从 2010 年起，薛申一直跟随一队训练，但没有成为教练组成员，而是以国安技术部官员的身份参与球队的体能训练。2010 年 9 月，他进入魏克兴教练组，并一直干到现在。帕切科到队后，对于薛申的体能训练非常认可，并且在自己的助手中，剔除了葡萄牙体能教练。帕切科说："这个足球运动员出身的教练让我对中国的体能教练刮目相看，他的训练方法、他的思路我很认可。"薛申和老帕的关系一直不错，他说："最近网上能找到我的新闻就是：我和帕切科一起受罚。"

薛申坦言，自己对其他领域了解得不多，也不是经商的材料，最熟悉的还是足球，所以就想当教练，而体能，就是他的突破口。"现在中国足球正好缺少体能教练，各俱乐部现有的体能教练基本都是外国人，为什么我们自己不能学好这方面的知识呢？而且在做球员的时候，我在体能方面吃了很大的亏，可谓是深受其害，如果以后我当教练的话，那我希望用自己学到的知识帮助那些队员，让他们不要再吃这种亏。"

足球比赛中，体能是基础，是成为优秀球员的保障。"我踢球时体能和力量都不好，经常受伤，影响和制约了我继续发展。"薛申说，现

在很多俱乐部开始重视起球员体能方面的训练，
这也说明俱乐部开始更加专业、更加职业，"在
国外，很多的体能师、训练师就是帮助主教练控
制和调节队员训练的强度和训练量，并根据个体
进行安排训练、恢复的计划，用什么方法、什么
时间去恢复更好，利用这方面的知识去避免球员
受伤。"

薛申介绍，体能教练就是帮助球员将速度
和耐力达到一个平衡点。"体能师不需要对这个
项目有多深的了解，但是在国内，你如果精通足
球的话会更好，在国外，这是一个很大的领域，
但我们刚刚起步。"

必答题

《新京报》：你干过的最爷们的事？
薛申：这个没法说。

《新京报》：除了你，国安队中谁最爷们？
薛申：同上。

张晓林
伙食也要争第一

罗宁说："北京国安永远争第一，球队伙食也要争第一。"

球队争第一，那是杨智、徐云龙他们的事。伙食争第一，这是大厨张晓林和他五个同事的事。

张晓林和队医双印一样，来国安几乎就没挪过窝。他的手艺，国安人吃了都说好，非国安人吃了也说好。

帕切科就说了，联赛季军不仅有球员的功劳，还有厨师的功劳。

一天

2012 年深秋的一天，五点半，晨光熹微。

同往常一样，张晓林起床了。叠被、刷牙、洗脸，一切完毕，他走回到小茶几前，拿起早就写好的菜单，又看了看，这才披上外衣，从工体三楼下来，往餐厅走去。

到了餐厅，换上厨师服，餐厅墙上的钟表指针指向 6 点 15 分。

这天是周五，是张晓林最忙的一天。

换上工作服，并不算大的厨房里就丁零当啷响了起来，"队员们八点就有吃早饭的了"。

八点钟，队员们开始三五成群地来吃早饭，见了张晓林都会打上一声招呼。老一点的队员，会喊他张哥，像徐云龙这批"老家伙"都叫他"brother"（兄弟）。张晓林笑着说："有时候球迷看见了，也会冲我喊一声'张师傅好'，我就回一句'为人民服务'！"

早餐过后，就该准备午餐了。

午餐菜单上写着：水煮牛肉、炸翅中、炖带鱼……十余道热菜外加四五种主食，另外还有一些凉菜、汤和饮品，这些东西，张晓林和另外五个厨师要在早餐之后的两小时内准备出来。

午餐后，清洗完餐具，张晓林依旧没有空闲时间，他们要马不停蹄地准备下午的饭菜，"下午四点半还有一个加餐，七点半队员要适应场地"。

张晓林他们自己的午饭相对简单，有时会炒几个菜，有时就将队员们吃剩下的分一分了事。

周五的训练，不上大运动量，张晓林的菜谱中着重突出了碳水化合物的比重，用他的话来讲就是粮食得多吃点，"带肉带油的菜也有，但是要尽量少"。

说起营养，张晓林就从厨师变成了一个营养师，"等到大运动量训练时，饭菜突出的就是高蛋白、低脂肪、高热量"。

晚上八点半训练完毕，一队的队员们来餐厅吃饭，稀稀落落的，张晓林和他的同事们要一

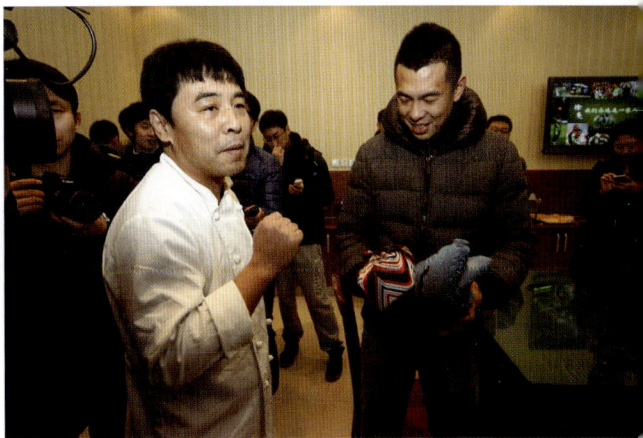

○ 2012 年 12 月 14 日，国安俱乐部送别徐亮，厨师长张晓林送来了亲手做的红烧肉。图 /Osports

直等着队员们都吃完才能收拾。另外，司机、洗衣工等后勤人员这时也会赶来吃饭。"不比当兵的，什么时间来的都有。"张晓林说。

等大家都吃好了，张晓林的餐厅也要"打烊"了，锅碗瓢盆，桌子椅子拾掇整齐，张师傅这才把门锁上，点上一根烟，往宿舍走去。

这时，手机上的时间显示是晚上十点半。

20 年

走进国安餐厅，门口的长桌上摆放着早餐，十余种菜品、甜点、饮料，这是张晓林和他的同事们一大清早准备好的。

餐厅有 11 张桌子，41 把椅子。

做好早餐，张晓林就站在一边，看球员们津津有味地吃。

这一站，就是近 20 年。

张晓林 1980 年参加工作，那时他是中央团校的服务员。一年后，中央团校厨房招人，抱着

学一门手艺的想法，张晓林做起了厨师。

1989年5月，张晓林来到了国安宾馆。之前，他在北京饭店做厨师。

刚到宾馆一天，张晓林的父亲病重，他辞职回家照顾父亲，"当时也没签合同，试工期"。11月，父亲去世后，张晓林也没找工作，这时国安宾馆的领导找上门来，请他回去工作，"当时我特别感动，就想着一定要给人家好好干。国安照顾我，所以我要对得起国安，甭管在宾馆还是俱乐部，这是必须要做到的"。

1996年，国安从先农坛搬来工体，由于厨师人手不够，当时俱乐部从国安宾馆抽调了4个人过来，张晓林是其中之一。当时张晓林是主动申请过来的，因为喜欢足球，因为喜欢国安，"以前没事还踢两脚，现在不怎么踢了"。

张晓林喜欢球，现在五大联赛只要有时间还场场不落。有一回，张晓林同沈祥福聊天，他对沈指说："我能把1982年世界杯阵容给您背下来。"沈祥福不信。张晓林把名单这么一背，沈祥福惊讶地说："您可真是老球迷！"

当然，张晓林最拿手的还是做饭做菜。

1999年，国安派张晓林去参加北京电视台举办的"八方食圣"擂台赛。第一次上电视，张晓林也紧张，"灯照着你，主持人在边上问着你，跟平时做饭可大不一样"。不过最终张晓林顺利夺魁，并随后上演了夺魁帽子戏法。

张晓林记得，国安俱乐部老总罗宁曾说过一句话："球队永远争第一，我们的伙食也要争第一。"

这些年来，厨师团队基本没什么变动，包括炒菜厨师、面点厨师等。不过，餐厅地址倒是一变再变。从最开始的小白楼，挪到了大井，又到了丰台。后来小白楼拆了，才定在了工体一楼。"铁打的营盘流水的兵"，有人称，张晓林和双印是国安队中最熟悉的面孔，两个人"合力"送走了不知多少批队员和教练。

相比之下，张晓林说他对老国安的印象更深刻一些，"他们确实有特点，从踢球到生活"。

至于教练，他印象比较深的是李章洙和沈祥福。"李章洙做的一切都是为了球队好，沈祥福所做的一切都是为了大家好。"张晓林说。

2012赛季，河南建业降级，沈祥福哭了。张晓林心里也很难受，"毕竟我们在一起待过很多年了"。

耳濡目染，干了这么多年，张晓林对运动员成才也有自己的观点，他认为需要三个条件：第一是正确的选材，第二是科学的训练，第三是合理的运动营养。

"我就支配着三分之一，你说我这身上的担子多重。"张晓林打了个比方，"比如徐亮吃了餐厅的饭菜拉肚子了，球迷就会问徐亮怎么没上，到时候北京市人民甚至全国人民都知道了，那我得担多大责任"。

好在，近20年来，张晓林没出过差错。

双手

前些天，周宁回了趟国安，在餐厅吃饭的时候，他对张晓林说："张哥，还是这味儿。"

"南方上周也来了，刚吃一口就赞，'还是那么香'。"每每听到这些吃"回头饭"的熟人的夸奖，张晓林就开心得不得了。他说，去过天津的吕军、田野，从鲁能回来的邓乐军，他们都说还是自家的饭好吃。

不光自家人夸，大连、辽宁、青岛，包括一些乙级球队经常来国安的基地训练，他们对国安的饭菜也是交口称赞，尤其对牛排、大虾之类的，念念不忘。

国安并非钟鸣鼎食之家，所用的材料也非特供食材。口味如此出众，全靠张晓林巧手一双。

教练、球员天南海北，张晓林坦言，鲁川苏粤、徽浙闽湘，都得会上一手。

国安的菜单上，各地的风味小吃一应俱全，比如卤煮火烧、羊肉泡馍、肉夹馍、羊蝎子……

"这些都得会。"张晓林说。

张晓林说，最麻烦的是做面条，有时候半个月不吃，老北京的队员就该喊了，"最早是杜文辉，只要是北京籍的都好这口儿"。

看似简单的面条其实最耗时间，"你得炸酱，炖牛肉，有爱吃牛肉面的，有清真的，得做羊肉汆，有爱吃西红柿鸡蛋面的，有的还点名要茄子卤，另外主食、米饭、烙饼都必不可少"。

外教的口味最难把握，好在张晓林心思缜密。

老彼得在时，偏爱三明治。"他们那边吃饭简单，你给他一张烙饼，烤一块羊肉，再给他切两刀西红柿，他就非常高兴了。你要弄中餐，给他炒好几个菜放这儿，他还不见得爱吃。"李章洙来了，他就准备韩国泡菜。

在菜品的创新上，张晓林也是挖空心思，有时会根据原材料的新鲜程度，适当地做一些口味的变化，"今天炖牛肉，明天就得炒辣椒，后天红烧、咖喱啊什么的，不能一个礼拜天天土豆炖牛肉"。

2009赛季国安夺冠那晚，张晓林跟平常一样，按照习惯做饭烧菜，比赛前吃什么，当天吃什么，都没有特别。

三楼

在张晓林门口的书柜里，摆放着的是一些有关营养科学的书，"这是张路送给我的，没事我也看看"。其实早在2005年，他就考到了"国家营养师专业证书"。

平时回到宿舍，张晓林就会沏上一壶茶，点上一根香烟，打开电脑看看菜单，"你看这道虾球油菜，这个油菜选得就不合理，我可以把它改一改，就是道好菜了"。

有时，张晓林也会了解一下国外俱乐部的伙食。他说："中超这么多俱乐部，国安的伙食不是第一，也是第二。但是和外国的饮食科学还是有一定差距，还要学习。"

当问及国安队中谁的饭量比较大的时候，张晓林给出的答案是："都差不多。"

"他们想多吃，可是不敢多吃，怕长肉，长肉之后还得减肥。每场比赛两三天之前，都得去双大夫那儿称体重。我有时候也想让球员多吃点，他们说，不敢吃啊。今年冬训回来以后又黑又瘦，确实挺心疼他们的。"

张晓林的家在北四环，并不算远，"比较闲的时候一周能回一次家吧"。但实际情况却是一年到头，几乎是逢年过节方能回趟家。"现在不像原来就一个队，礼拜一比赛礼拜五走了，现在周末还有预备队，我们就还得做。"

张晓林说回家也不是不可以，但可能回去了就会耽误工作。

效力国安这些年，张晓林也很感慨："你看徐云龙、杨璞刚来的时候还是小孩儿呢，现在杨璞都退役了。"

张晓林从没想过离开国安，因为他觉得离退休还早，"还有劲儿，你喜欢的事，你就绝对能把它干好了"。

2012赛季结束后，帕切科在新闻发布会上曾说，国安拿第三完全是队员拼搏努力的结果，也有司机、厨师的功劳。

"听到帕切科这话，我觉得挺欣慰的，又一年没白干。"张晓林说。

张晓林的宿舍，在工体三楼，上楼一拐弯就到了，透过门口的窗户，能看到工体的一片草地。

必答题

《新京报》：你干过的最爷们的事？
张晓林：没有。

《新京报》：国安队中，谁最爷们？
张晓林：都很爷们。

沈祥福
优缺点都是"认真"

"如果是在一个关系复杂、什么鸟都有的机关办公室里，沈祥福一定是那个最想左右逢源的小科员，可以为每个人服务，对每个人都笑脸相迎，但最后，在'组织生活'的个人评议中，自己却背上了个没有主见的骂名。"这是国奥无缘雅典奥运会之后，某媒体对主教练沈祥福的评价，虽有几分表面的准确，但是在表达上未免过于刻薄。

父亲给沈祥福留下的精神遗产是：认真、负责、以心换心。"好人"沈祥福，他的举止行为，其实诠释的就是这 8 个字。

红牌

沈祥福天生好脾气，踢球十几年从未吃过牌，他却在公派旅日期间，因踢了一位日本球员一脚而吃到人生的第一张红牌。他说，那张牌很值。因为踢那一脚时，很有快感。

20 世纪 50 年代生人，对笼罩着这个国家的饥饿大都有着深刻的体验。生于 1957 年的沈祥福也不例外，但在他眼里，足球甚至比食物更重要。

1964 年，白面馒头对老百姓来说绝对是珍稀物品，沈祥福却拿白面馒头换踢球的机会。"一块儿玩的大孩子不让我上场，我就跑回家，拿几个白面馒头'贿赂'他们。"沈祥福说。于是，他获得了上场机会。

那年沈祥福 7 岁，父亲是高级技工，每月能挣 100 多元，这在当时是高收入。11 岁那年，父亲猝然去世，沈家陷入窘境，沈祥福曾有过去建筑公司当学徒工的想法。顶班是当时最常规的做法，但他和母亲商量后，坚持踢球。由于家境急转直下，他想买一双 7 元 5 角钱的球鞋，母亲足足攒了半年，拿到球鞋后，母子二人抱头大哭。

沈祥福有耐心，有毅力，在北京八中读书时，拿过 1500 米冠军。他更喜欢足球场，在北京队和国家队，他是著名的"金左脚"。即便在米卢执教时，身为助教的沈祥福，左脚脚法在队中也数一数二，米卢还开玩笑说"不如派你上场踢比赛吧"。2005 年，执教国安的沈祥福还能像小罗那样打中球门横梁。

沈祥福的球员生涯很成功，但也有缺憾，1982 年和 1986 年两届世界杯预选赛，他都未能帮助中国队打入决赛圈，"没能以球员身份参加世界杯，应该是我最大的遗憾"。

1988 年，沈祥福被中国足协派往日本深造，他在富士通俱乐部待了 8 年，先踢球，后转为教练。沈祥福说："你信不信，当年我见了生人就

○ **2006 年 8 月 19 日，沈祥福率领北京国安在丰体适应场地，备战中超联赛。当年年底，国安请来了韩国人李章洙，沈祥福再次下课。他两次接手，国安都处于非常时期。图 /Osports**

脸红，有领导断言我成不了一个教练，最后……我成了。"

回忆东游，沈祥福强调说，他没有给国人丢脸："我作为富士通队员，在外籍优秀球员众多的乙级联赛中，曾两次入选最佳阵容；身为富士通教练员，在日本的足球队中，我是唯一担任主教练的中国人。为此，我感到光荣和自豪。"

1996 年，沈祥福回国，他在自传中说，离开日本的一个原因是：不能忍受某些日本队员骨子里的狭隘。

在日本乙级联赛踢球时，一向老实的沈祥福曾与人发生冲突，吃了一张红牌，被罚下场。那是因为一名日本球员瞧不起中国人，嘴里不干

○ 1983 年 6 月，沃特福德访华，5 比 1 大胜中国
国家队，沈祥福未能进球，但他很受沃特福德主教
练格拉汉姆·泰勒（左）的青睐。图 /Osports

不净, 惹恼了沈祥福。"我觉得血一个劲地往上撞, 我放弃了追球, 转身走到那家伙面前, 抬起脚重重踢在他身上, 裁判跑过来向我出示了红牌。"沈祥福回忆说。

"好人"为此偶尔当了回"坏人"。

在此之前, 沈祥福已踢了十几年球, 从没得过红、黄牌, 因为打人, 他破了戒, "踢了这家伙, 打破了我从小没有红、黄牌的纪录, 可我觉得这第一张红牌很值得, 那一脚踢到他时, 很有快感"。

挑战

身为北京人, 打小就为北京踢球, 沈祥福两次成为国安教练, 担任助理教练两年, 担任主教练四年。每次受命执掌国安, 都是国安低谷之时, 面对挑战, 他交出的答卷相当不赖。沈祥福由此不再是北京国安的过客, 而是国安队史上的重要人物。

1996 年, 沈祥福担任国安助教, 为金志扬打下手。刚刚拿到联赛亚军的国安"暗流涌动", 高峰、曹限东、高洪波、谢峰、杨晨等人先后离开, 球队元气大伤。

1998 年, 沈祥福接过了金志扬手中的枪。用球员徐阳的话说, 那是国安最难的一年, "老队员走的走, 退的退, 到最后联赛报名时仅剩下18 个人"。著名的"18 棵青松"正来源于此。

形势艰难, 沈祥福竟然成功了。1998 年初, 沈祥福执教的国安处女战让人大吃一惊, 超霸杯以少胜多击败不可一世的大连万达。"这是我执教国安过程中赢得最爽的一场比赛。"如今, 回忆起来, 沈祥福仍美滋滋的。

整个赛季, 沈祥福对新人的大胆起用获得成效, 加上"三杆洋枪"的配合, 最终国安赢得1998 年甲 A 联赛季军, 沈祥福对此感到满意, "当时形势困难, 应该说我尽了最大努力"。

1999 年, "三杆洋枪"威力下降, 球队成绩下滑, 虽然闯进足协杯决赛, 但联赛排名第 6。"和前一年相比, 我们的人员齐整了, 但青年化严重, 一些孩子都没参加过成年人比赛, 直接就来踢甲 A, 当然不行, 所以我们的成绩也有所下降。"沈祥福如此解释。

当年桑特拉奇率山东鲁能夺得双冠, 2000年, 多支球队聘请前南（前南斯拉夫）教练, 国安请来了前南青年队主教练乔里奇, 沈祥福卸任。

但沈祥福的国安缘还没结束, 时隔 5 年, 他再次出任国安主帅。当时, 国安依然尴尬, 中超元年只拿到第爱国名, "罢赛"风波一度使俱乐部走到退出中国足坛的边缘, 周宁、南方、韩旭先后离去让人员配置捉襟见肘。

根据球队的实际情况, 沈祥福改变了国安的打法, 扭转了不利局面。2005 年, 他带国安取得中超联赛第 6 名, 2006 年获得季军, 成绩大幅提升。《当代北京足球史话》一书对沈祥福评价极高, 认为他对陶伟、杨智等人的重用, 为几年后国安首获冠军做足了人才储备。

2006 年末, 李章洙来了, 沈祥福再次离开国安。时任国安总经理李小明向沈祥福表示感谢: "俱乐部对这样的成绩感到相当满意。"沈祥福自己觉得也还可以: "我带队取得的成绩, 与俱乐部的投入、真实的实力是相匹配的。"

主帅交接仪式上, 沈祥福不仅预祝李章洙取得好成绩, 同时还交给继任者三件宝贝: 一是自己执教期间所用的秒表; 二是代表主教练身份的钥匙; 三是 2006 赛季的工作总结。

或许是用情太深, 执掌他队的沈祥福曾连续对国安不胜。无论执教广州医药, 还是长春亚泰, 沈祥福均无力改写对阵国安的颓势。8 场比赛 6 负 2 平。直到 2011 年 9 月, 他才摆脱了对旧主连续不胜的尴尬。

国奥

沈祥福两度执教国安的间隙为 5 年，这 5 年间，他经历了天上人间的洗礼。

1999 年底，沈祥福执掌国青。他至今仍记得这支队伍第一次集训时的情景："那天队里发球鞋，很多队员生平第一次穿上正牌的阿迪比赛鞋，他们的样子很幸福，高明晚上是抱着鞋睡觉的，还有的队员是穿着鞋睡觉的，他们好多人失眠了。"

正是这群没见过世面的孩子，让沈祥福声名鹊起。2000 年亚青赛，沈家军击败韩国队，结束恐韩症，随后点球大战杀退伊朗，中国国青夺得亚洲季军。2001 年，沈家军在香港击败有"白金一代"之称的阿根廷国青队，被国内媒体冠以"超白金一代"的称号，这也是中国足球所获的最高赞誉，与之媲美的仅有获得世界杯亚军的中国女足的外号"铿锵玫瑰"。

同年，阿根廷世青赛，沈家军更是成为中国足坛罕见的正面教材，曲波、安琦、杜威、徐亮等人登上舞台，沈祥福也迅速成为新一代教练的杰出代表，他是国青和国奥的主帅，还是米卢领衔的中国国家队中方教练组组长。在一场中日青年对抗赛取胜后，有球迷给沈祥福大写赞诗："谁说中国不出帅才？谁说祥子不够气派？"

沈祥福强调，他和这批生于 1981 年的球员有共同之处："我们都属鸡，我比这帮队员正好大两轮。在这个队我不仅是个教练，还兼具父亲、家长、老师三重身份。"

当年的孩子逐渐成了大腕，开豪车，住别墅，接拍广告，抱着阿迪鞋不松手早已成为往事。不过，沈祥福一直避谈"超白金"三个字，但他也承认，这支队伍当时已没有退路。时任中国足协专职副主席的阎世铎表态说："国青队要什么给什么，目标就是雅典奥运会。"

即使如日中天，沈祥福也能感觉到与对手的差距。2000 年，带国青在青岛打日本，根本抢不到球，沈祥福说他"真想钻地缝里去"。正如他所担忧的那样，由国青升格的国奥队，土伦杯折戟小组赛，亚运会不敌日本。2003 年，经过昆明红塔基地 100 多天的空前圈养后，沈家军急剧陨落，最终无缘雅典奥运会。

批评劈头盖脸而来，沈祥福的排兵布阵、魔鬼训练都受到质疑，固执、中庸、守旧、妥协、缺乏变通创新和抗争精神——他的性格更被认为是导致出局的最大原因。

一位球迷批评说："沈祥福谨小慎微、事无巨细事必躬亲、苛求小细节忽略大方向、固执敏感、脆弱多疑的性格，让 2004 国奥队成为史上最无个性的一支球队。"

无缘雅典，沈祥福写了三份总结，一份上交领导，一份给了媒体，第三份是纯技战术分析，留给了自己。他说："从最终的成绩来看，我确实犯了一些错误。这些责任我不会推卸，有错误就必须主动面对，这样才能提高。当时在国奥队的发展思路上并没有错，但具体的执行过程中出现了一些偏差，比如训练、生活的安排等。"

父训

时代变迁，白馒头不再稀缺，胶鞋早就被名牌取代，但沈祥福还是那个沈祥福。父亲给沈祥福留下的精神遗产是：认真、负责、以心换心。这一思想贯穿了沈祥福的球员生涯，也绵延了他全部的执教历程。

沈祥福思想单纯，除足球业务，对社会上发生的事情很少关注。谈到一些社会问题，他常常会感到惊讶："还有这样的事？"2005 年，安琦惹出"拉链门"事件，媒体报道铺天盖地，但沈祥福就是不信，"我带过安琦，知道他是什么样的孩子，他不可能干出这种事"。

有球迷给沈祥福写信，称自己父母双亡，生活艰苦，沈祥福当即就寄钱过去。有人提醒他当心受骗，沈祥福反问道："有谁会拿自己的父母开玩笑？"

1998年，沈祥福出了自传《圆梦·圆情》，主要讲述球员生涯的故事，书中多见励志警句，比如，"能够战胜困难的人是强者，能够战胜敌人的人是英雄，能够战胜自我的人是最令人敬佩的"。后来，他把这本书的3万元钱稿费捐给了希望工程。

北京国安俱乐部的工作人员透露，每到交党费时，沈祥福都主动致电相关负责人，"党费我已经准备好了，什么时候给您送过去？"不论国青队、国奥队还是俱乐部队，沈祥福常挂在嘴边的一句话是"服从组织安排"。2004年3月20日，国奥在武汉被马来西亚1比1逼平，基本无缘雅典奥运会，沈祥福在赛后新闻发布会上的第一句话依然是"感谢领导"。

沈祥福说他很了解自己，"我只会做我该做的事。我在国家队给米卢当助手时该干什么，在国奥队当主教练时该干什么，回国安当教练时该干什么，我都很清楚"。

执教国安期间，沈祥福常骑自行车上下班，让开着豪车的队员很不好意思。一同共事过的唐鹏举说："沈祥福对足球之外的东西要求很低，无非是一张床、两套衣服、三顿饭。"

有一次带国安打客场，接待车有块玻璃碎了，怕球员感冒，沈祥福抢着坐吹冷风的位子，结果他自己感冒了。执教广药时，沈祥福怒踢后卫王小诗，引起轩然大波。在呵护队员和严格要求队员方面，沈祥福说两者并不冲突，场上场下两码事。"沈指导在场下非常随和，但在球场上非常严格，绝对一板一眼。"一位国安俱乐部的工作人员说。

有人说，沈祥福的优点是对工作认真，缺点是对工作太认真。2002年，担任国奥主帅的他拟定了29人集训名单，中国足协却公布了31人，圈内人都知道多出来的那两个人是怎么回事，但沈祥福大为光火，即使有人点拨，他依然不买

账："我绝不会让这样的人出场比赛！"

人人都说他是"好人"，沈祥福并不觉得奇怪，"我想这是大家对我为人处世的认可吧"。

必答题

《新京报》：你干过的最爷们的事？

沈祥福：要是说最爷们的事，我在日本踢球时，因为有人侮辱中国人，我冲上去和别人打架，这件事好像说起来还挺爷们的，比较有志气，这也是很有尊严的一件事。

《新京报》：除了你，国安队中谁最爷们？

沈祥福：我的回答可能有点不对路，我最崇拜的国内球员是容志行，他是我学习的榜样。在教练这方面，我最尊敬的是年维泗。

杜文辉
为祥子与球迷对骂

帕切科来国安时，杜文辉正好离开国安，不过，葡萄牙人对这个北京小伙子还是有印象，"他头发很长"。

当然，在效力国安的日子里，杜文辉并不只头发长这一个特点：他曾连续 4 场比赛进球，为队友争取到百万奖金；他也曾与球迷对骂，只为帮恩师沈祥福出头……

在球迷眼中，杜文辉亦正亦邪；在老婆眼中，杜文辉有点"二"。

○ 曾经一头长发的杜文辉，在球迷眼里亦正亦邪。如今，他留给北京球迷的唯有一份淡淡的念想。新京报社记者 吴江／摄

○ 2006 年 10 月 15 日，中超联赛第 29 轮，凭借杜文辉的点球，北京国安主场 1 比 0 战胜长春亚泰。那场比赛，杜文辉成了丰体的大英雄。图 /Osports

四

23 号和 9 号，这是杜文辉在国安穿过的两个号码。但是，真正让他成名的还是"4"这个数字。

2006 赛季末段，杜文辉连续 4 场比赛打进 4 球，一时风头无两。尤其是在 10 月 15 日主场与长春亚泰的比赛中，第 68 分钟，杜文辉顶住压力罚进了一个点球，带领球队获胜。

当时，闫相闯制造点球，球队头号点球手陶伟已经下场。周挺原本想去罚这个点球，但杜文辉和他商量后决定由他自己来罚。"整个丰台体育场气氛特别紧张，我知道会有人想，你都连续三场进球了，怎么可能点儿那么正，还能进？再说那么多老队员都在，凭什么你罚？我就这样，越有挑战的事情我越要做。"

点球进了，比赛赢了，全场球迷喊着杜文辉的名字。

在爆发之前，杜文辉曾因为在一场比赛中表现不好被下放到二队。那段时间，杜文辉刻苦训练，并在 6 场教学赛中打进 6 球，重新征服了俱乐部和教练组。

对于国安球迷来说，他们记住杜文辉，不仅因为这个四连发，还因为他曾与他们对骂。

还是 2006 年，在国安主场对实德的比赛中，杜文辉下半时登场，出现了几次失误后，国安球迷开始嘘他，杜文辉一直强压着心中的火气。但球迷喊起"沈祥福下课"时，他爆发了，他跟看台上的球迷对骂了起来。

杜文辉说："他们骂我，我还能忍，但是他们喊沈指导下课我就不能忍了。"

杜文辉说，沈祥福是他一辈子都感激的恩师，绝不允许有人如此攻击他。

沈祥福器重杜文辉，李章洙同样如此。

2007 年，杜文辉首次入选国家队，回到俱乐部后有些"飘"，认为自己理应受到重用。但是李章洙通过训练，认为他的状态并不理想，将他放在替补席上。

"那时候特别不能理解，怎么刚从国家队回来就给摁板凳上了。每天跟老李较劲，他迎面走过来，我就仰着头过去，根本不和他打招呼。现在想想真挺幼稚的，好在老李不记仇，后来我状态好又用我了。"杜文辉说。

杜文辉后来和李章洙的关系相当和谐，平时在队里，他和闫相闯经常与李章洙摔跤，不过韩国铁帅实力很强，他们摔不过，多数时候只能选择逃跑。有一次，李章洙洗完澡发现衣服不见了，他第一反应是杜文辉把衣服藏起来了，就气冲冲去找他算账，结果杜文辉根本就不知道怎么回事。老李又去找平时摔跤的对手闫相闯，结果也不是闫相闯拿的。后来衣服找到了，但到底是谁藏的，到现在仍是个谜。

三

杜文辉清楚地记得，他在国安经历过三段灰暗的日子。

1999 年，在国安三队的杜文辉与邵佳一、崔威、王硕去德国法兰克福俱乐部培训，跟着 15 岁的球队训练。

"当时人家看我们这身材，都觉得我们不像踢球的，最开始连球衣都没给我们准备，以为我们是来看比赛的，特尴尬。有一次踢个热身赛，最后几分钟让我上去试试，10 分钟进了仨，帮助球队反超了比分，这之后，才受到重视了。"在当地杯赛中，杜文辉帮助法兰克福青年队打了 6 场比赛，进了 9 球，在射手榜上位列第 2。

培训结束后，俱乐部有意留下杜文辉，但是一个人在外的日子太苦了，每天都想回家的他放弃了这次留洋机会。

回到国内后，他被选入高洪波带领的国青队。"当时觉得在德国踢得特别好，回来之后压力很大，就觉着应该比别人水平都高，可是怎么都找不到感觉。"回到国安三队后，糟糕的状态依然延续，"落差太大了，第一次心里这么难受，急得直哭，跟赵（旭东）导说不想踢了。"

赵旭东的安抚，加上杜文辉不想让父亲失望，他苦苦熬过了人生第一段灰暗的日子。

2002 年—2004 年，受伤、教练不重视等各种原因，杜文辉几乎没有比赛可打。

其实早在 2001 年的时候，17 岁的杜文辉就代表国安上演了联赛处子秀。当时国安的对手是山东，教练让替补上场的杜文辉有机会就射门，结果上去没 5 分钟，他就鼻血直流。原来，在一次机会出现时，他与邵佳一同时出脚，结果后者一脚踢到了他的鼻子上。

随后的几年，杜文辉出场机会不多，2002 年基本上是看客，2003 年踢了七八场，2004 年则只踢了 30 分钟。

"这几年里，觉得朋友格外重要，他们陪着我挺过了这段最难的日子。有些人，在你红了的时候接近你，那是看重你的名声；有些人，在你低谷的时候陪伴你，这才是真心的。"

2006 年杜文辉是末段爆发，2008 年他则是开局神勇。"亚冠 2 轮，联赛第 1 轮，3 场比赛进了 4 个球，感觉特别好，结果训练时候脚崴了"。

那段时间，杜文辉的爸爸心脏出了问题，手术前，杜文辉陪了两天两夜，没有睡觉。结果，一直替爸爸担心的杜文辉训练中踩到一个坑里扭伤了脚，不得不手术治疗，歇了半年。等到 2009 年恢复状态时，他又不幸再次受伤：内侧副韧带撕裂。

杜文辉很难再笑对这一切，"会跟朋友跑到夜店里去，发泄一下情绪"。

那个时候，在工体的酒吧一条街很容易就能碰到杜文辉，被球迷偶遇的次数太多，他还得名"夜店辉"。杜文辉并不否认这段历史："确实有过那么一阵子，在自己比较低谷的时候。但是我有球踢了就基本不会去了，没有一个想踢好球的人，会在能踢上主力的时候流连夜店。"

这是他的第三段灰暗的日子。

四

"她觉得我有点二。"

杜文辉描述后来当了他老婆的那个女子初次见到他时的印象。

2011 年，杜文辉在微博上晒了结婚证，不

少球迷大呼惊奇，这么一个"浪子"形象的杜文辉，究竟什么人才能 hold 住他？"说实话我挺佩服她的，我属于特别感情用事型的，好多事儿都不经大脑，但是她会帮我分析很多东西，让我成熟了不少。"杜文辉说。

从小在运动队长大的杜文辉，毫无城府。他是高峰的球迷，1995 年那会儿，场场必到先农坛。

在宣武体校的时候，可以近距离免费看球，杜文辉当球童，天天想着和高峰合影。杜文辉的小舅在先农坛里做事，他"走后门"看国安训练，天天去扒铁丝网，高峰每一个动作他都喜欢。小学时，杜文辉买了一件国安球衣，印了 11 号，白天上学穿着，晚上睡觉恨不得也穿着。

小时候，杜文辉拿过一个比赛的全国最佳射手，奖品是一个本子。他就拿着这个本子找南方、李洪政、胡建平、韩旭签名。他找谢朝阳签，结果被拒绝了。后来，杜文辉和谢朝阳住一屋，说起这事，谢朝阳直摇头。

要完球星们的签名后，杜文辉从来没想到以后能认识他们，能在一张桌子上吃饭，能在一个球场上踢球，以至于后来大家成为队友后，"我就觉得没什么了"。

长大后，由于歌声和长相俱佳，朋友建议杜文辉去混娱乐圈。"自己平时唱唱行，真让我去混娱乐圈可不行，没那么圆滑。做生意就更不行了，非被人坑死不可。我也就踢踢球，别的还真干不了。"杜文辉说，《中国好声音》他经常看，自己没事儿还通过"唱吧"手机软件发微博上秀一下，"我喜欢草根金志文，唱得真好。其他好多我觉得唱得还不如我呢。"

杜文辉的两条胳膊上都有半臂义身。"图画

的寓意，通俗点儿就是防小人的。我这性格直来直去的，容易招小人，能防点儿是点儿呗。"杜文辉解释，自己的性格太大大咧咧，什么时候把谁得罪了，自己都察觉不到。"我嘴上不饶人，其实心挺软的。"杜文辉说从来没去害过谁，但经常挤对别人。比如给闫相闯起名"傻根儿"，说他长得像王宝强；比如形容长得不好看的姑娘，他说"把脸挡上还行"。

杜文辉到底有多么直肠子，看他玩儿《三国杀》就知道。"我就喜欢两个人对着杀，不喜欢好多人各种角色，还得猜，怪麻烦。我爱用黄盖，抓着好牌直接弄死你，最讨厌华佗，一会儿加个血一会儿加个血，烦死了。"杜文辉说。

———

90岁的杜文辉躺在床上，闫相闯说："想去先农坛看球吗？"杜文辉说："眼睛看不见了。"闫相闯说："要不去找高峰要个签名？"杜文辉说："走不动道儿了。"闫相闯说："现在的球员，都不知道中超第一个自由转会的球员是谁了。"杜文辉翻身下床："走，让我去告诉他们是谁。"

这是最近网络上流行的90岁体。那么，你现在知道中超第一个自由转会的球员是谁了吧。

是的，杜文辉。

2011年初，杜文辉以自由球员的身份离开北京国安加盟江苏舜天，开始了"南漂"生涯。南京和北京虽然只是一字之差，但对于杜文辉来说，却是天壤之别。

离开北京后，杜文辉有种"一夜长大"的感觉。

在北京，再艰难的时刻，有亲友的陪伴都能熬过去。然而在南京，他无依无靠，一切只能靠自己。提到南京的生活时，他会像个委屈的小孩子，低着头说："这里没有朋友。"

杜文辉是带着远大抱负和雄心壮志离开北京的，他曾发誓要在一年内重返国足，但是现在，在达纳拉赫和耶夫蒂奇的夹击下，他更多只能作为替补出现在球队的大名单中。即便坐穿板凳，杜文辉也没有像曾经与李章洙对峙那般不理智，而是每天尽最大努力训练。

一次训练中，主力球员们练任意球，舜天主教练德拉甘知道杜文辉的任意球技术不错，把他从正在进行其他训练的替补队员中叫过来，帮助主力们练任意球。

"当时我没什么情绪，让我去就去呗。这要是搁几年前，我才不过去呢，又不让我打主力，凭什么让我帮他们练。"杜文辉说。

杜文辉承认，年轻时脾气非常倔，而离开家这两年让他意识到，作为一个背井离乡的"南漂"，耍性子闹脾气对他没有任何帮助，他唯一能做的就是通过自己的努力获得认可。

现在，杜文辉虽然还不能完全做到毫无怨言，但他学会了用更理智的方法，与主教练多多沟通，"我会主动找他（德拉甘），表明我的想法"。

独自一人在南京，杜文辉真的长大了。

必答题

《新京报》：你干过的最爷们的事？

杜文辉：一个是我在自己不是特有钱的时候，省吃俭用给我爸买了辆车。还一个就是结婚，结婚是需要挺大勇气的。

《新京报》：除了你，国安队中谁最爷们？

杜文辉：四哥王长庆，心态真是太好了。无论教练怎么不器重他，他都毫无怨言努力训练，每天过得还特高兴。只要一有出场机会，就表现得特别好，绝对让人眼前一亮。

吕军
下黑脚还能不吃牌

2012 年的北京之冬，嘴唇变得干裂的时候，吕军对记者讲述，那是一个普通少年实现足球梦的故事。他 1980 年进入北京市少年队，8 年后进一线队；作为队友眼中的"黑哥"，他两次在球场上拼到头破血流，不下火线；从 1992 年到现在已 20 年，一直是国安的一员，他是俱乐部成立至今的见证人。

○ 1997 年 7 月 13 日，甲 A 联赛第 9 轮，北京国安 1 比 5 不敌大连万达，司职后卫的吕军（左）屡次把对手放倒。图 /Osports

铁卫

和如今足校动辄一年几万的昂贵学费相比，20 世纪 80 年代的普通中国少年更有机会实现自己的足球梦。在那个"吃个鸡蛋都不容易"的年代，小吕军和体育结缘纯属巧合，"踢球是小时候的兴趣爱好，当时没想那么多"。

他生于北京普通家庭，祖上没有人吃过专业体育这碗饭。上小学三年级时，吕军加入了他所在的西城区大禹村小学足球队。后来，西城区体校挑人，他跟后来的国安队友曹限东一并入选，同批的还有后来去了四川队的赵磊以及入选过北京少年队的翟彪、毕胜等人。

进入体校后，他先后参加过萌芽杯和三好杯比赛。经过层层选拔后，吕军被郭瑞龙教练选进北京队少年队。"我上初二时吃上了专业队这

碗饭，当时就开始算工龄了。"据吕军回忆，他们那会儿必须拥有北京市户口，才能代表北京队打比赛。

"他球风硬朗，比较擅长后腰、后卫两个位置，别看挺瘦弱的个儿，脚头狠着哪。"年近 70 岁的国安资深球迷李水清对当年的吕军至今仍有印象。

吕军说，踢后卫起初是体校老师给安排的，以后就一直踢下来了，"我青少年时候也踢过前锋，后来从自身感觉、灵气来说，我对后卫的角色理解更深一些"。在那个物质相对匮乏的年代，踢球体能消耗大，训练在先农坛土场进行，强度很大，而小吕军的身体又不太好，他母亲一度比较担心。"那时候 8 个人住一个房间，没有空调、彩电，电扇都很少见。"吕军说，当时"女排精神"给了他很大的震动，"张蓉芳（女排名将）有句

○ **2009 年 10 月 24 日，中超联赛倒数第 2 轮，国安客场 2 比 1 胜大连实德，离冠军只差一步。当时，吕军以国安助理教练兼领队的身份亮相。** 图 / Osports

话叫'身体不足，头脑弥补'，给我印象挺深。我从那时起就养成了爱动脑、爱钻研的特点。"

1987 年全运会，老北京队进行调整，吕军有机会进一线队。他回忆，当时球队已有了赞助，"有神州、万宝等一些品牌。"1992 年，国安也以赞助的形式介入北京队。从 1994 年—1998 年，吕军经历了老国安的辉煌时代，两夺足协杯冠军。值得一提的是，他在 1995 年与阿森纳的友谊赛中打入一记 40 米开外的"天外飞仙"，帮助国安 2 比 1 取胜。

"那个球，我到现在都说是蒙的。当时是联赛期间打这么一支世界知名球队，我们既荣幸但也没有惧怕。在北京工体，我们想比试比试，就是输也要让你使出点真本事来。"吕军笑着说，再让他踢，就算没人抢，打 10 脚都进不了两个。

2009 年国安首夺中超冠军，吕军说他终生难忘："如履薄冰，纯属走钢丝。"李章洙下课后，集团董事会把夺冠重任交给了以洪元硕为首的中方教练组，吕军则担任领队兼助理教练。那时联赛还剩 7 轮，国安排第 2，落后河南队，面临着 5 个客场 2 个主场，"对手不是保级就是争冠球队，难度相当大"。从当年 9 月 17 日接任，到联赛结束 40 多天，吕军回想起来仍感到脊背发凉，"那真是没日没夜的工作，7 场球，每一分都至关重要，每场比赛都非常关键"。

"应该说，我们没有白付出。"在国安俱乐部三楼，在吕军的激情讲述中，他桌上茶壶里冒出的丝丝白气，仿佛让人看到了那个硝烟弥漫的争冠大战。

转型

1990 年，吕军走到人生的岔路口：继续踢球还是上大学？他选择听从命运的安排。

那年，吕军和三四个队友作为足球特招生，报考了北京工业大学，并参加了全国统一高考，结果都考上了。吕军选择的专业是当时热门的国际贸易系，有着不错的发展前景，这对从小爱学习的他来说，或许是一个明智的选择。吕军考上大学的消息让一家人着实兴奋了一阵，他有望成为家族中的第一个大学生。"当时我是北京八中的学生，学习成绩比较优秀，如果走上学这条路，那我的足球专长就没用了。"吕军说。

时任北京队主教练唐鹏举知道后，不同意吕军上大学，认为他踢球更有出路，球队也更需要他。犹如兜头一盆冷水，吕军的大学梦破灭了。

当时另一名考上大学的队友叫于亚文，报考前已因伤决定退役。他大学毕业后走上了与吕军完全不同的道路。"听说我的这个同学，现在是中国银行的一名高管。"吕军说。

"你没后悔过吗？"面对提问，吕军沉吟了一下，"呃……这应该说是命运的安排。我当时算是体委的工作人员，一切要听从组织安排，不能凭个人意愿去决定。"很多时候，个体在宏大的历史背景下微不足道。

吕军补充说："我坚持下来了，赶上了足球职业化改革，国安足球的辉煌年代也赶上了，所以说没有后悔和遗憾。"

从小到大，吕军的一大爱好是看书。"不一定是名著，我什么书都看。"他说，读书能使人安静，借鉴他人智慧，开阔自身眼界。他印象最深的一本书是台湾作家席慕蓉的《心灵的鸡汤》，书中蕴含人生哲理的小品文让他爱不释手。和历史有关的书籍也是吕军的大爱，《明朝那些事儿》、《大清帝国》等畅销书他都追着看过。

"老实讲，我现在看的书不多，好长时间没有完整地看过一本书了。"从2010年底至今，吕军担任国安俱乐部总经理助理，要参与经营管理方面的事务。吕军说："这是个新角色，跟踢球相比，差别很大，现在更多的是一种商务行为，需要不断地学习和补充，包括法规、法律这块也要了解，要与方方面面的人打交道，以前当运动员、教练员要单纯许多。"

吕军说，他在这份工作中的行为代表着国安，一切要以俱乐部的荣誉为重："说实在话，我也上过一些当，吃了一些亏，对人性的认识更加深刻一些。过去踢球还是简单一些，但商业行为不一样，这里面有很多陷阱和骗局。"

好在从踢球到后来转行，吕军一直喜欢交朋友，开朗直爽的性格让他交到了社会各界不少朋友，"我喜欢和人沟通、聊天，现在年龄大了，对家庭的照顾多了一些"。

"退居二线"后，吕军说自己多少有些失落，"毕竟搞了这么多年运动"。他业余时间还是闲不住，逮住机会就踢上两脚球，老男孩比赛当然少不了他。

讲师

"足球斗智不斗力，在我看来，这比数理化难多了。"说这话的是拿到中国足协讲师证的吕军。

14岁离家，与小伙伴们训练吃住在一起。这名少年在此后30年中，对足球的热情就像这座城市寒冬里热烘烘的暖气片，从未降过温。

"我们那个年代，踢球的孩子都是学习不错的，学习不行不让你踢；当教练后我反而感到，好多孩子由家长带着来踢球，是因为学习不行。"吕军认为，足球项目需要非凡的智慧。人的两只脚，从生理角度来讲，只起支撑、行走的作用，不是劳动工具。"足球是圆的，你要用脚把它控好、传好、射准等，这绝对是个技术活儿，非常难。"在得知记者不会踢球后，他笑着提议，"你可以试试，最简单的颠球，看起来容易，做起来很难。"

在吕军看来，踢球要有天赋，球感、身体和头脑，缺一不可，"足球是一个系统性的工种，比如最常见的场上奔跑，他不是像刘翔那样直线跑就可以，在足球场上你还要做曲线、折线跑，要跑很多弯路"。

由于对足球规则和技战术爱琢磨的劲头，老国安球员送了他一个外号：北大解释系毕业生。"他太爱跟你讲规则了，我们都开玩笑说你是北大解释系的。"老队友徐阳笑着回忆，"你别说，有时比赛中效果还真不错，对手被他说得摸不着头脑，连裁判都被他说晕了。"

对这个外号，吕军作了"解释"："我从小是数学和体育课代表，进入运动队也喜欢学习，对足球有一些独到见解，喜欢发表意见。"

俗话说，笨鸟先飞。从小对足球这么上心，

对小吕军来说也是迫不得已，"我身体不行，身高、力量、速度统统不占优。那怎么办？你总得有点'盘歪招儿'，吓唬吓唬他们吧？"于是，他在比赛中总是喜欢给裁判做点"工作"，跟对手开点玩笑。

师傅领进门，修行在个人。吕军说，足球场上的个人"战术"，他进队时就有教练讲，但比赛中怎么运用、发扬，要队员自己去琢磨，"你干扰对方后，他心态不好，注意力分散了，势必会影响做技术动作。但他们有时候悟不到这些东西"。

2000年退役后，吕军当了6年青少年教练，培养了杨旭、于汉超、蒿俊闵等一批队员。那支队伍解散时，25个人进了职业队，剩余的都上了大学。

2006年年底，他进入国安一线队当助理教练，这期间培养了黄博文、祝一帆、张思鹏等年轻球员。2009年国安夺冠那年，他担任领队兼助理教练。

从球员到教练，吕军恪守不抽烟、不喝酒的原则，训练态度认真，比赛兢兢业业。在国安效力后期，徐云龙、杨璞、陶伟等小将都把他当老大哥看待。"当时，我尽最大所能，对年轻球员起个传帮带的作用。"吕军后来当职业教练、作为讲师授课期间，也延续着他们那个年代的传统教育，"踢球之外，要对师长尊敬，对父母孝顺，这些都不能荒废了。"

"作为教练员，我没有误人子弟。不是每个球员都能成为球星，但他一定要'成人'。"吕军说。

黑哥

"黑哥"早已淡出江湖，可江湖仍有"黑哥"的故事。

说起自己"黑哥"的名号，吕军爽朗地笑了："因为我从小长得黑，踢球那会儿风吹日晒的，就更显黑了。"除了黑黢黢的肤色，吕军的球风

那才叫一个"黑"。20世纪90年代，国内有名的前锋郝海东、小王涛、马林、范志毅、胡志军、李一兵等人，吕军全盯过。作为后卫，吕军1.76米的个头在后卫中算矮的；体重只有70公斤，力量也可想而知；此外，他接近13秒的百米速度，在追防前锋时也毫无优势。

时至今日，他仍对郝海东、高峰两人的百米速度记忆犹新："郝海东11秒34，高峰11秒40。你的对手不是国内一流前锋就是好几十万美元买来的外援，下脚必须狠啊，不然人家根本不怕你，那这球就更没法踢了。"

足球场上的一对一较量，比的不光是技术动作，还有意识和心理。在北京台录制的《"黑哥"故事》中，吕军把他的"盘歪招儿"传授给了年轻队员："看见没有，你起跳的时候挤他一下，或者用大拇指顶一下他的腰眼……看，就这样，让他失去重心。""注意啊，动作要隐蔽一点，别让全世界都看到了，那裁判肯定不会放过你。"

当初的甲A联赛，裁判判罚不像如今中超这般严格，但吕军说，这些"盘歪招儿"都在规则允许之内。"我踢球喜欢研究规则，有时候勇猛和粗鲁只是一层纸，勇猛不一定得黄牌，粗鲁必定吃牌。"吕军的理解是，勇猛需要头脑和胆识，不是光拼力气，"那样的话，弄几个举重队的上去不就行了吗？"为此，他根据不同的类型的球员，总结了全套的防守经验，对付高的有高的的办法，快的有快的的办法，而盯像彭伟国这种技术好、身体一般的球员，也得有不同办法。

后卫出身、以"下脚黑"闻名的吕军，在运动生涯却从未吃过红牌，就连黄牌也很少吃。看到记者吃惊的表情，吕军脸上掠过一丝得意："都说我黑，都说我狠，这是全国足球界公认的，但我没有得过红牌，一般人还真不知道，这一点我很自豪。"

如今中超联赛的一项规则是，球员累积4张

黄牌停赛一场。"过去是 3 黄停一场，我们那会儿两黄就要停赛。"吕军说，自己一个赛季最多也就吃过两张黄牌，"一个赛季停一场就了不得了"。

球员时代，球风勇猛的吕军总是一脸严肃，让人生出几分畏惧。让人意外的是，这位铁血后卫的微博名字却很温柔，叫做"微笑的黑哥"。他说："微笑是我现在的人生态度，运动生涯经历的风风雨雨、坎坎坷坷，包括对比赛胜负、全年联赛名次的变化的看法，以及球迷媒体对你的赞扬、误解与批评……这些都需要你用平和的心态去面对，无论多么大的困难，心情要保持良好。"吕军说，他从运动员、教练员一路走来，如今进入一个新的工作领域，这更需要以一个平和的心态去面对，"我到了这个岁数，无论是工作还是干什么，都应该保持微笑的人生态度。"

必答题

《新京报》：你干过的最爷们的事？

吕军：两次，一次在大连，一次在青岛。我在比赛中头被踢破了，简单包扎后继续比赛。头缠纱布，满脸是血，当时没意识到这么多，为保住胜果，没法换人，只能坚持。这也算是国安精神的体现吧。

《新京报》：除了你，国安队中谁最爷们？

吕军：符宾，他平常做事比较爷们。他的能力很强，但之前在河北、吉林非常压抑，大家可能只知道他在国安的辉煌和高度，而对他受的苦和冤并不知道。

杨昊
将功赎罪时哭了

因为名字中有个"昊"字，杨昊被起了个绰号——"小耗子"。

但在这个 1.76 米的"小耗子"体内却有着大能量。为了争夺球权，他在场上不惜体力，被称为"跑不死"；为了更好地激发自己的潜力，他忍痛离开待了 13 年的国安俱乐部，走上了"南漂"之路。

从一球成名到伤病缠身，从北京国安到贵州人和，他说："我会按照自己的方式将足球进行到底。"

○ **2003 年 9 月 29 日，足协杯半决赛，杨昊在加时赛中罚进金球，国安 3 比 2 绝杀沈阳金德。国安最终夺冠，杨昊也因为那一球而成名。图 /Osports**

加练

"如果你好好练了，一旦获得机会，你抓住了，就成功了。"杨昊说。

2003 年 9 月 29 日，足协杯半决赛。

加时赛第 4 分钟，国安获得任意球机会，20 岁的杨昊站在球前。"当时就是想一定要将功补过，自己苦练了那么久的任意球，一定要在关键时刻派上用场"。就在 5 分钟之前，正是杨昊在禁区内的犯规让对手沈阳金德获得了点球机会，从而将比分扳为 2 比 2 平，拖入加时赛。带着"将功补过"的心理，杨昊从恩里克和杨璞脚下"抢"来了罚球机会，他至今仍记得杨璞这位老大哥当时对他说的话——别想太多，罚不进也不要紧。

　　助跑、起脚，皮球划出一道弧线击中远门柱入网。3 比 2，杨昊的任意球直接破门宣告比赛结束，北京国安凭借这粒进球晋级决赛并最终夺冠。杨昊也一战成名，赛后甚至有媒体将他与贝克汉姆相比。

　　"那应该是我在国安印象最深刻的一场比赛了，当时还哭了。"对于杨昊来说，这场比赛不仅是一场胜利，更是对他多年努力的认可。

　　杨昊在 15 岁时便进入国安少年队，但他的先天条件并不好，速度和技术都一般。"我自己的情况我很了解，身高没优势，也很瘦弱，个人技术上不算特别突出，所以我必须另辟蹊径。"而蹊径就是体能和任意球，于是，加练成了杨昊的必修课。杨昊进步很快，后来，连体能非常出色的徐云龙都十分佩服他："我就纳闷了，那么点个儿，怎么这么能跑？"队友经常拿他的"罗圈腿"开玩笑："一看就知道你任意球踢得好，看这俩腿中间都能跑火车了。"

　　凭借体能和任意球这两项看家本领，杨昊的足球之路越走越顺。2001 年进入国安一线队，2002 年作为国青队长出征亚青赛，2003 年足协杯一战成名，2004 年坐稳国安主力。火箭般的蹿升速度，让 21 岁的杨昊有些飘飘然，"年轻嘛，赚了点儿钱，有了点儿名，就开始去个夜总会什么的，花钱变得大手大脚的"。

　　命运就像是跟杨昊开了个玩笑。就在他春风得意的时候，持续的伤病将他重新拉回现实，拉回起点，此后的几个赛季他并没有多少出场机会。但在他眼中，那段经历很宝贵："要没受伤，一直特别特别顺，我的性格啊脾气啊心态啊可能不会像现在这么好。有时候就是这样，你得到一些东西，必定会失去另一些东西。现在想想，那段伤病不完全是坏事，至少让我从飘着的状态踏实下来了，明白了好多事儿。"

　　杨昊成熟了。2007 年，在身体完全恢复后，杨昊又开始像未成名前一样刻苦训练："当时我

○ 2012 年 9 月 23 日，中超联赛第 25 轮，国安主场 2 比 0 胜贵州人和，已远走南方且担任人和队长的杨昊与昔日队友展开厮杀。图 /Osports

就告诉自己，如果你不好好练，别人给你机会的时候，你把握不住，那是你自己的问题；但是如果你好好练了，一旦获得机会，你抓住了，就成功了。"

2008 年下半年，杨昊终于守得云开见月明，时任主帅李章洙被他的"玩命劲头"所感染，杨昊又回到了主力位置。2009 年，他随国安夺得俱乐部首个联赛冠军，并成为高洪波率领的国家队阵中的铁打主力。

思乡

"只是希望拥有更多的比赛机会，我确实耽误不起时间了。"杨昊说。

2012 年 9 月 23 日，中超第 25 轮。

戴着贵州人和队长袖标的杨昊和戴着北京国安队长袖标的徐云龙，并排走进贵州体育中心。两个人有说有笑，丝毫不像对手。杨昊说，自己以前从来没想过，会作为对手球队的队长，面对国安的队友们。

这场"亚冠名额争夺战"最终以国安 2 比 0 获胜收场，这里边也有杨昊的"功劳"，徐亮的一脚远射正是打在他的身上后折射入网的。杨昊赛后说："虽然比赛输了，但友情还在。"

2011 年初，杨昊自由转会，投奔广州恒大。

在离开前，杨昊在媒体上用公开信向球迷道别："这是一个艰难的决定，我要离开北京国安队了。1998 年进入俱乐部梯队到 2011 年离开，我人生中最美好的 13 年都是在北京这片生我养我的土地上度过的。我爱这里，爱这里的一切。"

虽然在公开信中处处可见对国安的深情，但在转会前，有媒体指责杨昊只是为了加盟恒大后 3 倍于国安的年薪。对此，杨昊并没有作过多解释，他只是说："我只是希望拥有更多的比赛机会，我确实耽误不起时间了。"

而这或许正是促使他离开的原因。

2010 赛季，杨昊排位在马季奇、隋东亮和黄博文之后，只是国安后腰位置上的第 4 人选，整个赛季，只在 30 场联赛中登场 15 次（包括替补出场）。而在 2011 年初的卡塔尔亚洲杯上，他却是国家队的主力后腰，3 场小组赛全部首发，并被评为国足阵中表现最好的球员。亚洲杯小组出局回国后，杨昊不久便宣布投奔曾在低谷时信任他的李章洙，加盟恒大。他说："也许只有在陌生的环境中，才能激发我更大的潜能。"

不过，在以外援为核心的广州恒大，杨昊并未得到重用，于是，在 2012 赛季，南漂的"追梦浪子"投奔曾在国家队很赏识他的高洪波。终于，在恩师执教的贵州人和队中，杨昊体会到前所未有的信任。

"在国安，场上那么多大哥在，我就是个普通队员。在恒大，主要围绕外援来打。现在的队伍中，我是球队的队长之一，加上高（洪波）指导对我特别好，这也是种无形的动力，让我想做好事情的愿望越来越强烈。"

在这支球队中，杨昊找回了"雷打不动首发"的感觉，但这一次，他没有再"飘"，甚至不愿意接受采访："还是低调点儿吧，不喜欢炒自己，踢好球就完了。"

找到了足球之乐的杨昊，却也备受思乡之苦。

"在外地踢球的感觉，真跟在家里没法比。在国安的时候，主场比赛完就回家了。但是在恒大的时候，客场打完是回酒店，主场打完还是回酒店。"那时候，杨昊经常打完比赛就飞回北京，待一天再回广州。"就是特别想回北京，想回家，想跟北京这帮朋友在一块儿。"没法回家的时候，他喜欢看北京味儿浓的电影、电视剧。"像《血色浪漫》什么的，老北京味儿特浓，看着特亲切。"

在贵州如鱼得水的杨昊，心里依然会惦记着回北京："我在贵州很开心，但毕竟我的家在北京。不管将来有没有机会回国安，我肯定得落叶归根，回北京生活。"

轻色

"哎，这都不叫事儿！哥们儿嘛，互相关心多正常。"杨昊说。

马上就要30岁的杨昊，依然没有结婚。让他给三种感情排个序，他毫不犹豫：亲情、友情、爱情。在杨昊的人生观里，哥们儿比女朋友重要。"忘了女朋友生日啊，跟朋友在一起就老漏接女朋友电话啊……这种事太多了。"杨昊开玩笑说，做自己女朋友"相当委屈"。

无论在国安、恒大还是贵州，杨昊的仗义有目共睹，人送外号"买单王"。有一次，杨昊的两个朋友同时过生日，他只好先去一个生日宴，再赶去另一个，而在赶到第二个生日宴时，他直接先把饭钱结了，而且还是"偷偷地"，没让任何人知道。

在贵阳，杨昊虽然一个人住，但却租了个三室一厅的房子，目的就是方便朋友们聚会。"我们这儿离城里比较远，也没什么地方可去。训练之余，大家来我这儿打打麻将，踢会儿实况，喝喝茶。"

"毒嘴巴、热心肠"是大家对杨昊的另一个评价。杨昊常常嘴上不饶人，他自己都说："我跟你不熟的话，我都不跟你说话。我跟越熟的人，说话越没溜儿。"

直到现在，他还经常和国安的队友们"以骂传情"："没事给他们打个电话，现在不都有微信吗？没事两人对着聊，对着骂，能骂一晚上。"

不过，在这张刀子嘴下，却是一颗豆腐心，无论场上场下，他总会为队友着想。

2009年中超第10轮国安主场3比1胜青岛的比赛中，杨昊打进第一个进球后，冲向门将杨智并模仿当年贝贝托的"摇篮"庆祝动作，将进球献给了杨智刚出生的宝宝。

球场下，杨昊更是和队友打成一片。国安

小将张思鹏曾经和杨昊同住一个房间，有一次，张思鹏发烧，杨昊在旁边寸步不离地照顾。"看着我打点滴，特认真，打完了去叫队医，给我买粥喝什么的。"回忆起此事，张思鹏现在还特别感动。提起这些事，杨昊说："哎，这都不叫事儿！朋友嘛，互相关心多正常，我生病的时候，他们也尽心尽力照顾我啊。"

女朋友病了，不一定能照顾好，但哥们儿病了一定会尽心照料；女朋友生日会忘掉，但身边哥们儿的生日却都记在心上。

这就是杨昊，一个"重友轻色"的好哥们儿。

必答题

《新京报》：你干过的最爷们的事？

杨昊：能在职业生涯最低谷撑过来，就是最爷们的事。

《新京报》：除了你，国安队中谁最爷们？

杨昊：看从哪方面说吧。好多人都挺爷们的，挑不出来具体哪一个。比如杨璞，一直受伤，一直坚持。徐云龙，这么多年都特别职业，特别自律，无论什么时候都兢兢业业的。还有陶伟，在球场上特机灵，表现得特淡定。

陶伟
跟穆里尼奥学执教

作为球员夺得联赛冠军的人不少，以助理教练身份帮助球队问鼎的人也有很多，但同时以球员和助理教练身份夺冠的没几个。

陶伟便是这没几个中的一个。

2009年，以这样的方式帮助国安夺得首个联赛冠军后，陶伟选择了退役。退役后，他被派往皇马进修。这是他第二次留洋取经，上一次是跟随健力宝留学巴西。

陶伟认为他踢球"身体条件一般，所以只能通过动脑来弥补"。指了指头顶越来越少的头发，他笑着说："应该跟踢球用脑太多有一定的关系。"

○ 2009 年 8 月 9 日，中超联赛第 17 轮，第 31 分钟，陶伟以一记勺子吊射命中球门，取得了第 40 粒联赛进球。当年夺冠后，陶伟退役。新京报社记者 吴江 / 摄

巴西

1978 年出生的陶伟从小就爱踢球。放学回家路上，他经常一边踢着白菜一边走路。

最初，家人并不希望他成为一名球员，而是希望他能够好好学习，考大学，走一条常规的人生路。可当看到陶伟一次次逃课到业余体校踢球，家人便不再勉强他，在他三年级时，将他送到宣武体校接受足球训练。陶伟说，那个时候进体校踢球不费劲，"你只要报名，教练看你还行的话，就可以跟着踢了"。

陶伟在宣武体校一直踢到初三，当时正赶上北京少年队招人，他就去了芦城体校，也正是在这里，他跟后来的国安队友杨璞、薛申成为同学。在全国少年联赛中表现出色的他，被中国足协选中，准备让他跟随健力宝队前往巴西留学。

当时的健力宝留洋巴西计划共有两批球员，第一批于 1993 年底出发。可当时，陶伟在出发前的选拔赛上发高烧，因而错过了首批留洋巴西的机会。

3 年后，陶伟没有再错过，他进入了第二批留洋巴西球员名单。18 岁的陶伟就这样来到了足球王国。

到了巴西后，陶伟才发现外边的世界并不如自己想象的那般美好，"那个时候岁数小，语言不通，基本上很少出去走动，另外当时巴西也乱，

基本上大家都在一个大院子里活动"。他们每天晚上的娱乐活动除了打扑克、下象棋，就是开会，"朱指导（朱广沪）爱开会，当时恨不得天天开会"。

而在球场上，陶伟也并不如意。"我那时候第一次知道了足球的残酷——那种竞争前所未有。"陶伟说，"之前，我一直顺风顺水，无论做什么都是教练正面表扬的典型。但到了健力宝，和这些已经相当出色的同龄人在一起时，我才感到天外有天。"

在这样的压力下，陶伟彻底改变了以前的训练方式，每天把大多数时间都放在了足球上。朱广沪后来说过这样一段话："论脑子，陶伟是健力宝队中最聪明的孩子。但他刚入队的时候，却完完全全把自己打扮成一只笨鸟，训练中重复动作最多的就是他，几乎每天都会给自己加练。"

陶伟的笨办法收到了效果，他逐渐成为健力宝队的主力中场，与李铁成为固定的双后腰组合。

陶伟在巴西一共待了近 3 年。回忆起这段往事，陶伟说："如果要是现在去被关那么长时间的话，肯定受不了。当年我们岁数小，所以待时间长了，也就没什么感觉了。"

国安

效力国安，14 年，联赛进 40 球。

2009 年 8 月 9 日，中超联赛第 17 轮，北

○ 2002 年 9 月 1 日，陶伟（左）贴身防守曲波。当日，国安主场 4 比 1 击败青岛。图 /Osports

京国安主场对长沙金德，比赛进行到第 31 分钟时，长沙队后卫禁区内手球被判罚点球，此前打入一记任意球的陶伟站到了十二码点，一记潇洒的勺子吊射命中球门。这是陶伟代表国安打进的第 40 粒联赛进球，虽然他此后没能再继续进球，但这一数字已经让他成为国安历史上进球最多的球员。

对于这一荣誉，陶伟保持了一贯的谦逊，他说："我之所以能够成为球队历史上进球最多的球员，主要是因为待的时间长。有的外援一个赛季进了很多球，但他们踢一两年就走了。"

其实能成为国安第一射手，陶伟最应该感谢魏克兴。2004 年，正是他将陶伟放到了大放异彩的前腰位置。

此前，陶伟在球队扮演的角色多是左后卫。

1998 年，陶伟跟随健力宝队回国后，直接加盟了北京国安。与此同时，他也入选了霍顿所挂帅的国奥队。由于国奥队当时没有正牌左后卫，擅长左脚的陶伟就被霍顿从后腰改造成左后卫。对于霍顿的决定，当时陶伟非常信服，他说："在那个年代，霍顿是我们接触到的最好的教练，他能够给每个人把战术讲解得非常明白。"

回到国安后，陶伟继续扮演国奥时的左后卫角色，有时也会客串左前卫。在这个位置上踢了 5 年，原本在健力宝队被看好的陶伟，在这期间变得默默无闻。

直到 2004 年。

这一年，魏克兴出任执行主帅，他将陶伟从边路拉到了中路，将他固定在前腰位置，并委以组织重任。

结果在这一位置上，被公认为"会用脑踢球"的陶伟发挥出色，逐渐成了国安队组织进攻的"大脑"。该赛季，陶伟在联赛中打进 9 球，要知道，在此前的 5 个赛季中，一共才打进 3 球。之后每个赛季，陶伟的进球都未少于 4 个。

除进球外，他还连续多个赛季位列联赛助攻榜三甲，被视为当时国内最好的前腰之一。

"自从踢了前腰之后，就越来越顺了。之前踢左前卫或者左后卫，没有把自己的特点完全发挥出来。"在陶伟看来，2007 和 2008 两个赛季自己发挥最好，"其实我们 2007 年就应该拿到冠军，但很遗憾，最终输给了亚泰"。

2009 年，国安没有再让冠军旁落。那时陶伟已有双重身份——球员兼助理教练。在 2009 年主场 4 比 0 战胜杭州绿城的那场夺冠战役中，陶伟首发出场，表现出色。当时的主教练洪元硕已经知道这是陶伟职业生涯的最后一场比赛，因而特意在第 72 分钟将他换下，让这位国安老臣接受工体 5 万球迷的掌声。

夺冠后，31 岁的陶伟选择了退役。在他看来，该拿到的荣誉都拿到了，也就没有什么追求了。除了退役之外，陶伟还在 2009 年补办了婚礼。"我当初结婚的时候就想过，什么时候拿到冠军什么时候办婚礼。"

"如果拿不到冠军呢？"

陶伟的回答是："拿不到可能就不办了。"

皇马

"在皇马的训练课上，穆里尼奥总会叫上我，他对我真的挺不错，但是也很严厉！"

退役后的陶伟在2010年，被国安俱乐部公派前往皇家马德里俱乐部学习。而在这一年，名帅穆里尼奥正式成为皇马主帅，陶伟因此成了"魔力鸟"的学生。

据陶伟介绍，他在皇马学习时主要跟着一线队，观看他们的训练和比赛："如果有什么不理解或者不明白的地方，我可以直接向主教练请教"。皇马教练组每隔一段时间会召开一次总结会，陶伟也被允许参加旁听。

在陶伟看来，前往皇马学习是一次非常难得的机会，"一个外国年轻教练当着他（穆里尼奥）的面儿学习，可能他之前也没遇到过这种情况。这在皇马也是第一次"。

"穆里尼奥在训练时话并不多"，但对于这个中国弟子，他也会进行"突击考查"。

一次训练过程中，穆里尼奥突然向陶伟提了一个问题，不过陶伟的答案并不让他满意，于是穆里尼奥带着批评的语气，跟陶伟说了足足十分钟。这件小事让陶伟钦佩不已："他的成功就源于他的认真。虽然在性格上，不是每个人都喜欢他，但是在工作上，他是世界上最敬业的教练之一。"

即便受到过批评，陶伟也愿意跟在穆里尼奥身边，"只有这样，才能学到真的东西"。

虽然很推崇穆里尼奥，但陶伟认为，中国还不能照搬穆里尼奥的那套东西，"国内不可能完全借鉴他的经验，还是应该根据自己的特点来"。

在外人看来，四处树敌的穆里尼奥是个"狂

人"，零距离的接触让陶伟看到了一个真实的穆里尼奥，这位"狂人"其实非常谦和，"他对团队里每个人都非常尊重，不会在发布会上批评某个球员，平时也很少批评球员，基本上都是以鼓励为主"。

在皇马学习两年后，陶伟又回到了国安。目前他正准备报考西班牙足协的教练员资格证书。

在很多人看来，国安俱乐部花这么大力气培养陶伟，就是为了能够让他将来担起主帅的重任。

对于这种说法，陶伟没有承认，也没有否认，他挠了挠头说："我现在没想那些东西，还是一步步来吧。毕竟刚刚改行，我还是一个比较年轻的教练。"

必答题

《新京报》：你干过的最爷们的事？

陶伟：一时半会儿还真想不起来，也没什么事儿。

《新京报》：除了你，国安队中谁最爷们？

陶伟：也没有什么吧……

黄博文
从不忘出自国安

2004 年，黄博文少年得志，一战成名，成为国安球迷的"宠儿"。如今，他的头上却扣上了一顶"全民公敌"的帽子。2011 年，去韩国之前，黄博文曾声称，日后一旦回国一定重返国安，但他回来后却去了广州恒大。面对北京球迷的抱怨和谩骂，他表示理解。谈及国安，黄博文痴心不改，感叹国安待他恩重如山。未来如有机会，他还想回来。

○2008年11月30日，国安主场2比0战胜四川，已坐稳主力的黄博文表情轻松。那一年，他成为队内最佳射手，赛季结束后还被评为最佳新人。图/Osports

"叛徒"

"每个人偶尔都会说出一些他不该说的话，否则他就不是人了。"这句话出自古龙的武侠小说《多情剑客无情剑》。

这句话用到黄博文身上很合适。2012 年 7 月，黄博文结束旅韩生涯，重返国内。不过，他却南下广州，披上了恒大战袍。当年离开时，黄博文在北京电视台的镜头前给北京球迷作出过承诺，"我肯定得回国安"。他当时说得一点儿也不含糊。

他食言了。北京球迷的骂声如剑雨般飞来。攻击他的不仅有土生土长的北京人，外地球迷及老外球迷也加入这个队列之中。"活雷锋"（A Modern Lei Feng）是一个生活在北京的美国人，他经常在自己的同名网站上用英文撰写一些关于中国足球的文章。2012 年 7 月 12 日，"活雷锋"写了一篇关于黄博文的评论文章，题目是《全民公敌》。

文章中，他的措辞颇为尖锐："我亲眼见证了黄博文职业生涯处子秀。他一直都是我最喜欢的球员。他说一定会重返国安时，我相信了。而事实上，他不应该轻易作出承诺，除非他真的能做到。"

这篇文章被译言网站翻译成了中文，很快便流传开来。很多网友调侃说，这可能是译言网站上出现的第一篇关于中国足球的文章。与"活雷锋"比起来，很多中国球迷的做法更为粗暴，直接在黄博文的微博上怒喷脏话。

2012 赛季最后一场比赛，恒大在工体对阵国安。"活雷锋"说他要在这场比赛中送给黄博文一个词——"叛徒"。

就在这场比赛的前一天，黄博文接受了记者的采访。联赛已无悬念，黄博文因为有伤在身并不会在这场比赛中亮相。"活雷锋"及其他国安球迷与黄博文再见的日子被延迟了。

面对谩骂和不解，黄博文很大度，他说能接受这一切。"没事，毕竟回国后来恒大了。走的时候，我也说了一些话，非常不好意思。可能里面的一些事，球迷也不一定清楚，（他们）骂两句也没事。我能够理解他们。"他说。

黄博文称他回国时也考虑过国安，"毕竟家啊、老婆、孩子都在北京，肯定想回来"。国安俱乐部总经理高潮当时接受《新京报》采访时表示，黄博文离开之后，就跟国安没关系了，"他回国之后的选择，我们无权干涉，那是他的自由"。知情人士还有另一个解读——黄博文回国后，北京国安并没有主动与他接触，因此，他才远走恒大。

这里面的是是非非，外人很难知晓内情。黄博文却戴了一顶"叛徒"的帽子，好在，他想得开。

新人

"我和别人不同，我非成名不可，不成名我只有死。"《多情剑客无情剑》中，阿飞向李寻欢讲述成名的冲动。每一个翩翩少年都幻想自己能够成为英雄，黄博文也不例外。

"我对国安感情太深了，从青年队开始就在这里。我非常感激国安对我的培养，可以说没有国安也就没有我的今天。"整个采访过程中，谈及国安，黄博文一直强调自己的感激之情。

北京国安给了黄博文少年成名的机会。16 岁时，他身披绿色战袍，一战成名。在这之后，他斩获年度最佳新人奖项，获得中超冠军，并成了国脚。国安为黄博文名动天下提供了舞台。

阿飞不会忘记他名震江湖的那一剑，黄博文也难以忘怀他在联赛中攻进的第一个球。16 岁初登上顶级联赛舞台便一剑封喉，恐怕没有比这更完美的剧本了。

关于这个进球的过程，黄博文从细节着手，无一遗漏。从 2012 年岁末回眸，8 年过去了，但他的记忆依旧鲜活。"我怎么能忘记呢？肯定能想起来啊。2004年5月26日，我们对沈阳金德。我们后场一个定位球，张帅一传，耶利奇头球一蹭，我上去就是一脚。我是用左脚射的，对方门将扑了一下，还是进了。"他的描述极具画面感。

这是一个里程碑一样的时刻，黄博文创造了职业化以来中国球员的最年轻进球纪录。"这么小就进了一个球，有一种少年成名的感觉，自信心肯定是增加了一些。"黄博文说。

成名之后，黄博文在2005、2006两个赛季继续修炼内功，他将这个阶段称为"在国安最难熬的时光"。2007年，李章洙颇为器重黄博文，给了他主力位置，一年后，黄博文迎来了事业的井喷期。他在2008年中超联赛中一共打入7粒进球，成为队内最佳射手，同时也是联赛进球最多的中场球员。国家队方面，他坐稳了主力位置，出战了南非世界杯亚洲区20强赛。

2008赛季结束后，黄博文被评为年度最佳新人。当时，已经是他在顶级联赛效力的第5个年头了——尽管他刚20岁。不过，黄博文对此并不感到兴奋，"这个奖项我不是特别看重，我更看重球队的成绩"。2007年10月4日，北京国安主场输给长春亚泰葬送了夺冠的大好前景，黄博文至今仍耿耿于怀，"主场输给长春，没有拿到冠军，机会那么好，确实觉得挺遗憾的"。

黄博文的首个联赛冠军很快就来了。2009年，国安夺冠，他成为冠军的一员。如今，他已经有了3座冠军奖杯，两座中超的，一座韩国K联赛的。黄博文说："每个冠军都特别开心，但在国安拿到的冠军更有感觉一些，毕竟是第一次拿联赛冠军。在恒大拿的联赛冠军味道就淡了些。"

剑客

"英雄也许只有一点是相同的——无论要做哪种英雄，都不是件好受的事。"这句话还是出自《多情剑客无情剑》。做英雄的滋味好不好受，只有英雄自己知道。

英雄注定要漂泊。黄博文2011年初作出了外出闯荡一番的决定，这个决定超乎外界的想象。当时他刚刚结婚，新娘子是北京女孩，名叫李甜甜。两人年龄并不大，但早早步入了婚姻殿堂。

黄博文和妻子相恋多年，李甜甜是国安球迷俱乐部成员。当黄博文决定外出闯荡时，妻子一直站在他身后。"离开国安，肯定舍不得，毕竟待了这么长时间。但我希望能够有更长远的发展，我渴望去欧洲、韩国K联赛闯荡闯荡，这也是为了长远考虑。"黄博文如此解释离开国安的原因。

离别之际，他发表了这样一番感言："今后无论走到哪里，我都会记得自己是从国安出来的。我不会给北京丢脸，不会给国安丢人。"黄博文所作的承诺没有打折扣。他在全北现代扎下根来，第一年就夺得了K联赛冠军。亚冠联赛，他们也闯进了决赛，但遗憾的是，与冠军失之交臂。

由于语言不通和生活习惯的差异，黄博文夫妇在韩国的生活只能算是苦中作乐。他们住在之前冯潇霆住过的公寓中，看电视、刷微博、上网玩游戏……这些是他们业余生活中最主要的内容。

李甜甜负责做饭，西红柿炒鸡蛋成了她的拿手好菜。当时，他们在家里宴请队长赵星恒时，这道菜被重点推了出来。赵星恒被这道"佳肴"震惊了，因为在韩国，西红柿一般被当成水果生吃。

虽然在恒大拿到了职业生涯的第二个冠军，黄博文还是用"苦"来概括2011年。他除了错失亚冠冠军外，所效力的中国国家队又一次折戟沉沙。世界杯的梦想最早也要到2018年才能实现，1987年出生的他，到那时，已经是31岁的老将了。

"我觉得这一年很艰苦。在俱乐部，我们没有拿到亚冠冠军，这是最大的遗憾。那场比赛，

○ 2004 年 5 月 29 日，中超联赛第 4 轮，国安客场 3 比 3 战平青岛。黄博文（右）在那场比赛前 3 天打进了自己联赛中的第一个球。那年，他 16 岁。
图 /Osports

我们的运气太差了，3 个门柱 1 个乌龙，你说还有比这更背的吗？国家队也没有出线，随后又是好几年没有比赛，现在想想很不舒服。"2011 年底，接受《新京报》独家专访时，黄博文很是感慨。

追求

《多情剑客无情剑》中还有一句话：人生本就充满了矛盾，任何人都无可奈何。如今，这种矛盾和无奈也体现在黄博文身上。离开国安，他背负骂名。两个赛季之后，他说对培养了他的这个俱乐部的感情并没有减淡，"对于国安，我一直都在关注。从我去韩国到来恒大，内心从未远离国安，毕竟是有感情的。希望他们能够有好运"。

成长于国安，成名于国安，黄博文职业生涯最辉煌的时刻是在国安度过的。留给国安球迷印象最深的，莫过于他的任意球。

2007年8月22日，中超联赛第18轮，黄博文第34分钟利用任意球首开纪录，国安最终主场4比1大胜武汉光谷；2008年10月22日，中超联赛第23轮，国安第12分钟获得任意球，黄博文小角度直接攻门得分，国安最终2比1战胜长春亚泰；2008年11月23日，中超联赛第29轮，第79分钟，黄博文任意球直接攻门得手，国安1比0拿下长沙金德；2008年12月4日，中超明星赛，代表全明星队出场的黄博文在第76分钟主罚前场任意球，扩大比分，最终，明星队7比6击败赛季冠军鲁能；2009年2月18日，国安韩国拉练时1比0小胜警察厅足球队，这唯一的进球是黄博文在下半场进行到接近22分钟时，利用任意球直接轰进的……

即便远走韩国和恒大，他的任意球仍然威力不减。

几年内，中国男足缺乏重量级赛事。亚冠冠军成了黄博文最有希望实现的目标。2012年夏天，他从韩国归来后正式披上了恒大战袍。

谈及加盟恒大，黄博文并不否认金钱的作用，"我不能说薪水不是原因，但还是恒大的诚意和决心打动了我。而且恒大的队友几乎全是国家队的，有这么好的教练，这么好的环境，想拿亚冠冠军，这个平台也更高。肯定不只是我一个人想来，我想每个中国球员、每个亚洲球员都会有这个想法。亚冠冠军还是很高的追求，在祖国的球队拿亚冠冠军，那感觉是不一样的"。

至于江湖传言的700万年薪，黄博文恪守商业规矩，表示不便透露。促成他回归的还有一

个原因——妻子已经有孕在身。

刚刚过去的2012赛季，黄博文随恒大夺得中超联赛冠军。不过，在他最为看重的亚冠赛场上，恒大却止步8强。

下个赛季，恒大继续加大投入，他们对亚冠冠军的渴求与日俱增，这与黄博文的野心不谋而合。展望2013赛季时，黄博文的眼中没有"失败"二字："俱乐部投入那么大，目标当然是各条战线都拿冠军了。"

2012年，黄博文只有25岁，职业生涯还有漫长的路要走。当被问到未来有机会的话是否会重回国安时，他的回答毫不含糊，"有机会肯定想回来"。

必答题

《新京报》：你干过的最爷们的事？
黄博文：没什么特别爷们的，都挺平淡。

《新京报》：除了你，国安队中谁最爷们？
黄博文：龙哥（徐云龙）啊，他长得就爷们，大哥呗。皮肤特黑，是长得比较黑的爷们。

洪元硕
夺冠后内心很激动

洪元硕始终不会忘记 2009 年 10 月 31 日。那一天，阴雨撤退，天格外蓝。工人体育场近 6 万名球迷见证了那个历史性的一刻——北京国安夺得 16 年职业联赛以来的首个联赛冠军。彼时，主教练正是洪元硕，那年他 61 岁，半途从韩国人李章洙手中接过帅印，只带队打了 7 场比赛，4 胜 3 平，拿到了冠军。

有人说老洪捡了个冠军，也有人说他是时势英雄。对这些，洪元硕都置之一笑，他说早过了争名夺利的年纪，在国安待了那么多年，拿人家工资，老板对自己不错，需要他的时候他就得站出来。

"我们这辈人不都是这么过来的吗？"洪元硕笑了笑，他说一切就这么简单。

○ 虽然已经赋闲在家，但洪元硕的生活中始终离不开足球，他的名字也写进了国安队史。
新京报社记者 侯少卿 / 摄

登巅

2009年10月30日晚上，京城秋雨淅淅沥沥，不大，却不见停。天气预报称第二天仍是雨雪天，洪元硕担心和绿城的比赛会是一场雨战，那优势将在南方球队绿城一方，"至于天气，还真是有点担心"。

"头一天晚上还下雨，第二天早上晴了，老天爷真开眼。"夺冠那天的种种细节，洪元硕至今仍记得很清楚。与之前的6场比赛一样，他认真地作准备。积分明摆着，只要最后一场赢了，国安就是冠军。

赛前，俱乐部做足了夺冠的各种准备，也定制了夺冠纪念T恤。近6万名球迷拥进工体，还有更多没票的球迷在场外守候。《新京报》体育部制作的海报《New champion, Brother》在工体外几乎遭到了球迷的"哄抢"。洪元硕说，那个赛季国安主场有3场比赛观众超过5万人——打天津那一场、打鲁能那一场和最后打绿城的那一场。

那场比赛的过程，洪元硕记得，但已不愿多谈，他说记住4比0的比分就够了。接手球队后，洪元硕的首发较少固定，最后一战他派上了久疏阵战的大马丁。大马丁是李章洙坚持要的外援，但之后一直没状态，成为闲置资产，丢不掉也派不上用场。洪元硕说，他接手后，坚信大马丁能爆发，结果，大马丁独进3球。

国安夺冠，京城一片沸腾，数以万计的球迷上街狂欢，口号只有一个——国安是冠军！次日，《新京报》推出特刊《国安·帝国》。

那一天，洪元硕同样很激动。国安2比0领先后，他便安静地站在场边，戴着一副眼镜的瘦削的脸上，看不出一丝惊喜，淡定得仿佛置身事外。洪元硕说，他的内心还是很激动的，但很快就平静了，他不会激动到痛哭流涕。

"岁数在这儿摆着，感觉完成了老板交给的任务，就这样。"他说。

终场哨响，容不得洪元硕思考，他就被队员们奋力举起高高抛向空中，眼镜差点儿摔掉了。刚刚"落地"，电视台的话筒又伸到他面前，洪元硕说了很多在外人看来的客套话。之后，做客北京电视台、各门户网站时，他开篇还是这几句。

"我先感谢了三位老板——王军、李士林和罗宁，给了我这个机会。"洪元硕说，他还要感谢队员和前任李章洙，"李章洙在国安这两年为球队作了很多贡献，他的有些执教理念值得我们学习。"

夺冠当晚，俱乐部安排了庆功宴，之后各人自行安排。夺冠后，队员们都很兴奋，有的在外面狂欢到很晚。洪元硕没跟他们一块儿出去，他说他喝酒不灵，而且，带队打了7场比赛，场场关键，他有些累。

夺冠后，他没跟俱乐部说续约的事，俱乐部一直忙于各种庆功活动。是年11月底，俱乐部正式通知洪元硕，下赛季继续执教。

出山

时间回到2009年初，除了跟队记者，很少有人知道洪元硕那会儿一直在跟队。那时，国安主帅是李章洙。自2007年起，洪元硕任领队，与李章洙合作，同年6月下课，魏克兴接手。那段时间，洪元硕是俱乐部顾问，几乎不待在一起，李章洙则时常到他办公室聊天。直至2009年初介入外援选拔，洪元硕和李章洙的来往多了起来。

2009年，国安双线作战，亚冠打得不好，国内联赛成绩也不理想。赛程过半，两头看不到希望，俱乐部有些着急。5月10日客场打亚泰，那是一场不能输的比赛。俱乐部高层开始问洪元硕的想法，形势变得有些微妙。

没过两天，洪元硕按罗宁的意思直飞长春，面对面跟李章洙沟通。洪元硕回忆说，李章洙当时一直没想用闫相闯、小格和杨璞。关于这几个人的使用问题，洪元硕跟李章洙一直交流到开准备会前。在长春的那一两天，罗宁给洪元硕打过数次电话。反复交流后，李章洙最终调整了阵容，张辛昕打右后卫，杨璞打左后卫，小格踢了，小闯也上了。那场比赛，小格和闫相闯各进两球，杨昊和隋东亮各进1球，最终的比分是6比2。

这一下，队伍就不一样了。

好景不长，国安并未扭转局面。8月底，队员与李章洙的矛盾升级。洪元硕说，他看得出老李有点乱了方寸。国安2009年的要求就是必须拿冠军，再加上队员对李章洙有看法，在这种情况下，俱乐部考虑要换帅。

2009年9月16日，李章洙下课，洪元硕上位。俱乐部对洪元硕的要求是尽量打好，但没有提必须夺冠。临危受命，洪元硕很清楚当时的局势，但不敢保证接手就拿冠军。关键时刻，洪元硕称有信心把队伍带好。

剩下的7场比赛，上来就是连续4个客场，这是洪元硕首要接解决的问题。第一场打深圳更是坚决不能输，他知道，刚接手就输球，这球以后就没法踢了。打天津，足协向来以和为贵，裁判的哨子也是两边倒，想赢很难。打河南，后者那年的球市极为火爆，不好打。思来想去，洪元硕认为只有打青岛这场球有一定突破的希望，尽管青岛队当时连赢了山东和上海。

对阵深圳，打平，洪元硕松了一口气。之后打青岛，洪元硕清楚地记着一个细节：赛前发布会，青岛媒体把曾带山东鲁能拿到过双冠王的桑特拉奇和刚上任的洪元硕作比较。"我当时这么回答：他不小了，我也不小了，我们岁数差不多。他搞足球的这些年，我也搞足球，每人都有自己的特长，明天打着看吧。"洪元硕不想输掉这场球，他排出了一个怪阵——1991年出生的谭天成首发打中锋，大格下半场上。那场球，国安一球小胜。

拿下青岛后，洪元硕真正意识到，联赛冠军有戏了。

之后打河南，洪元硕下半场接连换上大马丁和保罗，那是他手里最后一张牌。补时阶段，杜文辉罚任意球，保罗一争，大马丁进球，打平。几场球打下来，国安已处于有利地位。

从天津回到北京，洪元硕迎来了上任后的首个主场比赛，对手是广州队。这被洪元硕视为包袱最大的一场球。原因是，局势大好，又在主场，他担心队员有冒进的想法。再加上，当时广州的主教练是国安的老熟人沈祥福。担心归担心，国安还是顺利拿下。

后面还有两场球，客场对大连，主场对绿城。2比1击败大连后，国安将夺冠的主动权牢牢抓在手里，最后一场，轻取绿城拿下了冠军。

下山

2009年11月底接到续聘通知，洪元硕12月初就带队去海埂冬训。从昆明回来后，他又带队去日本拉练，备战亚冠。这段时间，洪元硕还要为引援作准备。半个赛季之后，他的引援被批为"失败"，但他直至2012年仍坚持他的决定没什么错。

内援方面，他引进了王晓龙、吴昊和徐亮。洪元硕解释说，找来徐亮没问题，因为当时"核心"陶伟基本不踢了，他认为徐亮可以顶替这一位置。而且，徐亮的位置感比较飘，能打边前卫、左后卫，还有一个任意球绝招。至于外援，不是洪元硕一人能拍板的。奥托是在拿冠军之后，俱乐部已经定好了的，当然，当时也征求过老洪的意见。另一名外援罗斯，洪元硕承认水平着实一般。他坦陈，对外援了解不够透彻，当时看罗斯的资料时，发现其在苏格兰每个俱乐部待的时间都不长，当时感觉挺奇怪的。等老洪真正了解时，罗斯的毛病都已经出来了。他说罗斯的性格比较怪，场外也惹了很多事，

○ **2009 年 10 月 31 日，国安击败绿城，夺得了 16 年来的首个联赛冠军。指挥作战的洪元硕赛后异常冷静。新京报社记者 吴江 / 摄**

场内不该犯的错犯得太出格了。与深圳的比赛，罗斯后撤，对方传球，这球完全可以往外顶，可他偏往中间顶。赛后，罗斯自己也说，几种处理方式，他选择的是最坏的一种。洪元硕想过中途换掉罗斯，但由于种种原因，没换成。

2010 赛季，4 月，国安成功从亚冠联赛小组赛中出线；5 月之后，遭遇 6 轮不胜；8 月 26 日，0 比 1 负于山东鲁能，落后对手 10 分，卫冕希望基本破灭。9 月 21 日，联赛 23 轮过后，国安俱乐部宣布，自 2010 年 9 月 22 日起，由俱乐部副总经理魏克兴接过洪元硕的教鞭。在主教练的位置上，洪元硕停留了 370 天。

老洪说，他听从俱乐部安排，只要为俱乐部好，怎么都成，"这种事很正常，成绩不好总得有人负责了，你主教练不负责谁来负责"。

下课之后，洪元硕自称对中超关注较少，但对足球规律的琢磨仍在进行。他说："一支队伍最难的就是转换期，怎么度过这个时期是很难的。你不能一下子老的都不用，反过来，只靠老的踢，成绩也不会好。你看，曼联、阿森纳都有

年轻人上来了。世界杯也一样，有年轻队员的队伍整体就强，德国打得好，穆勒才踢了几场球呀？再看看荷兰，一群老帮菜，都是大明星，小组照样出不了线。再看看韩国和日本，这两年成绩为什么好，因为出了一帮年轻人啊。"

洪元硕 2010 年发掘的张稀哲，在 2012 赛季荣膺中超最佳新人奖。最后一轮打恒大，他在补时阶段打进一球，绝杀联赛冠军。

卸任两年多之后，洪元硕透露了俱乐部当时给自己的任务：亚冠必须出线，全力打好亚冠，至于中超，争取打出好的成绩。其实按俱乐部的要求，洪元硕完成了任务，国安成为亚冠改制后首个小组出线的中超球队，其中包括主、客场双杀日本球队川崎前锋。洪元硕的书房中，只放了几张跟足球相关的照片，其中一张便是亚冠出线后参加新闻发布会的照片。

山外

2012 年 10 月末的一天，北三环老国展附近的一个小区，阳光大方地洒进一楼客厅，洪元硕坐在躺椅上，依旧穿着国安队的训练裤。

2010 年告别国安帅位后，洪元硕已赋闲两年有余，但国安从未淡出他的视野。起初，他还担任国安的顾问，继而渐渐淡出，跟俱乐部脱离关系，他也几乎不再去现场看球——尽管离工体很近。

1948 年出生的洪元硕几乎见证了中国足球几十年的发展。50 年足球生涯，洪元硕自认尚算成功。做队员时，他进过国家队。在北京队效力那些年，他当了五六年队长。当教练，带出了不少队员，主教练位置也坐过，最后还拿了一个中超冠军。洪元硕说，这样的履历，国内应该是找不出几个的。

如今，赋闲在家的洪元硕已离不开足球，他的名字也写进了国安队史，时常还有记者上

他家里"探班"。与足球结缘，最初得益于他开明的父亲洪谦。洪谦是著名哲学家，维也纳学派唯一的中国成员，大学哲学课程里有关于他的介绍。

洪元硕小时候喜欢足球，他在北大附中踢球时，打一些中学生比赛。1964 年，北京青少队成立，到各学校挑苗子，洪元硕被相中，他的人生就此改变。开始时，家里不让去，他又上了一年高中。洪元硕的父亲一直在国外留学，对教育孩子的态度比较开放。父亲后来跟他说："你要愿意，就去吧。"关于那段岁月，洪元硕如今只作一些简单的回忆："父亲最后同意我去踢球，但他把踢球的利害关系跟我分析了一遍，由我自己决定。最终，我还是走上了足球这条道。"

得到父亲同意后，洪元硕 1965 年进入北京队，那年他 17 岁。5 年后，他进入北京一队，一直到 1981 年初退役。这之后，洪元硕在北京体院上了两年学，1983 年开始出任教练，主带1971 年、1972 年出生的那拨儿队员，这包括邓乐军、高峰、谢朝阳等国安名将，这是他带的时间最长的一拨儿球员。1990 年，队伍结构调整，周宁、南方、杨晨等人进队，洪元硕又多了几个名将弟子。1993 年，国安接手北京队，洪元硕那时是二队主教练，就此一并成为国安人。在国安从先农坛搬至工体时，洪元硕因身体原因离开过一段时间。2001 年，洪元硕带队参加第 9 届全运会，之后重回国安任青少部主任。此后，他任国安领队，与主教练沈祥福搭档。之后因成绩原因，洪元硕第一次"下课"。

2007 年底起，洪元硕开始参与外援选拔和技术问题，就此成为国安高层与教练组的沟通桥梁。那段时间，洪元硕一直辅佐李章洙，直到2009 年，他从后者手中接过帅印，真正走向一线，走向人生辉煌的峰巅。

○ 洪元硕的书房里，只摆放了几张与足球有关的照片，其中，2010 年亚冠联赛出线后参加新闻发布会的那张最显眼。新京报社记者 侯少卿 / 摄

必答题

《新京报》：你干过的最爷们的事？

洪元硕：带国安拿冠军，那个时候敢接手就足够爷们了。

《新京报》：除了你，国安队中谁最爷们？

洪元硕：这个真不好说，这国安一代一代的那么多人，都有挺爷们的。其实我觉得国安俱乐部本身就挺爷们的，这么多年没改过名字，也没向裁判行贿过。

符宾
苦练开球直传前锋

符宾，1969 年出生，国内足坛著名门将。他的职业生涯创下了三项全国纪录：
职业联赛出场 350 次（中超中甲不完全统计），连续 8 轮 720 分钟不失球，
中国足坛出场最大龄的球员—— 40 岁零 133 天。

中国足球职业化以来，河北还从没培养出一支甲级队。作为一名河北籍球员，
符宾的职业生涯四海漂泊。在国安三年，他迎来了自己职业生涯的第一个高峰。

○ 再度与国安老队友一起披挂上阵，符宾依然英武挺拔。新京报社记者 陈杰 郭延冰 / 摄

点球

符宾的父亲是 20 世纪 60 年代的男篮国手，北京人，后来迁居河北。符宾小时候在河北体工队长大，足球基础比一般孩子好。

10 岁进河北师大附小校队时，符宾属于全能型选手，什么位置都能踢。恰巧，当时队里最缺门将，于是符宾站在了球门前，这一守就是 30 年。

身为门将，符宾的天职就是守好大门，不让对方进球，但他不甘于在门前守株待兔，一到球场就激情四射。他不满足于将对手的射门挡出去，也喜欢用盘带挑逗对方的前锋，用劲射挑战对方的守门员。

在场上，符宾最爱做的事儿就是出击，用脚控制住皮球，顺便盘带戏耍一下对方前锋，然后传给自家后卫。

"想不起来带球过了多少前锋了，我就是特别喜欢拿球，尽可能扩大防守范围，有时候队内踢比赛还客串前锋。"符宾说。

守门员客串前锋，在足球场上并不多见。像符宾一样能把点球踢到极致的门将，在国内足坛就更不多见了。

在效力国安期间，符宾经常陪着谢峰等人练点球，练着练着还互换位置。之后，队友一致认为符宾点球罚得不错，便推荐他为点球手。

1995 年 6 月 14 日，北京国安在工体与来访的 AC 米兰进行了一场友谊赛，双方在规定时间战成 1 比 1 平后，通过点球决出了胜负。在那次点球大战中，符宾不仅是国安门将，也是主罚球员，他用点球攻破了 AC 米兰队的大门。这是门将符宾在国安的第一粒进球，但不是最后一粒。

一个半月后的足协杯半决赛，客场作战的北京国安 1 比 2 不敌济南队。由于此前的首回较量，国安也恰是 2 比 1 胜出，双方主客场战成平局，不得不进行残酷的点球大战以决定决赛权的归属。门将符宾主罚点球，破门成功。

符宾说，自己踢点球成功率很高，是因为有一定的经验："其实守门员比较冷静，不会被对方门将所影响。一般点球前都有 90 分钟甚至更长时间的比赛了，我会根据对方守门员精神状态、特点决定自己的踢点球策略。"

一般来说，足球队中扮演英雄的往往是攻城拔寨的前锋，做罪人的总会是门将。尽管符宾在训练中经常客串前锋，在比赛也喜欢带球，但他表示，自己从未想过真的去做前锋，因为做门将更有挑战。

"守门员是个有意思的位置，需要迎接各种挑战。前锋只是挑战对方防线，守门员更多地要控制自己，因为你是被动的，需要根据对手的进攻情况随机应变，不能还没等人家射门，你先慌了、紧张了。做门将，有很大学问。"符宾说。

符宾说自己平时最爱看视频集锦中的"十大扑救"，一般排名靠前都是角度刁钻、距离比较近的大力射门。符宾说："最难扑的球，其实是打在别人身上的变线球，当你已经作出一个决定时，球却飞向另外一个方向，这是最难扑到的。"

传球

十年磨一剑，霜刃未曾试。对于符兵来说，他的绝活儿是"门前开球助攻前锋"，这也可谓是十年磨一脚。

1982 年世界杯时，符宾还是个 13 岁的小毛孩儿。他在家看着电视，戴着手套，拿着足球，找着世界级门将的感觉。看到一位门将一脚将球开到前场，前锋得球后直接破门，他对此钦佩不已。

1986 年世界杯，符宾再次通过电视转播目睹了类似的画面。17 岁的符宾下决心，要练能够直接助攻前锋的绝活儿。

"练习这个技术，最苦的在于国内没人用，没人教。我只能自己通过模仿，慢慢找感觉，因为不知道这个动作的原理在哪儿。"符宾说，他能够做到得球后迅速开球，皮球能精准落到本方前锋的脚下，这不是巧合，而是自己通过 10 年苦练练出来的。"助跑、立足、抛球、侧身、重心、抬腿、摆腿、触球这一系列动作，要迅速完成。针对每一个动作，都有专门的训练。尤其是抛球和找准脚触球的位置。"符宾总结说。

为了训练这项绝活儿，符宾经常在别人练完回房间休息时，自己扛着球包来到球门前，对着另外的半场大脚开球，一袋球踢完，跑到另外一边，往回开。这不是盲目的开大脚训练，而是心中想好一个落点，朝着这个落点踢出或者抛出。

经过 4 年训练，符宾在 1990 年已经基本掌握了这门技术。"只是平时会用一用，正规的比赛，从来没使过。"符宾说，由于开球速度和触球角度与普通的开大脚要求不一样，因此一旦没吃正部位，容易造成致命失误，所以，他轻易不敢尝试。

从 1986 年开始练习从后场开大脚、手抛球找前锋的落点，直到 1996 年在工体，他才敢正式应用在比赛中。"至今记得最清楚的是 9 比 1 胜上海那场，我助攻冈波斯那个进球。"符宾终于等到了施展绝活儿的那一天。

由于练习时没人指点，符宾只能依靠量的积累来"熟能生巧"，常年的开大脚训练，让他也落下病根："脚其实没事儿，就是腰的骶髂关节有挤压，现在还会隐隐作痛。"

前人栽树后人乘凉，如今符宾把他的看家本领传授给了天津队年轻门将杨启鹏。"他现在练得不错了，原来我教过张鹭一段，他的大脚开得也挺好的。"如今以一个守门员教练的眼光来看，他认为目前国内守门员上升空间最大的就是杨启鹏、张鹭和王大雷。

漏球

40 岁零 133 天才踢完最后一场比赛，符宾的职业生涯漫长而坎坷。他年幼时在河北队、吉林队效力过，离开国安后又辗转前卫寰岛、湖南湘军……

在中国足坛，没有一名球员像他一样，凭借敬业和专业在每个落脚的城市被人惦记，因为友善和风度从客场的看台收到生日祝福；也没有一名守门员像他一样，背负了那么长久的骂名。

在国安，符宾迎来了自己职业生涯的第一个高峰，但他与国安的最初接触并不美好。

1995 年，甲 A 职业联赛首场，北京国安客场对阵济南队，也是符兵代表国安首次出战。他憋足了劲儿要打好这场比赛，想得多反而成了负担，他在比赛中出现了脱手丢球。

在比赛结束之后，以金志扬为首的国安教练组成员都来安慰他，才让他重新找回了自信，并逐渐进入佳境。接受了正能量的符宾，将国安上赛季 34 个丢球，减少了 14 个。

1997 年符宾入选国家队，但他在国家队一直没能站稳脚跟，在国安也渐渐失去了主力位置。

第一次进入国家队，年轻气盛的符宾在回老家探亲时，向启蒙教练王际树承诺，有朝一日要出现在世界杯赛场。然而，世界杯总是一次又一次伤害着这位执著的门将。

1997 年 10 强赛前，中国队前往英国拉练，符宾在一次接球中手指头脱臼。"那一瞬间，就觉得球被我戳漏了，结果一看，自己手指头断了。"符宾笑着举起自己左手无名指，当时上半截骨头和下半截骨头并在一起了。受伤后符兵脑子里第一个想法就是：明天训练怎么办？第二天，

符宾把无名指和小拇指绑在一起，继续训练。但是那届国足没能冲出亚洲。

2001 年 10 强赛，江津几乎打满所有比赛。只有最后一场无关紧要的比赛，米卢派区楚良守上半场、符宾守下半场。然而正是下半时的丢球，造成了中国队在 10 强赛中唯一一场失利。出征 2002 世界杯前，符宾在训练中扑郝海东的射门时手腕受伤，最终只能坐在电视机前，看着一起突围成功的队友们比赛。

多年来，符宾的一次扑救饱受病诟。那是 1999 年，甲 A 联赛最后一轮，重庆主场迎战沈阳，沈阳队必须取胜才能保级成功。在比赛的最后一秒钟，符宾作出了那次著名的夸张扑救——当时对方前锋射门的力度并不大，而符宾却鱼跃扑球，结果皮球却擦着他的身边漏入球门。

这是中国足球历史上最大的悬案。对于那次扑救，符宾不愿多谈。

必答题

《新京报》：你干过的最爷们的事？
符宾：我没干过什么特别爷们的事儿。像手指头脱臼了绑起来第二天继续训练这种事儿，我觉得不算什么，很正常。

《新京报》：除了你，国安队中谁最爷们？
符宾：大家其实都挺不错的。

杨智
灌篮惊呆马布里

2005 年，沈祥福将杨智推上了国安主力门将的位置："要想培养年轻守门员，就要交学费，我们为杨智交的学费不算多。"

2010 年，洪元硕在国安 1 比 1 平陕西的比赛后说："拥有他是我们的幸运。"

2011 年，李章洙带领恒大对阵国安，赛后他说："如果说我们引援有什么不足，恐怕就是没有把杨智带到广州。"

还是 2011 年，帕切科在接受采访时说："杨智可以在任何一支葡萄牙球队里立足。"

2012 年底，这些教练已不在国安，而杨智还在，他在等待下一位教练的赞扬。

○ 2012 年 7 月 24 日，在一场热身赛中，刚刚伤愈复出的杨智惨遭拜仁慕尼黑羞辱，国安 0 比 6 惨败，这是杨智在国安最差的成绩。图 /Osports

成型

2011 年 11 月 18 日，北京金隅男篮的训练已经接近尾声，这时场边出现了一位特殊的观众，他还亲自上场表演了一记精彩的单手劈扣，让外援马布里目瞪口呆："我以前只看过他的足球比赛，知道他是个出色的守门员，没想到他的篮球也打得很好，扣篮很酷，我被震惊了。"

这个震惊马布里的人，就是杨智。

如果不踢球，杨智可能会打篮球。小学时，杨智没事就喜欢跟父亲去篮球场。他父亲是汽车厂篮球队的，算是半专业的选手。而且，小时候杨智还特别喜欢看 NBA, 喜欢乔丹。

"上初一、初二的时候, 正好是芝加哥公牛和犹他爵士争锋的那两年, 一下课, 我就跑到食杂店去看比赛。"杨智说。

篮球还是足球, 杨智的父母没有帮他作出选择, 只是希望他能玩得开心。

杨智与足球结缘要追溯到小学二年级。小时候的杨智, 身体不太好, 但恰巧学校正好挨着广东宏远的主场, 杨智的爷爷打算让他去那儿跑跑步, 提高身体素质。

"那天, 走进体育场时, 那边正好有一帮比我大两届的学生在踢球。"杨智的爷爷一看踢球也不错, 就跟教练请求把孙子加进去。"那时踢球就是单纯的玩儿, 什么位置都踢"。到了三年级的时候, 教练一句"你去守门吧", 让杨智生平第一次站在了门线前。"那时候我个子并不高, 教练可能觉得我比较安静适合守门吧"。

队里都是 1981 年、1982 年出生的孩子, 本该去"83 组"的杨智并不适龄。没想到后来"83 组"无疾而终, 杨智只得一直跟比他大的孩子在一起训练。"那时候年纪大的孩子会欺负年纪小的, 尤其是刚去的时候", 不仅受欺负, 由于小了两岁, 杨智就成了"饮水机守护者", "替补中的替补, 几乎没上过场"。

酒香不怕巷子深。

1999 年, 甲 A 三线队比赛, 杨智终于正式地守上了门。初出茅庐的他不乏门线上灵光一现的神奇, 不过过多的失误也给这名年轻人好好地上了一课。2001 年, 九运会, 杨智所在的队伍中有 10 人被选参赛, 恰恰没有杨智的名字。"当时也没想太多, 没去就好好练。"杨智回忆说。

苦练之余, 杨智还参加了广东当地的一个青年联赛。比赛中, 他所在的队伍连续击败强敌, 其中就包括了那支由入选了广东队的球员组成的球队。由于杨智在比赛中发挥出色, 广东队向他抛出了橄榄枝。

杨智说: "后来我就到了九运会参加小组赛, 八强让我踢了, 四强也让我踢了。"杨智的表现, 教练李立新看在眼里记在心头。2002 年的亚青赛, 19 岁的杨智进入了国青队, 随队先后去了阿曼、卡塔尔。

"当时更多的是坐在场下, 但是出去这一趟, 对我的提升特别大。"杨智说。

2003 年, 杨智加盟深圳科健, 打上了甲 B, 正式开启职业生涯。

淬火

杨智单手劈扣震惊马布里的前一个月, 北京国安在 2011 赛季中超第 28 轮客场 1 比 0 击败天津泰达, 那场比赛, 是杨智在国安的代表作之一。

比赛伤停补时长达 10 分钟。第 100 分钟, 几乎是比赛的最后一秒, 主裁判给了天津一个点球。当时, 国安暂时以 1 比 0 领先。尽管国安队员们围着裁判要说法, 但点球已无法更改。天津外援比拉斯科站到了点球点。

所有的注意力集中在了杨智身上。

杨智冷静地观察着比拉斯科的起跑、抬脚, 然后准确地选择扑向左侧。杨智扑出了比拉斯科的点球! 兴奋的他, 像一名进了球的前锋一样狂奔。

杨智在国安的精彩镜头不胜枚举, 而他之所以能成为国安的一员, 还得感谢恩师李立新。

2005 年, 深圳科健解散, 当时还在准备"省港杯"的杨智对于接下来的道路并没有多想。"那个时候真的没想过将来会怎样, 也没有想过如果没球踢的生活会怎样, 那时还年轻, 只想提高自己的水平。"

一天, 杨智接到了一个电话, 是恩师李立新打来的。李立新告诉他, 北京有踢球的机会, 让他考虑一下。"因为没出来过, 也不知道外面的情况是怎么样。"杨智有些彷徨。曾经的队友吴伟安劝说杨智，应该出去看看，毕竟去像国安这种大俱乐部的机会难得。"9号定下来的，10号我就去海南和国安集合了。"杨智记得很清楚。

就这样，杨智离开家乡，只身前往北京，稀里糊涂成了一名"北漂"。

那一年的杨智22岁。

选号码时，杨智队有两个选择：1号和22号。杨智想到自己穿1号穿了那么多年，讨个重新开始的彩头也不错，自己此时又刚好22岁，于是就挑走了22号。殊不知，22号是老国安门将姚健留下来的。

杨智的运气不错，他在国安遇到了两位伯乐。

第一位是托米奇。塞尔维亚人在杨智的身上看到了难得的潜质，而且杨智能加盟国安，也是他力主的。在来到国安以前，杨智的训练并不完整，经过两年冬训，托米奇终于把杨智打磨光亮了。杨智坦言，托米奇对他的帮助特别大。

第二位则是时任国安主帅沈祥福。慧眼识珠的祥子，大胆起用了当时并没有什么大赛经验的杨智。杨智回忆说："当时我的失误也比较多，但沈指还是坚持用我。"2005年中超第4轮国安主场对阵青岛，杨智第一次代表国安上阵，从那时候起，只要不受伤，杨智就一直占据着国安主力门将的位置。

几年下来，杨智已经成长为"圣·杨智"。

2011赛季，在对阵广州恒大的比赛中，杨智高接抵挡，化解了对方无数次进攻。一次出击中，杀得兴起的杨智甚至带球冲出了大禁区，误入了对方的包围圈，不过他灵机一动，过了对方一名球员后将球开了出去。赛后，曾经执教杨智的李章洙直言，后悔没有把杨智带到广州。

一个好的门将可以顶半支球队。对于屡屡救险，杨智总是谦虚，他说他记不得哪次扑救比较成功，失误的比赛倒是铭记于心。2007年同辽宁的比赛，当时的场地不太好，球反弹的路线比较诡异，那场比赛杨智丢了两个球。

在国安达到职业生涯的巅峰并入选国家队打上主力，杨智深知，是国安成就了他。

2012年初，杨智在省港杯比赛中受伤，经诊断，右肩肌腱撕裂。如果采取手术治疗，那么，他需要休战很长一段时间。但为了早日重回赛场为国安征战，他选择了保守治疗。

保守治疗需要拔火罐。和普通拔火罐不同的是，为了将肩上的瘀血吸出，拔火罐处得开三个小口子。当杨智将自己拔火罐的照片发到微博上时，不由得让人倒吸一口凉气。

罐子中，全是血。

小北

2012赛季结束后不久，杨智出现在了北京老男孩队的热身比赛中。不过，这一次他没守门，而是在比赛中好好过了一把后卫瘾。谢峰说，多亏有他，要不这帮老骨头可顶不下来。赛后，过完瘾的杨智就带着老婆和女儿，直奔饭馆，开始了假期的幸福生活。

刚来北京时，杨智可没有这么幸福。

北方的气候让他很不习惯："天气太干，又干又冷。"冬天在香河基地那边训练时，屋里干，杨智鼻子就痒得受不了，下意识地经常揉鼻子，所以总是流鼻血。到了外面又冷得不行。"那时候还会想家里的吃的，比如粥粉面。"在北方待久了，杨智逐渐适应了北方的饮食。

难过的还有语言关。来北京7年，现在杨智的普通话已经很好了，"前两年还是不行"，杨智跟队友出去玩儿的时候，还得给他配个翻译。

一次，杨智跟队友们在外吃饭，席间一个北京人讲了个笑话，大家都笑了。就杨智很茫然，他转过头问杨昊："他们都笑什么呢？"

杨智在队里从来没有说过广州话。

训练之余，杨智就会在寝室里聊聊QQ，斗斗地主。"第一年我连二环都分不清"，那会儿，工

○ 2005 年 8 月 21 日，中超联赛第 17 轮，杨智没能阻挡住陆峰的进攻，国安客场 0 比 1 不敌青岛中能。当年 4 月 17 日，杨智首次代表国安出战，国安主场 4 比 1 大胜青岛。图 /Osports

体周围远不如现在这般热闹，娱乐场所仅有 MIX 和 VICS。"总不能没事去那儿吧"。有时，杨智想出去走走了，就在工体北门和队友吃吃饭，这也是他活动的最大范围。

"那时候也没什么游戏可以玩"。前两年，杨智买了个 PS3，训练之余可以玩玩街霸，队友们也会到他的寝室来玩。"今年有一段时间大家一起玩儿 CS，打僵尸，那时队里的气氛挺好。"杨智说。

2006 年，在工体西门的一家饭馆吃饭时，杨智邂逅了后来的妻子刘晓婷。在门前冷静异常的他在刚见到这位山东空姐时，怦然心动。同他一起吃饭的队友闫相闯看出了杨智的心思，便自告奋勇做了两个人的"月老"。

"后来两个人就在一起了。"杨智说，当时的刘晓婷一点也不懂球，但是，除非她不在北京，否则都要风雨无阻到工体主场观看杨智的比赛，"她说就是到到现场看我的，其他的她不在乎，也不在乎自己是不是懂球。"

2008 年联赛结束后，杨智同刘晓婷举行了婚礼。刘晓婷微博的签名也改成了："幸福，就是找个温暖的人过一辈子。"

2009 年是杨智人生中最重要的年份。5 月份，杨智刚刚被召入新一届国家队，随后，他和妻子的爱情结晶出生。5 月 24 日，国安主场迎战青岛中能，喜得千金的杨智刚一走进球场，就迎来了工体球迷热烈的掌声。队友们则商量好了，一定要用胜利恭喜杨智。"如果进球了，一定做一个摇篮的手势。"杜文辉在赛前提醒着大家。

比赛中，当杨昊攻进第一个球的时候，所有国安球员都一路冲向杨智，大家开心地跳起了摇篮舞。

"可能女儿比较旺爸爸。"杨智说。就在这一年，国安拿到了梦寐以求的联赛冠军。

谈到女儿，杨智总是很开心。杨智的千金小名叫小北。"她妈妈是北方人嘛，我也是在北方工作，她是生在北方。"杨智如此解释女儿的

名字。

刚有女儿的时候，杨智一直处于联赛与国家队双线作战的状态，一年也没什么假期。在今年受伤闲下来后，杨智明显感受到了女儿带给他的温暖，"有什么烦恼看见她们就都忘了"。杨智伤愈复出以后，训练场边就多了一个可爱的身影，那就是小北。

每有闲暇，杨智会带着老婆女儿到处转转。2012 年 10 月去青岛比赛之前，球队给队员们放了难得的两天假，杨智并没有休息，而是带着小北去欢乐谷玩了一圈，"现在小北长大了，变得不太爱去游乐场了，我就有时带她去吃点好吃的"。作为微博控，杨智夫妻经常在网上"晒幸福"，每当贴出一家三口或是小北的照片时，总会惹来网友一阵艳羡。

有车有房，对于"北漂"的"成功"，杨智如此作解释："有一定的运气吧，但也有自己的努力，有人有运气却没有实力，有人有实力但少了点运气，我可能恰好碰到这个点了。"

好运，杨智。

必答题

《新京报》：你干过的最爷们的事？

杨智：2009 年最后一场比赛吧，帮助球队夺冠。

《新京报》：除了你，国安队中谁最爷们？

杨智：徐云龙。

周挺
"恶汉"也有柔情时

去前卫寰岛，球队发生动荡；加盟云南红塔，球队被收购；投奔深圳健力宝，球队老板出事儿……不管去哪儿，球队总要出点事儿，周挺的威力堪比"雨神"萧敬腾，"我运气差"。

直到穿上国安的球衣，浪子才定下了性儿；直到娶了位才女，联赛红、黄牌榜头把交椅的"挺爷"，才渐渐收了火爆脾气。

别看"挺爷"在球场谁也不怵，但在家里，他是好儿子、好老公，干家务也是一把好手，最近还学会了做菜。

展望退役后的生活，周挺认为只有三件事可干：挣钱，吃饭，活着。

○ 2010 年 8 月 26 日，中超联赛第 7 轮，国安 0
比 1 不敌山东鲁能，周挺被主裁判李俊红牌罚下。
图 /Osports

浪子

上小学三年级时，代表学校参加大连市足
球赛，周挺让教练傻了眼。

周挺的父亲是半职业球员，和迟尚斌是发
小，先后在辽宁工人、沈阳部队和南京部队踢过
球。周挺回忆说，父亲踢得不错，但没赶上好时
候，"当时没联赛，踢球赚不到钱"。

正因感觉踢球没好处，父母都不想让周挺
踢球。周挺自己报名，加入中山路小学的校队，

"我那时喜欢守门"。

天分和喷嚏一样，藏不住，周挺迅速成为
校队主力，位置也从门将前移为前锋。

一天晚上，周挺在家写作业，有人敲开家门，
指着周挺说："就这小子。"父亲还以为周挺在外
惹了祸，刚要发火，来者赶紧说明原委：想让周
挺转去东北路小学踢球。

父母不同意，无奈大连市体委和沙子口区
教委下了调令，周挺被迫加盟东北路小学。

这是大连乃至全国最负盛名的一所足球传

统校，有"中国足球的黄埔军校"之称，培养足球人才方面成绩斐然，荣誉室里都是如雷贯耳的国脚：盖增圣、盖增臣、贾秀全、庄连胜、大王涛、张耀坤、董方卓、周海滨、冯潇霆、赵旭日、马晓旭都来自此地。

有了更棒的队友，周挺如虎添翼，他们常打得同龄对手摸不着北。周挺还经常帮大人踢球，丝毫不落下风，用熟人的话说："别看是少年队的，照样好使。"

说起当时，周挺自认糊涂："当时我不知道自己踢得怎么样，反正场场都能进球。教练说我还行，比较有前途。"13岁入选国家少年队，16岁入选国家青年队，周挺觉得挺美，"那时我真是一帆风顺，想什么来什么。"

打这以后，周挺就没那么顺利了。1997年，效力大连青年队的周挺在绵阳集训，和教练对骂起来，一怒之下，自己飞回大连。他拍着脑袋说："打小儿我脾气就不好。"

后来周挺被提拔到大连万达一队，但新帅徐根宝对他不感冒，"打四国邀请赛时，我在宾馆里坐着，等魏意民喊我，谁知道他们没等我，到点以后，球队大巴车就开走了"。

类似的马虎不止一次。打远东杯，周挺把参赛服丢在浴室里，其他球员登场时，他只能坐着警车回宾馆取衣服。

周挺很快就成为徐根宝铁腕治军的牺牲品："当时我们参加一个赞助活动，没给我发装备，他们说，徐指导让我回预备队反省，也就是把我开除了。"

周挺不忿，他跟父亲说，一定要离开大连。自此开始漂泊生涯。

刚刚西迁重庆的前卫寰岛相中了周挺，教练徐发前往大连租借成功。随后前卫寰岛发生动荡，周挺只能再回大连。1998年，周挺两次骨折，自觉前途无望，反复找俱乐部领导谈话，说要离开万达，甚至去找王健林，但无功而返。

周挺不信邪，1999年出走厦门，准备跟随

迟尚斌，但后者摘牌失误，优哉游哉打着乒乓球的周挺只能走上另外一条路——加盟刚刚改制的云南红塔。

实力、名气都不能与"巨无霸"万达相提并论，但周挺在云南过得不错，场场主力，每月可拿6000元钱，也由攻击球员改为防守球员，还入选了阿里·汉的国家队。

2003年年底，云南红塔被力帆收购，周挺转会青岛，待了一年多，不欢而散，他说俱乐部老板玩手段："差五六个小时就停牌了，跟我谈降薪，这不是玩人吗？"

周挺自掏30万元前往深圳，投奔朱广沪，"那年我没工资，只拿比赛奖金"。但随后健力宝老板张海出了事，周挺只能再寻下家。

"不管去哪儿，球队总要出点事儿。"周挺总结说，"我运气差。"

直到遇见国安。

红人

265场比赛，82张黄牌。

2012赛季开始前，央视《足球之夜》给出了周挺的黄牌统计。这个数字，让周挺坐稳了中国顶级联赛红、黄牌榜的头把交椅。这个数字，也让周挺"红人"的外号名副其实。

在隋东亮的介绍下，周挺2006年来到北京国安。这是他效力的第六家俱乐部。在这里，他赢得了一系列绰号，其中就有"红人"，另外还有"拼命三郎"和"挺爷"。

说到"拼命三郎"，原是梁山好汉石秀的绰号，如今用在周挺身上再合适不过，他踢球，多年如一日地不惜命。这是从小学到的经验，在东北路小学那会儿，教练要求作风硬朗，顽强，敢打敢拼，说到底就是四个字儿：谁也不怵。这么多年，周挺踢球从来如此。

"爷"在北京是尊称，过去都叫"康熙爷"、

"乾隆爷"什么的。周挺对"挺爷"这个绰号特不好意思，"我觉得我有点不敢当，有些抬举我了"。

"红人"可能是周挺最不愿意听到的绰号了。

因多次严重犯规，周挺上了联赛中裁判们的黑名单，甚至是亚洲裁判的黑名单。对裁判们来说，周挺就是场上的"恶棍"。

周挺有多恶？王学庆有发言权。

2009年4月17日，该赛季中超第5轮，北京国安对阵山东鲁能。上半场补时阶段，因为对主裁判王学庆的判罚不满，周挺骂了脏话，这让王学庆非常恼怒，他跑到周挺的跟前，向他出示了红牌。

这张红牌也促成了足协开出2009赛季的最大罚单：停赛6场，罚款3万元。

"首先是他误判，我只不过是在提醒他。而且我只是在嘴里嘟嘟囔囔，并没当着他的面。"时至今日，周挺仍然对那张红牌不服。

周挺有多恶？石雪清有发言权。

2002年，周挺还在云南红塔。和重庆力帆踢比赛时，周挺把对手周麟铲翻在地，时任力帆总经理石雪清在场边大喊："我×，有这样踢球的吗？"如果不是队友劝阻，周挺当时就要冲过去，勉强坚持到比赛结束，他迅速去找石雪清理论："我在防守，这是我该做的！"

周挺的脾气就是这样，因为得红、黄牌太多，教练都放弃了对周挺的教育，"后来教练什么都不说我了，觉得是对牛弹琴"。

周挺有多恶？国安也有发言权。

2008年亚冠联赛，北京国安客战鹿岛鹿角。第26分钟，周挺肘击报复对手被出示黄牌。第32分钟，周挺背后铲球犯规再次吃到黄牌被罚下场。半场未结束就以少打多，国安最终0比1输掉了这场比赛，小组也未能出线。

几年后，周挺回忆起那场比赛仍为第一张黄牌叫屈，"我当时纯粹是为了抢占位置"。但不管怎样，周挺说这张红牌是他职业生涯最后悔的一张，"心感觉是拔凉拔凉的"。

周挺这样的脾气，也让北京国安总经理高潮无可奈何，"我跟他说，如果你真的忍不住，能不能找个土坑把脸埋起来"。

"在国安这几年，被罚得最多的就是我。我也一直没在思想上重视，感觉这些都无所谓，只要能赢球，怎么都行。"周挺自己也很茫然。

周挺的恶，让他还背了不少黑锅。

2010年8月26日，又是北京国安对山东鲁能。第67分钟，周挺禁区前手球犯规，主裁判先是向他出示一张黄牌，接着又掏出了红牌。周挺呆住了，因为他之前并没有吃黄牌。队友也赶紧围住主裁判解释。最终，主裁判收回了红牌，但仍让周挺惊出了一身冷汗。

"我自己做得不对，我肯定认。但绝不会替人背黑锅，谁错就是谁错，不能赖在我身上。"周挺承认，自己踢球时脾气很坏，"我在这方面的把控能力特别差，年轻时还会有报复心理，没有后悔的想法，也没有意识到会对俱乐部有什么伤害，就觉得自己在玩命，在尽力。"

贤夫

很少喝酒，不爱泡吧，场下的周挺，算得上标准的宅男。

按照周挺自己的说法，场上火爆，但场下安静，"不能说判若两人吧，但我在场下绝对坐得住，完全不像场上，一点就炸"。

周挺不愿意去夜店玩，他喜欢静的东西，在北京这几年，他最常做的事就是喝喝茶、聊聊天，"像我这种场上有些怪脾气的，反而在场下很老实，北京空气差，路上也堵，我愿意在家待着，不爱在外面吃饭"。

周挺很少喝酒，因为他没什么酒量。"我们家都不能喝酒。"他说，"大家族四十来口人一起过年，一共就喝两瓶啤酒，吃饭为辅，打麻将为主。有时我在家看球，想喝点儿啤酒，也就是一

○ 2009 年 4 月 17 日，中超联赛第 5 轮，国安客场 2 比 2 战平山东鲁能，周挺被主裁判王学庆红牌罚下。图 /Osports

听吧。偶尔和朋友去酒吧，也喝得特别少。"

球场之外，周挺没怎么打过架，他反复强调，自己是讲道理的人。一位执教过周挺的教练说："这孩子好，虽说有点一根筋，脾气暴，但他不会拉帮结派，也不会耍坏心眼。"

在外界看来，球场上脾气火爆的周挺，一定是"猛张飞"和"糙李逵"之类的人物，其实生活中的他非常细致。他的一位队友说："在国外打客场比赛，很多人都忙着给自己买名牌，但周挺总是给爸爸妈妈带礼物。"

周挺说，他爸妈不容易，这么多年都不敢去现场看球。"他们刚开始看过几次，但受不了球迷骂我，以后再也不去了，就在家里看电视。"说起家人，周挺一脸温情，"从我懂事开始，基本上就没在家里待过。为了我踢球，我爸妈付出很多。等我退役以后，首先就陪他们出去好好玩一圈。"

父母都在大连，能在北京陪着周挺的只有妻子，两人相识十年，感情非常好。妻子也是大连人，比周挺小两岁，北大硕士，目前在北京的金融系统工作。

周挺的妻子从不看球，这么多年，仅有的一次现场看周挺踢球，就是今年北京国安客场打大连阿尔滨，当时是她陪妹妹一起去的。"从头看到尾，她也没找到我在哪儿。"周挺拿这个当笑话讲。

最近两年，周挺越发稳健，红、黄牌数量锐减，妻子功不可没。国安俱乐部的领导有心计，特地找到周挺的妻子，让她管着周挺，"他们知道我老婆学历高，就让她跟我讲道理。反正每次得了红牌，她就和我吵架，说我这样是错误的，我不想惹她生气啊"。

硬汉周挺离开球场，回到家里还是家务好手，"家里的活儿基本都是我干，我老婆喜欢找钟点工，但如果我在家，活儿都是我自己来。有时候踢球回来，可能比较累，那我也会做一做家务"。

周挺经常陪妻子去香港，但两人目标不一样，妻子四处购物，喜欢美食的周挺就在大排档吃东西，各得其乐。今年他还学会了做菜，"这可是人生大事，这么多年我总算会做菜了，以后我想吃点什么，就自己下厨"。

眼瞅着就要34岁了，周挺不服老，但也承认，离退役越来越近。谈到以后，周挺爽快得很："还没想过以后，但我猜和现在也差不多，肯定是挣钱，吃饭，活着。"

必答题

《新京报》：你干过的最爷们的事？

周挺：我觉得我学会做菜这件事最爷们，虽然我几周也做不上一次，还必须有老婆在场，但真心觉得这事儿爷们，也挺有意思的。

《新京报》：除了你，国安队中谁最爷们？

周挺：我觉得祝一帆最爷们，每天要被其他队员揍好几顿，但第二天还去招惹人家，把揍他的人都给弄服了。何况他看着就跟个肉球儿似的，确实很爷们。

徐云龙
对得起北京这俩字儿

为了踢球，7 岁就离开家住集体宿舍，徐云龙把青春都献给了足球。

球场上的徐云龙霸气十足，不怒自威，连世界杯上的传奇人物罗纳尔多也毫不畏惧，但到了场下，却被队友们说成"没正经的"。

为国安效力了 14 年，徐云龙成了目前队中资格最老的球员。他拍着胸脯说，自己这么多年对得起国安，对得起球迷，对得起北京这俩字儿。

○ 2009 年 12 月 4 日，中超颁奖典礼在上海举行，队长徐云龙亲吻火神杯被定格为历史画面。图 /Osports

冠军

2009年10月31日。

不管是现役国安队员还是老国安队员，都会一辈子记得这个日子。

那是国安圆梦的一天。

那一天，国安4比0击败绿城，从永远争第一到终于争到了第一。那一天，金光闪闪的火神杯刻上了北京国安的名字。

那一天，6万多国安球迷的激情点燃了工人体育场。

那一天，是国安队长徐云龙职业生涯里最辉煌的一天。

那一天，星期六，世界勤俭日。万年历上显示，宜祭祀、裁衣、理发、安床、忌开光、栽种、会亲友。

上午11时，国安餐厅准备好了"冠军餐"。

什锦炖肉、清蒸鳕鱼、酱爆鸡丁、五彩牛肉丝、麻婆豆腐、西红柿炒鸡蛋、清炒西兰花、青椒土豆丝、甲鱼汤、西红柿汤……摆得满满当当的。

路姜第一个走进餐厅。随后，徐云龙和队友们也一起走了进来。

这个时候，工体外面已经是人声鼎沸。

下午3时20分，徐云龙第一个从更衣室走了出来，表情平静，丝毫不见大战之前的紧张。

绿城阵中的奥托，是国安防线最大的威胁。作为国安防线的领军人物，徐云龙在全场比赛中将他限制得死死的，确保了杨智的球门平安无事。

下午5时20分，伤停补时4分钟后，主裁判吹响了比赛结束的哨声，北京国安赢得了2009赛季中超联赛冠军，这也是国安历史上首个联赛冠军。

马季奇和保罗跪在球场中央庆祝夺冠，替补席上的队员纷纷冲进了场内。这个时候，徐云龙却没有留在场内，而是冲上了看台，亲吻前来看球的女朋友。

随后，徐云龙返回场内换上特制的冠军T恤，和队友们庆祝。在徐云龙"消失"的这一小会儿，队友们将主教练洪元硕抬起来，3次抛向了空中。

晚上7时30分，工体安静了下来，在国安的球员宿舍里，徐云龙早已过了兴奋劲儿。他在接受BTV体育频道的采访时，平静得就像什么事都没有发生过。一如4个小时前他从更衣室里走出来那样。

34天后，徐云龙以国安队长的身份，在上海举起了火神杯。

亲友

不得不再次回到2009年10月31日的那个下午，比赛结束后，徐云龙除了冲上看台亲吻自己的女朋友之外，他还在寻找一个人。

"我是去找我父亲的，他也来看球了。但我没看到他，我要感谢他的养育之恩。"接受BTV体育频道的采访时，徐云龙道出了自己当时寻找的对象。

徐云龙是得感谢他的父亲，事实上，如果没有父亲的支持，徐云龙或许也会像父母一样，去练舞蹈。

父母都是舞蹈演员，但儿子却选择了踢球，徐云龙坦言，走上足球这条路，完全是受父亲的影响。

徐云龙的父亲是个资深球迷，他不光爱看球，还会把重要比赛录下来，留着日后闲下来的时候再反复看，"贝利、马拉多纳踢球的带子，我们家现在还有"。

从跟着父亲看球到自己踢球，徐云龙很自然地走上了属于自己的足球道路。他家当时住在虎坊桥，由于附近的学校没有专门的足球训练班，因此他不得不去石景山八角小学读书，"那里是北京市第一个儿童足球学校，所以我就去了"。

为了踢球，徐云龙7岁就离开家，住学校

的集体宿舍，"刚开始也想家，可是后来习惯了就好了"。三年级的时候，身体条件出众的徐云龙来到什刹海体校的北海小学，一边读书，一边接受相对比较专业的足球训练。跟徐云龙在一起踢球的，还有王长庆。路姜当时也在什刹海体校，不过，比徐云龙低一届。

从1988年进入什刹海体校，徐云龙总共在那里待了8年，直到北京青年队的主教练张建国对他"一见钟情"，他的足球生涯才开始不同，后来进入国安也就顺理成章。

在国安夺冠后的庆祝中，细心的球迷会发现，徐云龙在球场里和某个队友来了个熊抱。后来在宿舍接受采访时，徐云龙也感谢了这个人，他就是杨璞。

徐云龙是在威克瑞与杨璞认识的。

据杨璞在博客里的描述，徐云龙刚进队时，还和他抢过地盘。提到这段往事以及杨璞的博客，徐云龙也笑了："我看过，他杜撰的有点儿多。"

徐云龙说，那个床位确实是教练给安排的，当时自己也不知道杨璞之前住在这里，两个人根本不认识，"是杨璞去找的教练，说这个床是他的。教练后来找到我，让我换个屋。我觉得换个屋很正常，就换了"。

"不存在什么见了面就说'这是我的床，你起来'！那我不得揍他！"徐云龙也调侃了起来。可能是因为不打不相识的原因，徐云龙后来跟杨璞成了最好的朋友，两个人虽然不是从小就认识，但关系却比发小儿还亲。

据杨璞回忆，小时候徐云龙特别爱吃肉："记得那会儿，只要徐云龙一到我家，肯定问我妈：'阿姨，有肉吗？'只要有，甭管是一盆羊蝎子还是一盆牛尾，必须全部消灭掉，必须的。"

如此，也就不难解释为什么徐云龙的身体条件如此出色了。

辉煌

征战沙场十几载，徐云龙什么阵势没见过？但他也有紧张的时候。

"那是2002年世界杯的第一场比赛。"10年过去了，徐云龙还是记得清清楚楚，"这场比赛之前，国家队开了很多次动员会，大概意思就是说：'这场比赛有十几亿人在看着你们，所以你们一定要踢好！'"

国家队当时的计划是第一场赢，第二场输，第三场平，然后小组出线。"那个时候几乎天天开会，别说我了，连老队员都不行了。"徐云龙说。

徐云龙记得，自己踢第一场比赛的时候，腿都是软的，"那是踢得最臭的一场球。后来，大家都觉得没戏了，也就放开了。后面两场比赛虽然都输了，但踢得没那么别扭"。

当时，国安有三名球员参加了世界杯，除了徐云龙，还有邵佳一和杨璞。不过，和邵佳一、杨璞打替补不同，徐云龙踢满了三场世界杯比赛，是当时国家队中出勤率最高的球员之一。

在对巴西的那场比赛中，徐云龙表现得很爷们。

从罗纳尔多、罗纳尔迪尼奥，到卡洛斯、德尼尔森，徐云龙和巴西队豪华的左路球星——过招儿，且不落下风。

上半场到第8分钟时，徐云龙一次快速突破，带球晃过卡洛斯后完成了下底传中。随后，他又在一次单挑中铲断了罗纳尔多。在开场之初和徐云龙的几次碰撞没有占到便宜后，罗纳尔多不得不把主攻通道从左路换到了右路。

罗纳尔多"右倾"后，罗纳尔迪尼奥开始主攻徐云龙这边，不过，同样没有占到太多便宜。那场比赛后，徐云龙接受采访时说："这小子（罗纳尔迪尼奥）小动作太多了。"

下半场，"盘球大师"德尼尔森上场后对上的也是徐云龙。结果，徐云龙没有被他花里胡哨的动作欺骗，巴西人甚至连一次像样的传中

○ 2006年3月6日，沈祥福率国安球员在丰体训练。这一年，沈祥福把徐云龙从边后卫调到中后卫，徐云龙在这个位置上一直踢到现在。图 /Osports

都没有。

那场比赛后，孙继海向徐云龙竖起了大拇指。

米卢在世界杯中让徐云龙主要打右边后卫，但在国安时期，徐云龙打过多个位置。

刚开始，徐云龙的位置基本上都是边后卫，可在球队打不开局面的时候，他也会偶尔客串前锋。2000 年，魏克兴担任主教练。那年的足协杯赛中，国安客场 0 比 3 输给了厦门队。回到主场后，魏克兴安排徐云龙和南方搭档担任前锋。下半场比赛进行到第 20 分钟的时候，徐云龙接到邵佳一发出的任意球，头球建功，帮助球队最终以 4 比 0 的成绩战胜对手。

虽然徐云龙的位置此后还是前锋和后卫不固定，但在 2000 年之后，徐云龙多数时间都出现在边后卫的位置上。从前锋到后卫，徐云龙觉得没什么可遗憾的，"毕竟踢到了现在"。

2005 年，徐云龙还专门就位置问题找当时的主教练沈祥福谈过一次，他当时就跟沈祥福说："您要是希望我把球踢好了，就给我固定在一个位置上，别让我总是换来换去的。"

就这样，沈祥福把徐云龙从边后卫调整到了中后卫，并一直踢到了今天。

忠诚

14 年！

从 1999 年进队到现在，徐云龙穿着国安战袍已经整整踢了 14 个赛季，活生生地将自己踢成了中超的马尔蒂尼。放眼现在的中超，也就只有辽宁的肇俊哲可以与之相提并论。

邹侑根曾经创造的 313 场中国顶级联赛出场纪录，也被徐云龙在 2012 赛季时打破。

在国安的 14 年里，徐云龙经历了夺冠的辉煌，也经历了足协抽扑克牌决定名次的荒唐。

2002 赛季，国安的成绩不错，同深圳队的积分相同，并列第二。为了区分两队的成绩，足协并没有参照双方的胜负关系和净胜球，而是采取抽扑克牌看谁点儿大的方式决定了亚军和季军。结果，代表国安抽扑克牌的领队魏克兴抽到了梅花 J，深圳队的助理教练谢峰则抽到了黑桃 Q，因此，国安屈居第三。

"当时的做法真的是太可笑了！也只有中国足协能想出这样的主意。"徐云龙说。

2004 年国安的罢赛风波，徐云龙也是见证者。

当年 10 月 4 日，国安客场挑战沈阳金德。主裁判周伟新判给主队点球，这点燃了国安将士的怒火，国安选择集体罢赛。徐云龙当时也在场。他认为全队之所以会如此冲动，并不只是因为这一次判罚，"是多场球赛积累下来的，那次只不过是终于爆发了而已"。

虽然足协后来重罚了国安，但随着 2009 年足坛反赌扫黑风暴的爆发，当时的主裁判周伟新也被绳之以法。"不是不报，时候未到。"徐云龙认为，球队当时的行为确实值得商榷，但也不是不可原谅，"只能说，大家在那种情况下，都没控制住。"

了解徐云龙的人都知道，不管踢球还是生活，他都是个直来直去的人。跟熟悉的人没什么架子，经常可以一起瞎逗，队友们说他"没正经的"，他满不在乎。可是，遇到不熟或者不喜欢的人，徐云龙干脆就不说话，他说这就是自己的性格。从小到大，他没崇拜过什么人，也没什么偶像。

踢球的时候，人们经常会看到徐云龙大声提醒自己的队友，踢着急了甚至还会骂人。

据杨璞透露，徐云龙和杨智两人还在比赛当中为了业务而争吵过。"比赛的时候非常紧张，不喊不行啊。喊急了就骂，骂完了下来再给你道歉。没有什么接受不接受的，大家在场上谈的都是业务。"徐云龙说。

在国安的这十几年里，也有不少球队想花重金挖徐云龙，希望他能够转会，可是他依然选择了留在北京，因为他更愿意为自己家乡的球队效力。

"这么多年，我问心无愧。我可以摸着良心说，我对得起这支球队，对得起这些球迷，对得起北京这俩字儿。"徐云龙说。在徐云龙看来，国安的精神就是"不服输"！"你比我强，我比你更强！"

2012 年，徐云龙已经 33 岁了，进入了职业生涯的后期。此前也曾传出过他将退役的消息，但徐云龙都付之一笑。"能不能踢，其实只有两个问题，一个是行不行，另外一个是想不想。现在需要我考虑的不是行不行的问题，而是想不想的问题。"如果不出意外的话，2013 年的中超赛场上，球迷依然可以看到徐云龙的身影，他还会继续身着印有"13"的绿色球衣。

至于什么时候不踢，他自己都不清楚，徐云龙说："我还从来没想过呢！"

必答题

《新京报》：干过的最爷们的事？

徐云龙：忘了，真想不起来了。

《新京报》：除了你，国安队中谁最爷们？

徐云龙：踢球的都挺爷们的，杨璞吧。

王晓龙
腾飞要谢贤内助

王晓龙, 1986 年出生。和很多北京孩子一样, 王晓龙从小就梦想着进国安踢球。但他阴错阳差地被鲁能足校选中, 并在山东开始了自己的职业生涯, 经历种种, 才辗转回到自己生长的这片土地。

他足球天赋极高, 实力出众, 是场上名副其实的一条"龙", 但因性格问题屡受挫。他的足球之路就像《周易》中的三副爻卦, 先是"见龙在田", 后又"亢龙有悔", 最后才终于"飞龙在天"。

而他的"飞龙在天"阶段, 正是在国安。

○ 2012 年 5 月 25 日，中超联赛第 12 轮，国安主场 1 比 0 击退大连阿尔滨。打进制胜球的正是王晓龙（右），他如今已是国安的绝对主力。图 / Osports

见龙

见龙在田，出自《周易》乾卦第二爻，可直白理解为：有龙出现在田间。之于王晓龙，便是他的足球天赋自小就显露出来。

"他对我的能力很认可，觉得我盘带、突破以及踢球的冲击感都很像马拉多纳。"王晓龙后来总能回想起自己在鲁能时，当时的主教练图拔给他起的外号"小马拉多纳"。

不过，王晓龙知道自己与球王的差距："我知道自己差远了，可能唯一跟马拉多纳相似的地方，就是我们都用左脚。"

没错，马拉多纳左脚很厉害，而王晓龙，在足坛江湖成名，靠的也是左脚。

说起来，王晓龙走上足球的道路有点与众不同。他小时候精力旺盛，晚上睡不着，父母为了消耗其多余的精力，送他去家附近的少年之家足球班。没承想，这个无奈之举改变了他的一生。

在少年之家练了一年后，王晓龙去了周广

生在定福庄开办的足球学校。之后，作为足球特长生被招入人大附小，并顺其自然升入人大附中。人大附中和附小足球队的孩子和普通学生一起上课一起考试，只有每天放学训练两小时。王晓龙从小就喜欢技术派球员，也痴迷于球技。课间、放学……只要有时间他就找瓶盖之类的东西练习。

他美妙的左脚功夫，从小时候就有淋漓尽致的展现，尤其体现在盘带方面。

在人大附中、附小上学时，每当课间休息，同学们就用报纸裹成一团，拿胶条缠好做成足球，在教学楼门厅里踢。王晓龙负责盘带，同学们集体围抢都抢不着。

"那么多人，都没人能从我脚下把球抢下来，一些同学急了就铲我，最后都变成打橄榄球了。"王晓龙说。

还有一个经典案例。有一次在宿舍楼的楼道里，每个屋门口站一个人准备抢断，他盘带个瓶盖，从楼道一头带到到另一头，瓶盖依然在其脚下。

"那时候每天只要闲下来，就找东西练球技。小罗他们颠橘子啊、乒乓球啊，我都能。"王晓龙说。

他的左脚给他足够的自信，即使在卢西奥这样的世界级后卫面前，也没有畏惧感。2008年初，中国国奥队与拜仁的友谊赛中，王晓龙在拜仁门前带球晃过三名防守队员后起脚打门，虽然球没有进，但他凌厉的左脚功夫已让那些世界级球员领教了。

在人大附中时，脑子极其聪明的王晓龙不仅足球方面的天赋展露无遗，且理科成绩可以排到年级前50名。2000年，鲁能足校相中王晓龙时，到底选择职业足球还是考大学，让王晓龙颇费心思地斟酌了一番。最终，他选择足球，但给自己留了后路——人大附中为他保留两年学籍，如果踢不好，回来继续上学。

王晓龙清楚记得，2000年11月7日他进的鲁能足校，整整两年后——2002年11月8日，教练通知他收拾行李，到济南的鲁能一队报到。

"小时候看着冈波斯、曹限东他们踢球，就也梦想着有朝一日像他们一样。"王晓龙说。

有这样一只"金左脚"，他的职业梦其实不难，难的是如何成名于足球江湖。

亢龙

亢龙有悔，出自《周易》乾卦第六爻。占得此卦的人，往往桀骜不驯、招灾遇挫。王晓龙的天赋在于他的左脚，他的挫折，在于他的性格。用他自己的话说，就是脾气不好，性格不好。空有能力，不得重用。

"王晓龙踢得不行，所以在鲁能踢不上球。"王晓龙最烦这句话。

"你可以说我脾气不好，但是你不能说我踢得不好，我觉得我自己的实力完全没问题。不过我承认，我以前性格的确有一些缺陷，这导致了我在鲁能的生涯很失败。"王晓龙说。

十几岁就出门在外，身边又没有亲人。王晓龙直言，在鲁能没有家的感觉，日子过得很糊涂。时间久了，就会烦，就爱发脾气。

"脾气暴的例子？那可多了去了。"王晓龙不介意揭自己的老底，"20岁的时候，有一次图拔说：'晓龙你下半场上。'我直接回了一句：'我不打替补，要不然首发，要不然就别让我上，干脆都别给我报名。'有时候，一场比赛让我上20分钟，我就气得摔衣服，类似这样的错误非常多。"

队里训练的时候，王晓龙是著名的刺儿头，自己爱练的就认真练，觉得对自己用处不大的，就不好好练。

"说白了，就是觉得自己特了不起。"用"恃才傲物"形容年轻时的王晓龙，再合适不过。

2007年，有国外俱乐部看上王晓龙，但是

○ 2006 年 10 月 5 日，中超联赛第 26 轮，王晓龙（中）突破上海申花李玮锋与吴伟超的夹击。那场比赛，鲁能 1 比 2 不敌申花。王晓龙踢球从北京开始，职业生涯却从山东起步。图 /Osports

惜才的图拔不愿意放人，再三挽留他，并承诺给他主力位置。那时候，王晓龙不理解主教练对自己的器重，每天赌气："你不让我走是吧？那我就不好好练。你不让我出国踢，我也不在这儿给你好好踢。"

有人称王晓龙打不上主力，因为跟主教练图拔有过节，遭到弃用。王晓龙对此解释道，他和王永珀一直是图拔最喜欢的球员，只不过因为自己耍小性子，辜负了图拔的一片苦心，也耽误了自己的前程。王晓龙说，自己在鲁能的几年，可以用失败来形容，而一切原因，都归结于自己太任性，太不懂事。

王晓龙的坏脾气，不仅影响了自己在鲁能的发挥，甚至还影响到他在国字号的前程。在国奥队时，王晓龙不止一次和主帅杜伊闹情绪。早在 2006 年，王晓龙就能在国奥踢上主力了。但他集训时不积极，主教练杜伊又怎么会喜欢？

甚至回到国安，王晓龙的性格缺陷也给自己添了不少麻烦。2010 年，初到国安，王晓龙"水土不服"。

"用龙哥（徐云龙）的话来说，就是跟我开不得玩笑，接触起来特不舒服。"王晓龙说。

北京人把开玩笑叫"打镲"，大家无论什么辈分，都互相"镲"来"镲"去的。如杨昊所说："我跟你好我才'镲'你，我跟你不好我答理你干吗？"

但是长时间生活在山东的王晓龙一开始接受不了这个，队里有人拿他身高开玩笑，管他叫土豆。王晓龙一脸怒气地回一句："你有病啊？"

渐渐地，队友们都不爱跟他说话，只是训练场上不得已时才有几句交流。

洪元硕带队的那段时间，王晓龙少有机会登场。有人问洪帅为什么不用王晓龙，洪元硕有些无奈地说："不合群，到场上不好配合。"

飞龙

飞龙在天，出自《周易》乾卦第五爻。龙飞上天空，如鱼得水、左右逢源。王晓龙能够步入职业生涯辉煌，不是他球技的提升而是他性格的转变。这转变，他得感谢自己的老婆乐乐。

"除了怎么踢球她教不了我，剩下的她都能管我。尤其为人处世方面，她对我改变非常大。"王晓龙说。

2010 年，王晓龙回到国安并认识了现在的老婆乐乐。这个土生土长的北京姑娘，消除了他很多棱角，并将他的生活引入正轨，让他有了前所未有的归属感和责任感。

"要想事业发展好，就得娶个好老婆。"说这句话的时候，王晓龙还不忘把手搭在老婆身上，"她教会了我很多东西，比如告诉我人家'镲'我，对我没有恶意，都是开玩笑而已。北京球队的文化就是这样儿，你给我面子，我也给你面子。"

渐渐地，他从踢不上比赛、跟队友关系不好，变成了无论场下场下都融入队中。

除了感谢老婆乐乐，他还感谢另外一个人——主教练帕切科。帕切科来到国安后，在冬训期间很是器重王晓龙，对抗时一直把他安排在主力一方。

"我感谢帕切科对我的信任，没有他，我可能不会有现在这个高度。他总是告诉我，晓龙，我相信你，你也要相信自己。"王晓龙说。

在性格改变之后，在帕切科的鼓励之下，王晓龙的人生发生了转变。2011 赛季之初，在国安与恒大的比赛中王晓龙替补登场，第 48 分钟接小马丁传中，鱼跃冲顶得分，最终国安 2 比 2 客场与恒大战平。

"那球真是我拼了命顶进去的，摔地上可疼了。不过进球后就顾不上疼了，就觉得特别爽。一个是国安最不想输的就是恒大，一个是宣告着我强势回归了。"他说。

王晓龙这一顶赢得了球迷，挽救了国安，

也开启了自己职业生涯的新里程，王晓龙的春天来了。那场比赛后，王晓龙一发不可收拾，接连演绎了建功、救主、绝杀的好戏。从 2011 赛季延续到 2012 赛季，多次为球队立功。

2011 年 7 月 6 日，国安主场迎战上海申花，开场仅 9 分钟王晓龙就助攻乔尔为国安首开纪录。下半场 54 分钟，王晓龙又主罚点球命中。这场比赛，国安最终以 3 比 0 痛宰老对手。尽管在比赛中吃到红牌，但王晓龙仍是国安赢球的第一功臣。

2011 年 10 月 15 日，国安主场迎战沈祥福带领的长春亚泰。王晓龙在比赛中一点一射梅开二度，为主队 4 比 1 获胜立下汗马功劳。

2012 年 8 月 25 日，在中超联赛一场焦点比赛中，北京国安客场对阵上海申鑫，上半场双方战成 1 比 1。下半场易边再战，王晓龙替换张晓彬上场。第 52 分钟，他左路带球突破后攻入决定性的一球，助国安 2 比 1 胜出。

2012 年 5 月 25 日，国安主场迎战大连阿尔滨队。比赛进行到第 27 分钟，徐亮后场长传，王晓龙前插获得单刀机会，面对于子千冷静推射球门远角。最终国安凭借王晓龙的进球，主场 1 比 0 胜出。

像这样的主导比赛胜负的战例还有不少。

北京体育广播台 2011 年给王晓龙颁了个"最佳进步奖"。王晓龙表示，自己的足球生涯已经过去一大半。20 岁的时候，有很好的职业前景，可是被自己毁了。现在要努力把下半段职业生涯踢得更辉煌，弥补以前的不足。

必答题

《新京报》：你干过的最爷们的事？

王晓龙：就觉得自己挺仗义的吧，为朋友两肋插刀。比如朋友经常会管我要票，但每场比赛我只有 6 张，我就自己去买，最多的一场买过二十几张，还有人管我要球衣，我没有的话，也自己花钱买去。

《新京报》：除了你，国安队中谁最爷们？

王晓龙：邵佳一。他的为人处世、对待事情的看法让我特佩服。他非常大气，看待事情很客观。他能力很强，又是德甲回来的，但今年一年都在打替补，有时候进不了 18 人名单。但他每天都刻苦训练，膝盖有伤，一直咬牙坚持，平时还给自己加练。比赛一旦让他上场，他不会闹情绪，就一门心思想办法让球队更好，还会跟年轻队员讲怎么踢。他的这种成熟、职业态度，都值得我学习。

邵佳一
说回国安就回国安

国安新一代球员中，如果推选一位最具人气的偶像，恐怕非邵佳一莫属。
在德国闯荡 9 年后，2012 年，邵佳一信守出发前的承诺，回到了培养他的国
安俱乐部。他拒绝其他俱乐部高薪召唤的举动，让国安俱乐部老总罗宁很感动，
称佳一是"最爷们"的人。

○ 2000 年 11 月 5 日，国安 1 比 0 战胜重庆隆鑫，在足协杯主客场制决赛首回合中先拔头筹。隆鑫的魏新与左撇子邵佳一纠缠在一起。 图 / Osports

佳酿

左手写字，左脚踢球，"左撇子"邵佳一，天生就是踢球的好材料。

外界有一种说法——左脚踢球的人聪明，比如国外的梅西、罗本、劳尔，国内的曹限东、陶伟……虽然自己的足球道路也很成功，但谈及左脚球员聪明的话题，邵佳会很谦逊地调侃自己："我属于比较笨的那种。"邵佳一当然不笨，不过"左撇子"确实给他的生活带来过一些麻烦。

小学入学第一堂课，老师教写阿拉伯数字。邵佳一像其他同学一样按老师的要求一笔一画地练习，但他写的数字"2"和"3"怎么写也写不像，一写就写反。后来老师发现了邵佳一是用左手写字，就要求他改过来，可是他用右手干脆就不会写字。

邵佳一小时候上进心就很强。每天回家后，他都会拿起纸笔认真练习，一练就是几小时。几天下来，邵佳一终于把数字 0 到 9 写得有模有样了。最让小佳一头疼的是后来的书法课，写毛笔字时，基本上是写一个字，擦一个字，一堂课下来，手都被墨水染黑了。"用铅笔、钢笔写字问题不大，就是毛笔字比较困难。"邵佳一说。

不过到了足球场上，左撇子让他成了孩子当中比较有特点的一个。

从 5 岁开始，邵佳一在北京八里庄中心小学接受了最基础的足球训练。

1992 年，北京市少年队在各个区县选拔球员。经过层层筛选，八里庄中心小学只有两个人被选中，邵佳一是其中之一。那一年，邵佳一12 岁。在他们那批踢球的孩子当中，仅北京市区就有 30 多支球队，最终被选拔到北京少年队的只有五六个人。"当时选中的孩子太少了，现在回头看非常可惜。"邵佳一说。

当年之所以录取率这么低，并不是因为那批孩子的个人能力不行，而是因为"奥运战略"。邵佳一他们这批出生于 1979 年、1980 年的孩子属于非奥运年龄段球员，没有冲击奥运会任务的他们在选材时被边缘化了。

邵佳一的启蒙教练是边立生和翟四丰，这两名教练为他后来的成长打下了良好的基础。进入北京少年队后，邵佳一的教练是张建国、孙高一和何成，他开始跟着杨璞、薛申、陶伟等人一起训练，他们都比佳一大两三岁。

"说实话，跟比我年龄大的孩子一起训练，还是比较困难的。"邵佳一说，当时训练最吃亏的是身体，对抗起来明显处于劣势，"自己太小了，当时的身体对抗就像一个轻量级拳击手在和一个重量级拳击手打比赛。所以那个时候捡球的时间也挺多的，哈哈。"

在身体条件并不占优势的情况下，邵佳一只能通过苦练技术来弥补对抗上的不足，那段时间的训练也让他拥有了扎实的基本功和相对比较娴熟的技术脚法。而那只左脚，也为他的成长提供了很大的帮助。当时的北京少年队在芦城体校训练，邵佳一认为那四年的训练对于自己将来的发展起到了至关重要的作用。

佳期

邵佳一的成长之路平淡且顺利，从国安少年队、青年队到国安队、国家队一帆风顺。用他自己的话说："一切水到渠成。"

1996 年，邵佳一入选北京青年队，当时球队已经被命名为威克瑞。1998 年中，邵佳一他们那批球员已经跟随国安一队训练。邵佳一记得，刚开始跟随一队训练时的感觉就是紧张、激动。不过到了后来，心态放平了很多，"其实也没什么，以前看着大哥哥们比赛，现在跟他们一起训练，也没有了太多的压力"。

由于当时国安队在个别位置上缺人，因此杨璞、薛申、陶伟等年龄相对较大的球员提前升入一队。邵佳一坦言，看着比自己大两三岁的队友进一队，心里多少有些羡慕："说实话，也没什么不平衡的，毕竟他们比我大两三岁，这个时候进一队也正常。我们（威克瑞队）那个时候还在打乙级联赛，我在队里一直可以打比赛，同样能够得到锻炼。"半年后，邵佳一进入国安一队。

由于已经跟着一队一起训练了半年，进一队时就已经没有太多新鲜感。"这其实就是一个水到渠成的过程，毕竟从小开始踢球的时候就希望有一天进入国安一队，现在只能说这个愿望实现了。"邵佳一说。

在很小的时候，邵佳一就是"国安球迷"，国安队在 1995 年联赛中的表现给他留下了非常深刻的印象。"那个时候去现场看，非常火爆，踢得也好。像曹限东、高峰、高洪波、谢峰、杨

○ 2012 年 7 月 7 日，中超联赛第 16 轮，邵佳一（左）打入回归国安后的首个球，国安主场 1 比 0 小胜广州富力。在这之前，邵佳一预测欧洲杯连错 8 场，成为当时的红人。图 /Osports

晨、南方、'米乐'……哇，这些人踢得太好了，身体也好，我当时就想，自己什么时候身体也能像他们一样棒。"邵佳一说，自己是属于那种身体发育较晚的孩子，刚开始踢球的时候，身体条件并不理想，但随着年龄的增长，身体也变得越来越壮。真正开始踢联赛的时候，在对抗方面不会占下风。

22 岁，邵佳一代表中国踢了世界杯。对于自己踢世界杯，邵佳一依然认为是"水到渠成"："我们小时候踢比赛，经常会有比赛被命名为'走向 2002 世界杯××青少年足球赛'，当时大家的目标很明确，就是为 2002 年世界杯作准备。最终我们达到了目标，就这么简单。"

世界杯第一场比赛之前，中国队频频开会，很多踢了那届世界杯的球员都觉得，过于频繁密集的会议让他们有些吃不消。对此，邵佳一觉得

正常，"对于世界杯，大家都没有任何经验，谁都不知道应该怎么去做"。

虽然都很重视，但中国队在那届比赛中还是没能有所突破。邵佳一认为，这跟球队定的目标太低有关，"如果我们一下子就将目标定在小组出线，或者赢一场球，可能最后的结果又是另一个样子"。

世界杯三场小组赛，邵佳一第一场没踢，第二场替补登场。"跟巴西队在世界杯上踢比赛，跟踢友谊赛的性质完全不同，那种感觉，让我至今难忘。"邵佳一说。不过在第三场同土耳其队的比赛中，替补出场的邵佳一踢了不到十分钟，就因为背后铲倒埃姆雷，被主裁判直接红牌罚下。提到这张红牌，邵佳一说："那个球绝对不是故意的，就是赶上了，可能年轻球员上去之后头脑有些发热。"

当时也有一种声音，认为邵佳一不应该被直接罚下。有人理解他，他理解的却是裁判，"世界杯的裁判，都比较严格"。

佳话

邵佳一职业生涯大部分时光并非在国内而是在德国赛场，他在德国留洋9年，几经起伏，也赢得了"亚洲金左脚"的美誉。

1999年夏天，邵佳一和王硕、杜文辉、崔威一起被国安俱乐部送往德国培训。半年时间，邵佳一同欧洲最先进的足球有了第一次亲密接触，这也为他将来留德踢球做好了铺垫。

2002年末，邵佳一接到了德甲慕尼黑1860队的邀请。由于之前在德国有过培训经历，他去德国踢球没费太多周折。半个月的试训期结束后，1860俱乐部决定引进这位"左脚"。邵佳一由此成为继杨晨之后第二位登陆德甲的中国球员。

"到那里的前三个月比较累。"邵佳一说，"在国内踢球，衣食住行都由球队负责，而到了德国，完全要由自己一个人来干。那个时候除了训练，自己还要找房子、买家具、装家具、做饭……太累了。"

初登德甲，邵佳一上场时间不多，偶尔几次替补出场，表现也不抢眼。

2003年5月10日，邵佳一打进了他在德甲联赛的首个进球。当天慕尼黑1860队主场迎战科特布斯，他第一次被安排首发出场。比赛刚开始五分钟，慕尼黑1860队获得前场直接任意球，邵佳一主罚。他用左脚罚出的任意球直挂球门死角，全场沸腾，邵佳一也终于赢得了德国球迷的认可。由于在联赛中表现出色，邵佳一一度被德国媒体称为"亚洲金左脚"。

2003年8月，邵佳一膝盖韧带撕裂缺阵大半个赛季，慕尼黑1860队也惨遭降级。随后的两个赛季，邵佳一随同慕尼黑1860队征战德乙。

2006—2007赛季开打前，邵佳一转会到德甲升班马科特布斯队，为该队效力5年。

那5年，邵佳一的足球人生起伏不定。他先帮助球队保级成功，后又同球队一起降入德乙；他曾受主帅冷遇，又在新帅沃利茨上任后得到重用；他一度成为球队的进攻核心，却又饱受着伤病的苦痛。那5年，邵佳一代表科特布斯队一共出战103场，打进18球。在效力科特布斯的最后阶段，久在德乙的邵佳一毫不掩饰对德甲的渴望。他直言科特布斯没有进取心，想改换门庭，另寻东家。

2010—2011赛季结束后，邵佳一加盟具备冲甲实力的杜伊斯堡队，希望就此实现重回德甲的梦想。不过新赛季前杜伊斯堡人员大洗牌，新队员之间的磨合让他们在联赛中表现糟糕，不到半个赛季他们就基本冲甲无望了。

在重返德甲梦破灭后，邵佳一坚定地选择了回国内发展。当时有很多俱乐部向他抛来橄榄枝，而且是高薪、高待遇。对于这样的诱惑，邵佳一不为所动，他选择继续回到国安。他的抉择让国安老总罗宁非常感动，认为邵佳一干了一件非常爷们的事。

"我是北京孩子，家在北京，亲朋好友都在北京，我从感情上来讲没想过离开国安。"邵佳一说，自己当年出去的时候就向俱乐部承诺，将来回国时，一定还会回到国安，"俱乐部对我非常好。我当初出去的时候给了我很大的支持，所以没有理由不回来。"

在教育自己的孩子要"守信用"时，邵佳一甚至会把自己回国安的经历讲给孩子们听："你看，爸爸说话算数，当初走的时候说回来就回来了，所以你们也要做说话算数的孩子。"

佳偶

2004 年 6 月 22 日（端午节），24 岁的邵佳一与恋人王海洋喜结连理，结束了长达 10 年的爱情长跑。邵佳一坦言，在海外踢球的那段时间，爱人给了自己很大的支持。

邵佳一与王海洋是体育圈的"内部联姻"。邵佳一是足球运动员，王海洋是中长跑运动员，他们从十三四岁相识，算得上是青梅竹马。当时，进入北京国安少年培训班的邵佳一在芦城体校训练，而王海洋所在的田径队大本营也在那里。

足球队和田径队在一块场地上训练，足球队在场内，中长跑队在跑道上。据邵佳一事后"坦白"，他早就注意到了这个清爽的女孩，并一直找机会接近她。"那时候我经常去看她们的训练，还和她们一起练练，其实就是想找机会引起她的注意。当时我只要一见她，就不由自主地心跳加速。"邵佳一回忆说。

两个人真正确立恋爱关系，是在邵佳一入选国安一队之后。2000 年，邵佳一在国安队渐渐踢上了主力。"我记得那是在 2000 年国安队主场对沈阳队比赛之前，我给她打了个电话，约好第二天比赛之后见面。可能是爱情的魔力吧，结果球队在比赛中取得了胜利，我的表现也不错。就在那一天，我们正式确定了恋爱关系。"邵佳一回忆说。

2003 年初，邵佳一远赴德国，开始了长达 9 年的留洋之路。在首都机场作别时，邵佳一拿出一对精致的情侣钻戒，他自己留了一只，把另一只交给王海洋，说："等我在德甲进球了，就把你接过来，到那时，我要亲手把钻戒戴在你的手上。"

然而，邵佳一刚到德甲的时候并不顺利，生活方面一团糟，训练、比赛也不在状态。

在最困惑的日子里，邵佳一最想念的人就是王海洋。他希望王海洋也到德国，但王海洋有自己的事业。从邵佳一的话语里，王海洋猜到了他的想法，她作出一个重大决定：辞去在国企的优越工作，到德国照顾邵佳一。

王海洋到达慕尼黑的第三天，邵佳一的好运气来了。那天，1860 队主场迎战科特布斯队，邵佳一第一次打上主力，并打进了自己在德甲的第一个进球。

2004 年元旦，邵佳一和王海洋在中国驻慕尼黑总领事馆领取了结婚证。

"对于我来讲，两个人的感觉对了，就行了。我们在一起很长时间了，彼此有了一种默契。"在形容自己的爱情经历时，邵佳一说得很简单，"我俩都是搞运动的，所以能够相互理解对方，性格也很合得来。"

必答题

《新京报》：你干过的最爷们的事？

邵佳一：（笑）这怎么说呢？这还真想不出来，不知道怎么回答。

《新京报》：除了你，国安队中谁最爷们？

邵佳一：现在在我看来，徐云龙和周挺。很多东西不能说，尤其在场上，他们俩最爷们。

李水清
国安大门向他敞开

和大多数北京人一样，李水清对足球的记忆是从先农坛开始的。生于 1943 年的他，新中国第 1 届全运会之后，就开始关注足球，然后，逐渐迷恋，直至痴狂。这一晃，就是几十年。在李水清关于北京足球的记忆中，国安占的分量最重。在国安俱乐部成立 20 周年之际，他写信给北京电视台，呼吁建立展览室，让球迷免费参观，了解国安这 20 年的风雨历程。

伴随国安 20 年，大多数铁杆球迷的疯狂举动，他都有过。不过，李水清更为与众不同的是：他收集了大量的相关物件和珍贵史料。他，就是一座国安史料馆。

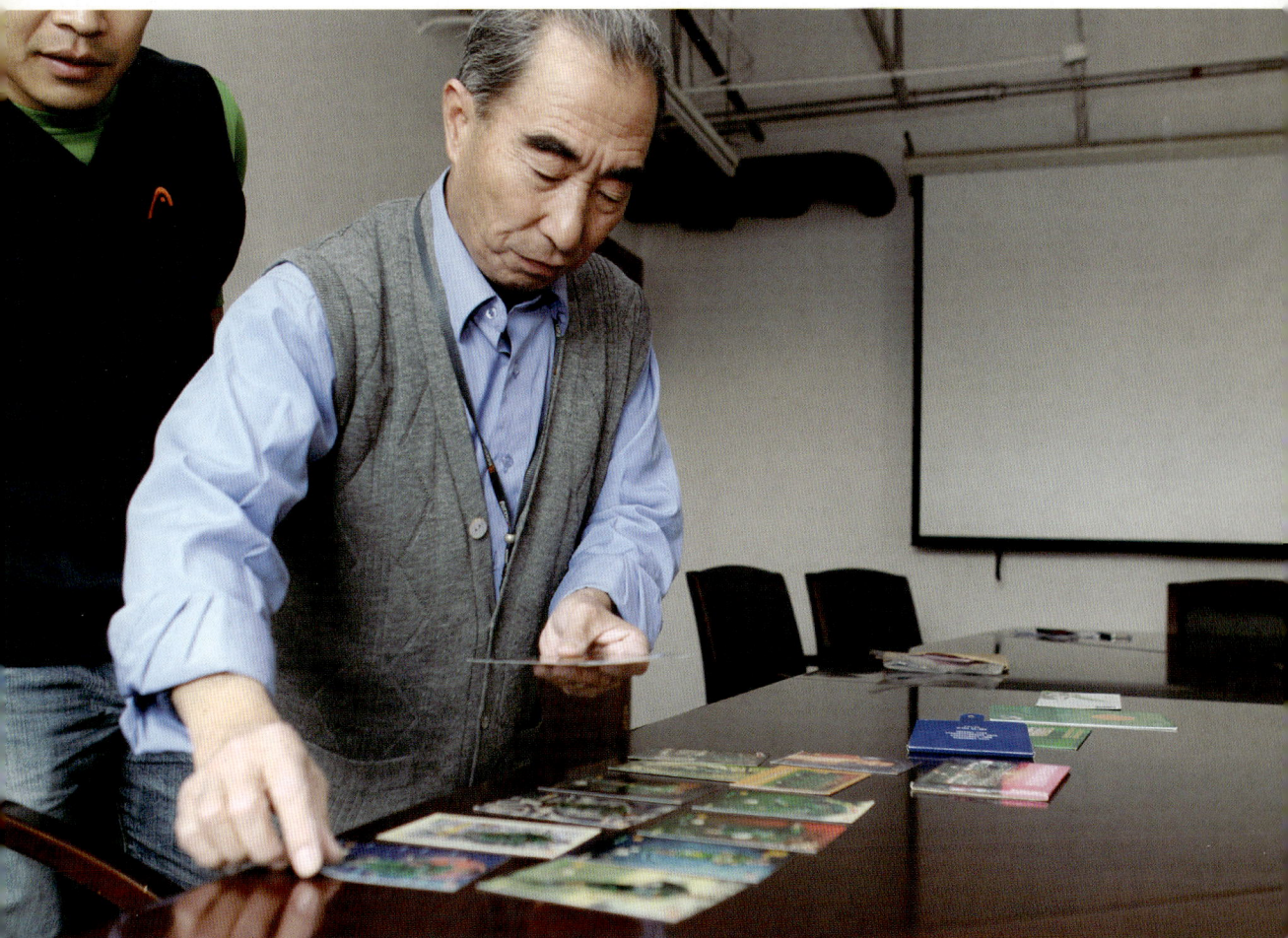

○ 生于 1943 年的李水清，不仅对国安的队史了如指掌，他收藏的有关国安的物品足以支撑起一个展览馆。新京报社记者 李冬 / 摄

签名

在李水清的球迷生涯中，求教练和球员的签名，是必不可少的环节。

1997 年上半年，李水清在沙滩大街的五四书店排队买了一本《绿茵场边的眼睛》。书的作者是当时的国安跟队记者董路，他完整地报道了 1996 年的甲 A 联赛，之后于 1997 年出版了这本书，记录了国安上个赛季联赛及足协杯夺冠时的点点滴滴。

从那之后，每逢国安训练或比赛，李水清都会拎着一个布袋子去现场，袋子里装的就是那本《绿茵场边的眼睛》。这一带，就是 16 年。

如今，那本书上满是国安教练、队员以及俱乐部工作人员的签名。

1995 年—1996 年，那是国安队史上最好的岁月之一，董路把它写成了书，李水清则一直带着这段历史。16 年，书皮换了不知多少回，如今，包在外面的是一张绿色挂历。

这本书外表与其他书并无二致，但翻开后，就完全是另一番景致了。李水清作了统计，全书约有 200 个签名。每一个跟国安俱乐部有关的球员、教练、领队、俱乐部管理层、工体工作人员、打不上比赛的年轻队员，甚至那些在国安待过很短时间又转会去其他俱乐部的球员，都在这本书上留下了自己的"墨宝"。

随手一翻，你就会发现金志扬、沈祥福、李章洙、符宾、曹限东、高洪波、高峰、谢峰、邓乐军、杜文辉等一代又一代教练和球员的名字。

"这本书基本可以概括我所有的故事。"李水清说每一个签名都是一个故事。他还专门做了一个目录表，清晰地记下每个签名的具体页码，以便随时查找。"从1997年带到2012年，书里的每一次签名都记录着我对国安的热爱和美好回忆，这份感情还会继续下去。"李水清说。

在李水清的"签名簿"中，另一本书的分量也不轻。

1999年甲A联赛开赛前，李水清在西单图书大厦买了一本谢奕写的《中国足球调查》。那本书花了他22元，他把它当宝贝一样收藏，回家后立马包上了新书皮。他认真地看了每一页，对其中的甲A联赛章程、全国足球比赛纪律规定等文件牢记于心。

之后，李水清萌生了一个念头——找当年参加甲A的14支球队及甲B的12支球队的球员在这本书上签名。"想起来容易，做起来难"。实施这项庞大的"工程"，首先要了解各队教练和队员的情况，还要知道各队来京比赛的时间及所住酒店，更要详细了解各队适应场地的具体时间。

一次偶然的机会，李水清结识了国安队接送队员的司机张庆华及北京宽利队负责接送客队的司机肖峰，他很快与这两位成为好友。有了"情报员"，他的签名工作顺利了不少。

1999年，共有188名教练和球员在李水清的那本书上留下了自己的名字，其中甲A的65人，甲B的123人。当然，签名最多的就是北京的两支球队，国安有15人，宽利则有27人。最少的是当时的辽宁队，他只求得了李金羽一个人的签名。

看球

为足球疯狂并不容易，李水清很多时候都不是"自由人"，上班有领导约束，下班有老婆领导。但"你有张良计，我有过墙梯"，办法总比问题多，在那些追星的岁月里，李水清积攒了丰富的"斗争经验"。

1999年左右，李水清还没有退休，但为了收集当年参加甲A和甲B的球员及教练的签名，他想尽了一切办法，"为了不想让单位领导和老婆知道这些事，我只能抓紧时间工作，然后寻找各种借口"。

应对领导的办法，通常是花一上午时间做完手头工作，下午便外出为单位办事。当然，外出的地点都是经过精心计划的，因为他要抓住这难得的机会"公私两便"。"如果工体（甲A赛场）有比赛，我就去东直门、朝阳门附近办事；如果先农坛（甲B赛场）有比赛，我就去天坛、菜市口、永定门附近办事"。

时间一长，领导也曾怀疑过，但李水清那时没有手机和呼机，很难联系得上。"那会儿领导也有点意见，说这小子忙什么去了，整天在外面跑。不过，一看咱工作完成得还不错，也就没什么好说的了。"李水清说，那时他经常一人干几个岗位的活儿，啥都没丢下。

虽然常常溜号，但李水清说他对领导和本职工作问心无愧。不过，对相濡以沫的妻子，他则充满了愧疚。

那些年，各队比赛、适应场地大都是在下午或晚上进行。为了达到自己的目的，李水清时常向老婆请假，理由往往是晚上要跟协作单位的人一起吃饭，回家晚一些。实际上，他只是在路边随便扒拉一碗面，填饱肚子后便泡在球场里，看训练，看比赛，找球员和教练要签名。

"这个谎言过去十多年了，也该揭穿了。我要在这里跟我老伴说声'对不起'。"李水清说。

年轻时，李水清让妻子受过委屈。他那时喜欢踢野球，时常在东单、西单、天坛、工体外场踢。"记得有一次在东单踢球，我老婆有事找不到我，抱着孩子在场外大喊我的名字……那天风沙很大，我会永远记着。"时间一长，老伴也知道了他的秉性和爱好，现在也不公开反对了，"我也自觉了很多"。

对69岁的李水清来说，手机的所有功能统统简化到只用来接电话和打电话，他不会发短信，更不会上网。国安没比赛时，他通常下午5点前赶回家。晚上8点左右，李水清会关掉手机，安心陪着老伴。李水清说，老伴年纪也大了，他不想让老伴再为自己担心。

搬家

李水清对足球、对国安的执著到了痴迷的程度。为了看球方便，他甚至不惜几次搬家，好在，家人并未成为他看球路上的"绊脚石"。在偌大的北京城折腾这么些年，李水清的身体也格外地棒。

与很多老北京人一样，李水清的足球记忆也是从先农坛开始的。

李水清起初住在鼓楼一带，每年暑假都会去先农坛附近的舅舅家，舅舅总带他们兄弟几个去先农坛看球。他就是从那个时候喜欢上了足球。那时，从鼓楼到先农坛可以选择两种交通方式：一是骑自行车；二是坐临时1路公交车，车票1毛钱。这两种方式对李水清来说，都不

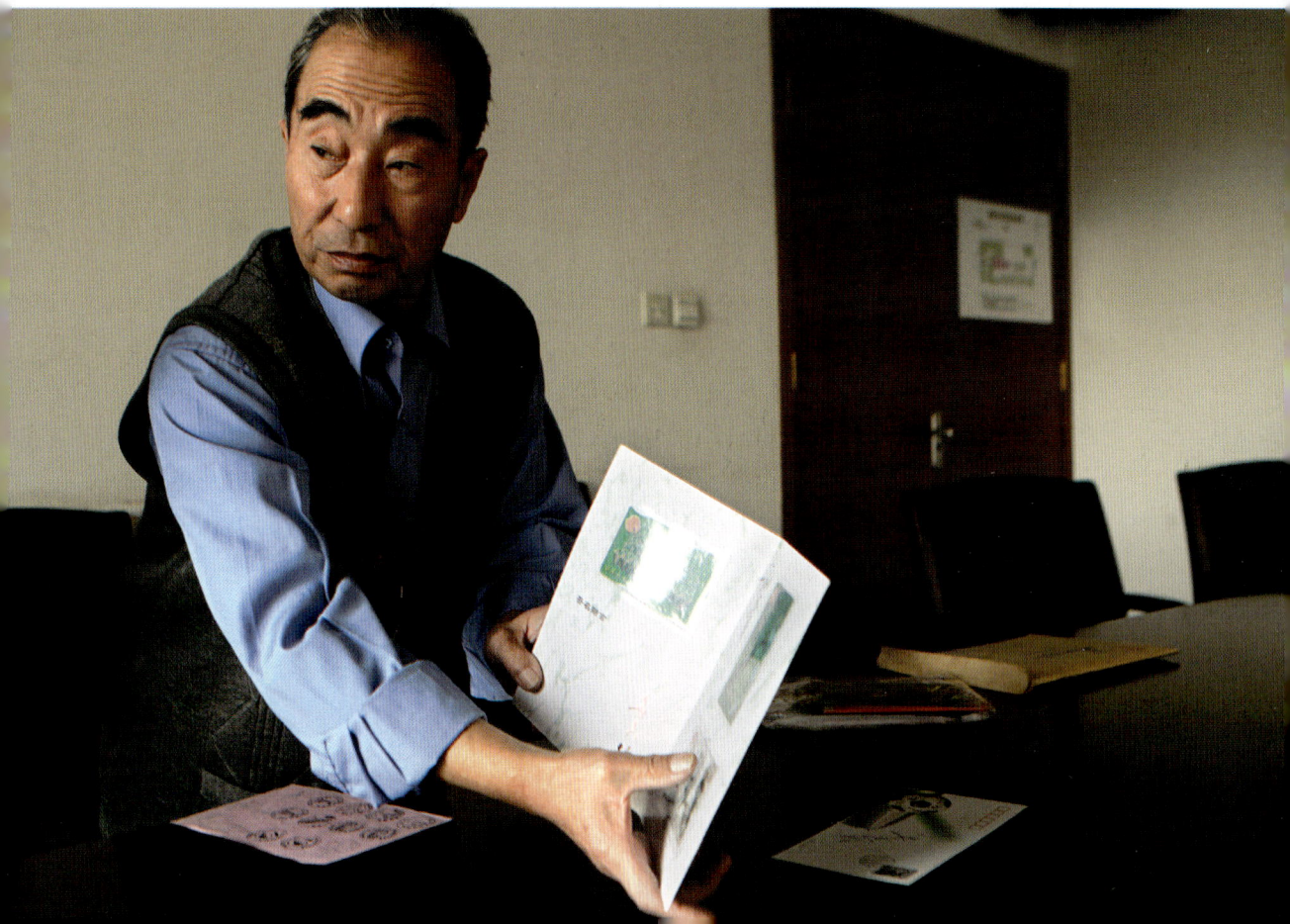

是什么障碍。

20 世纪 80 年代，李水清搬到了单位宿舍，离先农坛远了一些，但每逢球赛他必然到场。这已经是他多年养成的习惯了。

1996 年，国安搬至工人体育场，不会开车的李水清就坐地铁倒公交，几经辗转过去看球。北京奥运前，国安临时搬到丰体，当时北京另一支球队宏登升至中甲，主场设在石景山体育场。为方便看球，李水清搬到了位于鲁谷附近的女儿家。

2007 年，北理工进入中甲，北京史无前例地同时拥有 3 支球队。3 个主场来回跑，已经退休的李水清更忙了。

2009 年，国安搬回工体，李水清不得不穿过多半个北京城去看球。当时他已经 66 岁了，身体禁不起这样的折腾。考虑再三，女儿决定将鲁谷的房子卖掉，在安定门外给李水清老两口买了一套新房。这样一来，他去工体就方便了许多。

多年来四处看球，李水清对北京的交通了如指掌。联系采访时，他说家里不太方便，就带着自己收集的国安资料坐公交车赶到了幸福大街。那些资料，有十多斤重，他说拎得动，每天坐公交车溜达一下，也挺好。

"像我这样的年岁，喜欢足球给我带来健康和快乐，到现在什么病都没有，每天还能爬楼十几趟。"李水清脸色红润，有些花白的头发被他打理得"井然有序"。他举着胸前的老年证说："出门很方便，坐着公交就去体育场了。"

小时候因种种原因没能踢上球，李水清一直耿耿于怀，"我家兄弟几个都踢过球，能踢出来一个或许就不一样了"。翻过 2012 年，李水清就 70 岁了，年轻时没有机会学习英语，他很是懊恼，"这是我一直后悔的，另外就是年纪大了一些，否则，我真觉得可以去做一个成功的足球经纪人"。

收藏

实际上，李水清不太喜欢别人喊他老球迷，因为，他的身份已不是"球迷"二字所能完全涵盖得了。

打小喜欢集邮的李水清将足球和收集结合在一起。他自 1959 年首届全运会起，便开始收集北京足球的相关资料，几十年如一日地坚持。他说，他在传承一种足球文化。

从 1994 年开始，李水清一直在现场看国安比赛。每场比赛，他都带着小本子，记下国安的出场名单及换人调整。时间一长，李水清摸清了国安的技战术打法，在他的笔记中，国安先后使用过 442、433、532、4231 等阵形。国安的每名队员，李水清也知根知底，各种资料如数家珍。

国安俱乐部 1993 年成立，那时起，李水清便开始收集与国安有关的各种物件，纪念封、邮票、明信片、磁卡、球星卡、报刊等一应俱全，甚至每年的联赛秩序册他都保留着。"这不是普通球迷能拥有的。"李水清拿着一本 1998 年的联赛秩序册说。按惯例，秩序册由中国足协印制，通常只发向给俱乐部及媒体，但李水清总有办法搞到这些内部资料。

李水清喜欢收集国安的球票，国安 2012 赛季 21 个主场门票，他全留齐了。他手里还有一张国安 2009 年 10 月 31 日的球票，那场比赛之后，国安夺冠了。"这张票没有多少人留下。"李水清小心翼翼地拿出来，"球票本身就很珍贵，再看看这上面的 3 个名字，就更珍贵了。"那张崭新的球票上，国安夺冠的三位功臣，悉数在列——正面是大马丁的签名，他在那场比赛独中三元；背面是主帅洪元硕的签名，一旁是周挺的，他打进了一粒点球。

李水清手中还有一本 1980 年 6 月出版的《足球世界》，这本 32 开的黑白杂志是中国足球最早的官方刊物。杂志刊登了一篇《三个小前锋》

的文章，主角是庆宝全、尹珂和曹限东，他们当时还在上小学。曹限东是大水车小学四年级学生，文中写到他嗅觉灵敏，门前射门很轻巧，有一定的发展前途。

若干年后，曹限东成为国安"四大名捕"之一。2011年，李水清见到了曹限东。看到这本保存多年的杂志后，曹限东惊讶了许久，他说自己都不记得这些事了。

十几年前，李水清是国安俱乐部球迷会员，先后换过3本球迷证。现在，他不需要了，国安的工作人员说，他的身份不再需要球迷证来作证了，他可以随时进出位于工体18号看台的国安俱乐部。每次主场比赛，国安工作人员都会打电话，问李水清是否想看球。想看球的话，随时来，国安的大门永远向他敞开。

必答题

《新京报》：你干过的最爷们的事？

李水清：2004年，国安队刚从外地集训回来，一些球迷都聚集在工体小白楼那边。国安俱乐部的一个司机为了让球员们更好地休息，上去赶球迷离开，双方发生些不愉快。我当时刚好在，上去制止了这件事，让大家都冷静下来。后来我跟他们也都成了朋友，毕竟大家都是为国安好。

《新京报》：国安队中谁最爷们？

李水清：徐云龙。首先，是这些年他领衔的后防线，失球最少；其次，他从1999年进入一队，先后踢过右后卫、中后卫，甚至前锋等几个位置，个人能力突出；再次，至2012年他在国安已经踢了330场比赛，这是个了不起的数字。

国安 20 年

成绩单、射手表现

1994 年国安成绩：甲 A 联赛第 8 名

1994 年甲 A

积分榜

名次	球队	胜	平	负	积分
1	大连万达	14	5	3	33
2	广州太阳神	11	5	6	27
3	上海申花	10	6	6	26
4	辽宁远东	11	3	8	25
5	济南泰山	10	4	8	24
6	四川全兴	8	7	7	23
7	广东宏远	8	7	7	23
8	**北京国安**	**7**	**8**	**7**	**22**
9	八一	6	9	7	21
10	吉林三星	6	7	9	19
11	沈阳六药	1	9	12	11
12	江苏迈特	1	8	13	1

联赛射手榜

17 球	胡志军（广州太阳神）
12 球	小王涛（大连万达）
11 球	瓦洛佳（上海申花）、庄毅（辽宁远东）
10 球	谢峰、高峰（北京国安）、黎兵（辽宁远东）
09 球	范志毅、李晓（上海申花）
08 球	刘斌（四川全兴）、高旭（大连万达）

国安射手榜

10 球	谢峰、高峰
05 球	曹限东
04 球	邓乐军
03 球	周宁、杨晨、魏克兴
01 球	吕军、谢朝阳、韩旭、魏占奎

1995 年国安成绩：甲 A 联赛亚军、足协杯 4 强

1995 年甲 A

积分榜

名次	球队	胜	平	负	积分
1	上海申花	14	4	4	46
2	**北京国安**	**12**	**6**	**4**	**42**
3	大连万达	12	6	4	42
4	广东宏远	12	4	6	40
5	广州太阳神	7	7	8	28
6	济南泰山	6	9	7	27
7	延边现代	6	9	7	27
8	天津三星	7	3	12	24
9	八一	5	8	9	23
10	四川全兴	6	4	12	22
11	青岛海牛	5	7	10	22
12	辽宁	4	5	13	17

联赛射手榜

15 球	范志毅（上海申花）
11 球	高洪波（北京国安）、孙贤禄（辽宁）
10 球	谢晖（上海申花）
09 球	王俊（天津三星）
08 球	彭伟国（广州太阳神）、庄毅（辽宁）、谢育新、黎兵（广东宏远）

国安射手榜

11 球	高洪波
07 球	高峰
04 球	曹限东、韩旭
03 球	南方
02 球	谢峰、杨晨
01 球	谢朝阳、周宁、邓乐军

1996 年国安成绩：

甲 A 联赛第 4 名、足协杯冠军、超霸杯亚军

1996 年甲 A 积分榜

名次	球队	胜	平	负	积分
1	大连万达	12	10	0	46
2	上海申花	10	9	3	39
3	八一	8	11	3	35
4	**北京国安**	**9**	**6**	**7**	**33**
5	济南泰山	8	7	7	31
6	四川全兴	7	9	6	30
7	广州太阳神	7	8	7	29
8	天津三星	6	8	8	26
9	广东宏远	5	10	7	25
10	延边现代	4	8	10	20
11	深圳飞亚达	3	7	12	16
12	广州松日	2	9	11	15

联赛射手榜

13 球　宿茂臻（济南泰山）

10 球　小王涛（大连万达）

09 球　范志毅（上海申花）、胡志军（广州太阳神）、于根伟（天津三星）

08 球　魏意民（大连万达）

07 球　马麦罗（四川全兴）、郝海东、胡云峰（八一）

国安射手榜

06 球　高洪波

05 球　谢峰

04 球　高峰、邓乐军

03 球　曹限东

02 球　南方、杨晨

01 球　韩旭、胡建平、李洪政、魏克兴

1997 年国安成绩：

甲 A 联赛第 3 名、足协杯冠军、超霸杯冠军、亚优杯季军

1997 年甲 A 积分榜

名次	球队	胜	平	负	积分
1	大连万达	15	6	1	51
2	上海申花	11	7	4	40
3	**北京国安**	**8**	**10**	**4**	**34**
4	延边敖东	8	5	9	29
5	前卫寰岛	8	5	9	29
6	济南泰山	7	7	8	28
7	四川全兴	6	9	7	27
8	广州太阳神	5	10	7	25
9	八一	5	10	7	25
10	青岛海牛	6	7	9	25
11	天津三星	5	8	9	23
12	广东宏远	4	4	14	16

联赛射手榜

15 球　郝海东（大连万达）

11 球　小王涛（大连万达）

10 球　安德雷斯（北京国安）

09 球　黄东春（延边敖东）、高峰（前卫寰岛）

07 球　王鹏、李明（大连万达）、姚夏（四川全兴）

国安射手榜

10 球　安德雷斯

06 球　卡西亚诺

05 球　冈波斯

03 球　英加纳

02 球　胡建平、曹限东

01 球　谢峰、韩旭、周宁、邓乐军、李洪政、吕军

1998 年国安成绩：

甲 A 联赛第 3 名、足协杯 8 强、亚优杯 16 强

1998 年甲 A 积分榜

名次	球队	胜	平	负	积分
1	大连万达	19	5	2	62
2	上海申花	11	12	3	45
3	**北京国安**	**10**	**13**	**3**	**43**
4	广州松日	10	6	10	36
5	四川全兴	8	10	8	34
6	前卫寰岛	8	8	10	32
7	山东鲁能	8	8	10	32
8	青岛海牛	8	8	10	32
9	武汉雅琪	8	8	10	32
10	延边敖东	9	4	13	31
11	沈阳海狮	7	10	9	31
12	深圳平安	7	9	10	30
13	八一	8	5	13	29
14	广州太阳神	4	8	14	20

联赛射手榜

18 球　郝海东（大连万达）

14 球　小王涛（大连万达）

10 球　黎兵（四川全兴）

09 球　安德雷斯（北京国安）、蔡晟（武汉雅琪）、汉斯、李明（大连万达）

08 球　马塞罗（上海申花）、伊万沙（广州太阳神）、张军（深圳平安）

国安射手榜

09 球　安德雷斯

05 球　卡西亚诺

04 球　冈波斯

03 球　李东波

02 球　周宁、胡建平

01 球　韩旭、王少磊、薛申、李洪政、于光、徐阳、南方

1999 年国安成绩： 甲 A 联赛第 6 名、足协杯 8 强

1999 年甲 A 积分榜

名次	球队	胜	平	负	积分
1	山东鲁能	13	9	4	48
2	辽宁抚顺	13	8	5	47
3	四川全兴	12	9	5	45
4	重庆隆鑫	10	10	6	40
5	上海申花	9	11	6	38
6	**北京国安**	**9**	**9**	**8**	**36**
7	天津泰达	8	11	7	35
8	吉林敖东	8	9	9	33
9	大连万达	7	10	9	31
10	青岛海牛	8	6	12	30
11	沈阳海狮	5	13	8	28
12	深圳平安	7	7	12	28
13	广州松日	7	6	13	27
14	武汉红桃 K	3	8	15	17

联赛射手榜

17 球　曲圣卿（辽宁抚顺）

12 球　马克（重庆隆鑫）

11 球　马塞罗（上海申花）、宿茂臻（山东鲁能）

10 球　艾迪瓦多（沈阳海狮）、于根伟（天津泰达）、姚夏（四川全兴）

09 球　奥兰多（大连万达）

08 球　郑东七（吉林敖东）、里贝罗（沈阳海狮）、张玉宁、李金羽（辽宁抚顺）

国安射手榜

07 球　卡西亚诺

06 球　巴雷德斯

04 球　韩旭、南方

03 球　李毅、高雷雷、商毅、托肯

02 球　杨璞

01 球　拉雷阿、邵佳一、薛申

2000 年国安战绩：甲 A 联赛第 6 名、足协杯亚军

2000 年甲 A 积分榜

名次	球队	胜	平	负	积分
1	大连实德	17	5	4	56
2	上海申花	14	8	4	50
3	四川全兴	12	8	6	44
4	重庆隆鑫	10	11	5	41
5	山东鲁能	12	4	10	40
6	**北京国安**	**9**	**8**	**9**	**35**
7	沈阳海狮	8	10	8	34
8	辽宁抚顺	8	8	10	32
9	深圳平安	8	8	10	32
10	天津泰达	7	10	9	31
11	青岛海牛	6	11	9	29
12	云南红塔	8	5	13	29
13	厦门厦新	6	5	15	23
14	吉林敖东	4	5	17	17

联赛射手榜

15 球　卡西亚诺（山东鲁能）

13 球　小王涛（北京国安）、马克（重庆隆鑫）

12 球　谢尔盖（沈阳海狮）、比坎尼奇（重庆隆鑫）

11 球　张玉宁（辽宁抚顺）

10 球　萨里奇（上海申花）

09 球　潘塔（大连实德）、福迪（云南红塔）

国安射手榜

13 球　小王涛

04 球　桑德鲁、徐阳

03 球　邵佳一

02 球　杨璞、南方、田野、徐云龙

01 球　韩旭、别戈维奇、罗曼、陶伟、高雷雷、
　　　　耶利奇

2001 年国安战绩：甲 A 联赛第 8 名、足协杯亚军

2001 年甲 A 积分榜

名次	球队	胜	平	负	积分
1	大连实德	16	5	5	53
2	上海申花	15	3	8	48
3	辽宁抚顺	15	3	8	48
4	四川商务通	14	5	7	47
5	深圳科健	13	7	6	46
6	山东鲁能	13	6	7	45
7	天津泰达	10	6	10	36
8	**北京国安**	**9**	**6**	**11**	**33**
9	陕西国力	8	8	11	32
10	云南红塔	8	7	11	31
11	重庆力帆	7	10	9	31
12	八一振邦	5	10	11	25
13	青岛啤酒	5	7	14	22
14	沈阳海狮	2	1	23	7

联赛射手榜

16 球　郝海东（大连实德）

14 球　马科斯（陕西国力）、兰柯维奇（上海申花）

12 球　迪亚哥（深圳科健）、乌克亚（四川商务通）

11 球　基里亚科夫（云南红塔）、张玉宁（辽宁抚顺）

10 球　小王涛（北京国安）、李金羽（辽宁抚顺）、
　　　　李毅（深圳科健）

国安射手榜

10 球　小王涛

05 球　田野

03 球　杨璞、米伦、邵佳一

02 球　徐云龙

01 球　劳德伦德、薛申、南方、切尔梅利

2002 年国安战绩：

甲 A 联赛第 3 名、足协杯 16 强

2002 年甲 A 积分榜

名次	球队	胜	平	负	积分
1	大连实德	17	6	5	57
2	深圳平安	14	10	4	52
3	**北京国安**	**15**	**7**	**6**	**52**
4	山东鲁能	14	3	11	45
5	辽宁波导	12	6	10	42
6	重庆力帆	10	11	7	41
7	云南红塔	10	10	8	40
8	青岛颐中	9	9	10	36
9	上海中远	9	8	11	35
10	天津泰达	9	7	12	34
11	沈阳金德	8	10	10	34
12	上海申花	9	5	14	32
13	八一振邦	6	12	10	30
14	四川大河	7	7	14	28
15	陕西国力	2	7	19	13

联赛射手榜

16 球　李金羽（辽宁波导）

12 球　黎兵（四川大河）

11 球　堤亚戈（深圳平安）、卡西亚诺（北京国安）、阿尔西诺（上海中远）、曲圣卿（上海申花）

10 球　萨乌（重庆力帆）、宿茂臻（山东鲁能）、于根伟（天津泰达）、尼古拉斯（大连实德）、李毅（深圳平安）

国安射手榜

11 球　卡西亚诺

08 球　徐云龙

07 球　邵佳一

04 球　杨璞、巴辛

02 球　小王涛、李东波、高雷雷、李明

01 球　路姜、耶利奇、张帅、塔尼奇、周宁、高大卫、普雷迪奇

2003 年国安战绩：

甲 A 联赛第 9 名、足协杯冠军、超霸杯冠军

2003 年甲 A 积分榜

名次	球队	胜	平	负	积分
1	上海申花	17	4	7	55
2	上海中远	16	6	6	54
3	大连实德	15	8	5	53
4	深圳健力宝	12	11	5	47
5	沈阳金德	11	10	7	43
6	辽宁	11	8	9	41
7	云南红塔	11	7	10	40
8	四川冠城	9	10	9	37
9	**北京现代**	**9**	**9**	**10**	**36**
10	天津康师傅	8	12	8	36
11	青岛贝莱特	10	5	13	35
12	山东鲁能	8	9	11	33
13	重庆力帆	6	8	14	26
14	八一湘潭	6	4	18	22
15	陕西国力	3	5	20	14

联赛射手榜

14 球　马丁内斯（上海申花）、阿尤（沈阳金德）

13 球　张玉宁（上海申花）、堤亚戈（深圳健力宝）

10 球　郝海东（大连实德）、阿尔西诺（上海中远）、安德列（北京现代）

09 球　李毅（深圳健力宝）、扬科维奇（大连实德）、卡诺比奥（云南红塔）、王新欣（辽宁）

国安射手榜

10 球　安德列

05 球　科内塞

03 球　杨璞、徐云龙

02 球　田野、路姜、恩里克、陶伟

01 球　雷吉纳尔多、张帅、韩旭、杨昊

2004 年国安战绩：

中超联赛第 7 名、足协杯 16 强、中超杯第一轮

2004 年中超积分榜

名次	球队	胜	平	负	积分
1	深圳健力宝	11	9	2	42
2	山东鲁能	10	6	6	36
3	上海国际	8	8	6	32
4	辽宁中誉	10	2	10	32
5	大连实德	10	6	6	30
6	天津康师傅	7	8	7	29
7	**北京现代**	**8**	**7**	**7**	**28**
8	沈阳金德	7	5	10	26
9	四川冠城	4	11	7	23
10	上海申花	4	10	8	22
11	青岛贝莱特	4	9	9	21
12	重庆力帆	4	9	9	21

联赛射手榜

17 球　阿尤（上海国际）

13 球　李金羽（山东鲁能）

11 球　耶利奇（北京现代）

10 球　李霄鹏（山东鲁能）

09 球　西利亚克（大连实德）、丹尼尔（四川冠城）、
陶伟（北京现代）、吉马（深圳健力宝）

08 球　郭辉（辽宁中誉）

国安射手榜

11 球　耶利奇

09 球　陶伟

05 球　高雷雷

04 球　科内塞

02 球　徐云龙

01 球　黄博文、闫相闯、路姜、隋东亮、杨昊

2005 年国安战绩：

中超联赛第 6 名、足协杯 4 强、中超杯 8 强

2005 年中超积分榜

名次	球队	胜	平	负	积分
1	大连实德	21	2	3	65
2	上海申花	15	8	3	53
3	山东鲁能	15	7	4	52
4	天津康师傅	14	7	5	49
5	武汉黄鹤楼	11	9	6	42
6	**北京现代**	**12**	**4**	**10**	**40**
7	青岛中能	9	7	10	34
8	上海国际	8	7	11	31
9	辽宁中誉	7	8	11	29
10	四川冠城	8	5	13	29
11	上海中邦	5	7	14	22
12	深圳健力宝	4	10	12	22
13	沈阳金德	4	6	16	18
14	重庆力帆	2	7	17	13

联赛射手榜

21 球　耶利奇（北京现代）

15 球　邹捷（大连实德）

14 球　谢晖（上海申花）、吉奥森（武汉黄鹤楼）

13 球　扬科维奇（大连实德）

12 球　于根伟（天津康师傅）

10 球　郑智、丹丘内斯库（山东鲁能）、徐亮（辽
宁中誉）

国安射手榜

21 球　耶利奇

05 球　陶伟、徐云龙

03 球　杨昊、隋东亮

02 球　杜文辉、高雷雷、闫相闯

01 球　崔威、杨璞

2006 年国安战绩:

中超联赛第 3 名、足协杯 16 强

2006 年中超积分榜

名次	球队	胜	平	负	积分
1	山东鲁能	22	3	3	69
2	上海申花	14	10	4	52
3	**北京国安**	**13**	**10**	**5**	**49**
4	长春亚泰	13	7	8	46
5	大连实德	13	6	9	45
6	天津康师傅	10	10	8	40
7	上海联城	9	12	7	39
8	厦门蓝狮	9	11	8	38
9	西安国际	8	12	8	36
10	武汉光谷	8	7	13	31
11	深圳金威	8	6	14	30
12	辽宁	6	8	14	26
13	沈阳金德	6	8	14	26
14	青岛中能	6	7	15	25
15	重庆力帆	3	7	18	16

联赛射手榜

26 球　李金羽（山东鲁能）

21 球　郑智（山东鲁能）

13 球　拉米雷斯（上海申花）

11 球　维森特（西安国际）

10 球　邹侑根（厦门蓝狮）、扬科维奇（大连实德）、韩鹏（山东鲁能）

09 球　吉奥森（武汉光谷）、曹添堡（长春亚泰）

国安射手榜

05 球　陶伟、高大卫

04 球　杜文辉

03 球　科内塞、闫相闯

02 球　王长庆

01 球　徐云龙、杨昊、李尧、黄博文、张帅

2007 年国安战绩: 中超联赛亚军

2007 年中超积分榜

名次	球队	胜	平	负	积分
1	长春亚泰	16	7	5	55
2	**北京国安**	**15**	**9**	**4**	**54**
3	山东鲁能	14	6	8	48
4	上海申花	12	10	6	46
5	天津康师傅	12	8	8	44
6	大连实德	11	11	6	44
7	武汉光谷	11	7	10	40
8	青岛中能	10	6	12	36
9	辽宁西洋	9	8	11	35
10	长沙金德	8	10	10	34
11	巴贝绿城	6	10	12	28
12	河南建业	5	12	11	27
13	陕西宝荣	4	14	10	26
14	深圳上清饮	5	10	13	25
15	厦门蓝狮	4	8	16	20

联赛射手榜

15 球　李金羽（山东鲁能）

13 球　韩鹏（山东鲁能）

12 球　埃尔韦斯（长春亚泰）

10 球　达扎基（长春亚泰）、堤亚戈（北京国安）

09 球　杜震宇（长春亚泰）

08 球　刘健（青岛中能）、闫相闯、陶伟（北京国安）、日科夫（山东鲁能）

国安射手榜

10 球　堤亚戈

08 球　闫相闯、陶伟

07 球　马丁内斯

01 球　黄博文、杨璞、徐云龙、潘塔、郭辉、阿尔松、杜文辉、杨昊、张帅

2008 年国安战绩：

中超联赛第 3 名、亚冠联赛小组未出线

2008 年中超积分榜

名次	球队	胜	平	负	积分
1	山东鲁能	18	9	3	63
2	上海申花	17	10	3	61
3	北京国安	16	10	4	58
4	天津泰达	16	9	5	57
5	陕西中新	15	7	8	52
6	长春亚泰	12	9	9	45
7	广州医药	10	10	10	40
8	杭州绿城	9	12	9	39
9	青岛盛文	10	9	11	39
10	河南四五	9	9	12	36
11	长沙金德	7	13	10	34
12	深圳上清饮	8	9	13	33
13	成都谢菲联	7	11	12	32
14	大连海昌	6	12	12	30
15	辽宁宏运	6	9	15	27
16	武汉光谷	0	0	30	0

联赛射手榜

14 球　路易斯 （天津泰达）

13 球　约翰森 （深圳上清饮）

12 球　奥利萨德贝 （河南四五）、拉米雷斯 （广州医药）

10 球　奥托 （杭州绿城）、杜震宇 （长春亚泰）

09 球　里卡德 （上海申花）、曹添堡、达扎吉 （长春亚泰）

国安射手榜

07 球　马丁内斯、黄博文

06 球　堤亚戈

05 球　郭辉

04 球　杜文辉、陶伟

03 球　埃尔韦斯

01 球　布尔卡、隋东亮、杨昊

2009 年国安战绩：

中超联赛冠军、亚冠联赛小组未出线

2009 年中超积分榜

名次	球队	胜	平	负	积分
1	北京国安	13	12	5	51
2	长春亚泰	14	8	8	50
3	河南建业	13	9	8	48
4	上海申花	12	9	9	45
5	天津泰达	12	9	9	45
6	山东鲁能	11	12	7	45
7	深圳	10	10	10	40
8	成都谢菲联	11	6	13	39
9	大连实德	10	8	12	38
10	陕西中新	9	10	11	37
11	广州医药	9	10	11	37
12	江苏舜天	9	10	11	37
13	青岛中能	8	12	10	36
14	长沙金德	6	15	9	33
15	杭州绿城	8	8	14	32
16	重庆力帆	7	8	15	29

联赛射手榜

17 球　拉米雷斯 （广州医药）、巴尔克斯 （深圳）

13 球　奥托 （杭州绿城）

12 球　曲波 （青岛中能）

11 球　韩鹏 （山东鲁能）

10 球　徐亮 （广州医药）、金尼 （重庆力帆）、奥利萨德贝 （河南建业）

国安射手榜

08 球　乔尔·格里菲斯、瑞恩·格里菲斯

06 球　陶伟

05 球　大马丁内斯、闫相闯

03 球　黄博文、周挺、杨昊

02 球　杜文辉

01 球　朗征、徐云龙、路姜、隋东亮

2010 年国安战绩：
中超联赛第 5 名、亚冠联赛 16 强

2010 年中超积分榜

名次	球队	胜	平	负	积分
1	山东鲁能	18	9	3	63
2	天津泰达	13	11	6	50
3	杭州绿城	13	9	8	48
4	上海申花	14	6	10	48
5	**北京国安**	**12**	**10**	**8**	**46**
6	大连实德	10	12	8	42
7	辽宁宏运	10	10	10	40
8	河南建业	9	13	8	40
9	长春亚泰	10	8	12	38
10	陕西中建	9	10	11	37
11	江苏舜天	8	11	11	35
12	南昌衡源	8	8	14	32
13	深圳红钻	8	8	14	32
14	重庆力帆	7	9	14	30
15	青岛中能	6	12	12	30
16	长沙金德	6	12	12	30

联赛射手榜

20 球　里亚斯科斯（上海申花）

17 球　韩鹏（山东鲁能）

14 球　拉米雷斯（杭州绿城）

11 球　杨旭（辽宁宏运）、内托（河南建业）

10 球　何塞（重庆力帆）、安贞焕（大连实德）、
陈志钊（南昌衡源）

09 球　詹姆斯（大连实德）、安塔尔（山东鲁能）、
金尼（重庆力帆）、乔尔·格里菲斯（北京国安）

国安射手榜

09 球　乔尔·格里菲斯

04 球　马丁内斯

03 球　王长庆、徐亮、瑞恩·格里菲斯

02 球　张稀哲、杜文辉、杨昊

01 球　徐云龙、王晓龙、祝一帆、张永海、周挺、
黄博文

2011 年国安战绩：中超联赛亚军、足协杯 4 强

2011 年中超积分榜

名次	球队	胜	平	负	积分
1	广州恒大	20	8	2	68
2	**北京国安**	**14**	**11**	**5**	**53**
3	辽宁宏运	14	8	8	50
4	江苏舜天	14	5	11	47
5	山东鲁能	13	8	9	47
6	青岛中能	12	9	9	45
7	长春亚泰	11	12	7	45
8	杭州绿城	10	9	11	39
9	贵州人和	10	8	12	38
10	天津泰达	8	13	9	37
11	上海申花	11	4	15	37
12	河南建业	7	11	12	32
13	大连实德	7	11	12	32
14	南昌衡源	8	5	17	29
15	成都谢菲联	5	12	13	27
16	深圳红钻	5	8	17	23

联赛射手榜

16 球　穆里奇（广州恒大）

14 球　内托（河南建业）

13 球　达纳拉赫（江苏舜天）

12 球　萨尔梅隆（上海申花）、于汉超（辽宁宏运）

11 球　耶夫蒂奇（江苏舜天）、乔尔·格里菲斯
（北京国安）、郜林（广州恒大）

国安射手榜

11 球　乔尔·格里菲斯

10 球　马丁内斯

08 球　徐亮

06 球　王晓龙

04 球　王长庆

03 球　罗贝托

02 球　周挺

01 球　凯塔、于洋、张稀哲、雷腾龙

2012 年国安战绩：

中超联赛第 3 名、足协杯 8 强、亚冠联赛小组未出线

2012 年中超积分榜

名次	球队	胜	平	负	积分
1	广州恒大	17	7	6	58
2	江苏舜天	14	12	4	54
3	**北京国安**	**14**	**6**	**10**	**48**
4	贵州人和	12	9	9	45
5	大连阿尔滨	11	11	8	44
6	长春亚泰	12	8	10	44
7	广州富力	13	3	14	42
8	天津泰达	10	10	10	40
9	上海申花	8	14	8	38
10	辽宁宏运	8	12	10	36
11	杭州绿城	9	9	12	36
12	山东鲁能	8	12	10	36
13	青岛中能	10	6	14	36
14	大连实德	8	10	12	34
15	上海申鑫	6	12	12	30
16	河南建业	7	5	18	26

联赛射手榜

23 球　达纳拉赫（江苏舜天）

20 球　乌塔卡（大连阿尔滨）

14 球　拉斐尔·科埃略（广州富力）

13 球　安塞尔莫（上海申鑫）、阿尔斯（天津泰达）

12 球　穆里奇（广州恒大）、穆斯里莫维奇（贵州人和）

10 球　王永珀、马塞纳（山东鲁能）、孔卡（广州恒大）、坎布罗夫、詹姆斯（大连实德）

国安射手榜

07 球　徐亮

05 球　雷纳尔多

04 球　张稀哲

03 球　王晓龙、朴成、邵佳一

02 球　卡鲁德洛维奇

01 球　王长庆、格隆、徐云龙、毛剑卿、马努、卡努特

国安俱乐部 10 大外援

"三杆洋枪"表现最惊艳

外援们来也匆匆，球迷的记忆去也匆匆，能够经历时光淘洗的国安队外援，还真不多。除了我们下面在册的 10 位，其他能够让人记起的并不多。在这在册的 10 位中，战绩最为辉煌、最为彪炳的外援，恐怕当属冈波斯、卡西亚诺、安德雷斯联手的"三杆洋枪"，他们的表现何其惊艳，至今仍是国安球迷难忘的谈资。

TOP 1

冈波斯

国籍：巴拉圭　　球衣号码：11 号
场上位置：前卫　　效力年份：1997 年、1998 年

在国安效力期间，冈波斯创造了两个历史：中国足球史上的第一个外籍足球先生，参加世界杯的中国联赛第一人。

1997 年冈波斯来到国安，与安德雷斯、卡西亚诺组成了著名的"三杆洋枪"。由于速度和技术出众，亦被球迷们称之为"灵猫"。1997 年 7 月 20 日，国安 9 比 1 大胜申花的比赛中，冈波斯独中两元，令京城球迷至今难忘。

1997 年，冈波斯在联赛中攻入 5 球，足协杯进

1 球，最终获得了"中国足球先生"的荣誉，这也是国安第一个足球先生。1998 年冈波斯入选进巴拉圭征战世界杯的大名单，当时，这成为中国足球一件非常光荣的事情，因为中国队无缘当年的世界杯，于是就把冈波斯当成了"自己人"，值得一提的是，冈波斯并没有昙花一现，还代表巴拉圭参加了 2002 年韩日世界杯。

离开国安后，冈波斯曾短暂效力于云南红塔队。很不习惯当地生活和球队环境的他以家庭原因离开了云南。1999 赛季中段，希望更换外援的国安找回了冈波斯。不过随队训练一周后云南红塔强烈抗议冈波斯违约，这种情况下冈波斯只能离开了中国，未能与国安再续前缘。

卡西亚诺

国籍：巴拉圭　　　球衣号码：24、29、36
场上位置：前锋
效力年份：1997 年、1998 年、1999 年、2002 年、2003 年

卡西亚诺是一名职业素质极高的球员，不吸烟、不喝酒，甚至 10 余年一直坚持素食，他在中国联赛中一共出场 95 次，斩获了 52 个进球，一直踢到 37 岁，这也让他一度成为在中国赛场进球最多的外援。卡西亚诺的 52 球纪录，直到 2007 年 9 月 1 日才被北京国安的另一位外援堤亚戈打破。

卡西亚诺于 1997 年加入球队，是国安"三杆洋枪"之一。在对申花的处子秀中，巴拉圭人即上演了帽子戏法，帮助御林军 9 比 1 大胜申花。该赛季卡西亚诺为国安队打入 6 个入球。

1998 赛季，由于长期养伤，他仅为北京国安打进 5 球，并于年末离开国安，也开始了他在国安"三进三出"的传奇。1999 年下半年，卡西亚诺重返国安，并在半个赛季为国安打进 9 球。2000 年，转会至山东鲁能，并以 15 球荣获当年甲 A 最佳射手，成为中国职业联赛史上首位"外援金靴"。2002 年联赛接近半程时，卡西再次加盟国安，并打进 11 球，名列射手榜第 3。2003 年非典时期离开北京返回巴拉圭。

安德雷斯

国籍：西班牙　球衣号码：23

场上位置：前锋、中锋

效力年份：1997 年、1998 年

安德雷斯是 1997 年北京国安队当时著名的"三杆洋枪"之一，球迷们亲切称其为"老安"。他是"三杆洋枪"中进球最多的球员，但他的工资是"三杆洋枪"中最低的。

来中国之前，安德雷斯曾经效力于西甲球队莱万特，而并非之前人们所说的是一名卡车司机。

身高 1.94 米的安德雷斯头球功夫甚是了得，同时他的灵活性和盘带能力也特别突出，他非常善于跑位和门前抢点。他的高空精准头球和冈波斯的技术、卡西亚诺的速度完美结合，成就了北京国安队 9 比 1 战胜上海申花队的经典战役。

在亚洲优胜者杯上同日本川崎贝尔迪队的比赛，安德雷斯贯彻了赛前主教练所说的，"对日本球队必须拼"的指令，比赛中"3 连铲"，最终帮助球队取得胜利。

1997 年超霸杯，正是安德雷斯的两粒入球帮助国安队战胜甲 A 联赛冠军大连万达队获得超霸杯冠军，特别是加时赛中的金球制胜，使他成为中国足球乃至甲 A 历史上第一个金球的攻入者。

1998 年，巅峰时期的他曾想加入中国国籍并为中国国家队效力，但未能如愿。

马季奇

国籍：克罗地亚　球衣号码：5

场上位置：后腰　效力年份：2009 年至今

2009 年初，马季奇转会加盟国安，球场上身披国安 5 号球衣的他被国安球迷戏称为"马五爷"。

来到中国多年的"马五爷"，能说一口流利的中国话，同时，这位能说七国语言的语言天才也时常担任国安的"兼职翻译"。

在球场上，作为一名后腰，马季奇素来以防守强悍著称。初入国安时，他在比赛中不但继续着自己的疯狂抢断表演，同时也担当起中场调度员和场上精神领袖的重任。领先第二名十几个抢断的成绩令克罗地亚人无愧"抢断王"的名号。而他在抢断榜上的竞争对手，却几乎都是实打实的后卫。

2012 赛季，马季奇因伤错过多场比赛，但他仍然完成了 114 次成功抢断，赛季后，他与国安完成续约，克罗地亚人将在国安结束自己的职业生涯。

耶利奇

国籍：塞尔维亚　球衣号码：36、11

场上位置：前锋　效力年份：2004 年、2005 年

耶利奇是一名门前嗅觉灵敏、善于把握机会的球员，是一名天生的射手。2003 年年底，耶利奇来到中国，首站便是北京。当时，耶利奇大多时间都坐在替补席上，但每每替补出场，耶利奇都能带来令人意想不到的进球。2004 年下半年，他代表国安打进 11 个进球，在当年射手榜上名列第 3。

2005 年，耶利奇全面爆发，他与徐云龙、陶伟组成的前场"三叉戟"攻击力十足。国安主场 4 比 0 狂扫上海申花、4 比 0 力克山东鲁能的比赛中，耶利奇都居功至伟。

那一赛季，耶利奇为国安得到了中国足球职业化以来的第一个联赛金靴奖。耶利奇单季 21 个进球也打破了郝海东保持的中国顶级联赛单赛季进球数（18 个），完成这一任务，他仅用了 26 场比赛。2005 年，耶利奇同时收获了中超最佳射手和中超足球先生两项殊荣。

2006 年，国安与耶利奇在续约薪水上出现争议，使得这位超级射手转投厦门蓝狮。虽然北京国安在 2006 年位列联赛第 3，但是"锋无力"的情况一直没有改变，国安球迷曾多次喊出了"还我耶利奇"的口号。

堤亚戈

国籍：巴西　　　球衣号码：42、10
场上位置：前锋　　效力年份：2007 年—2008 年

　　堤亚戈是现时作为中国顶级联赛历史上进球最多的外援，12 年间，他一共打入了 68 个联赛入球。来中国踢球多年的他被称为"中超普通话最好的外援"。

　　2000 年，效力于巴西乙级联赛的堤亚戈追随前辈"黑蝴蝶"马麦罗的脚步来到中国。2007 年，北京国安以 18 万美元从上海联城租借堤亚戈半个赛季。巴西人出色的表现，一扫国安"锋无力"的困扰，半个赛季下来，堤亚戈就连进 10 球，并帮助国安取得当季联赛亚军。

　　2008 赛季，堤亚戈和国安签订了价值 70 万美元的合同，但堤亚戈的表现却无法和上一个赛季相提并论，联赛只进了 5 个球，还发生了与北京球迷的对骂事件，李章洙对他大为不满。赛季结束后，堤亚戈离开了北京国安。

巴辛

国籍：保加利亚　　球衣号码：24
场上位置：中后卫　　效力年份：2002 年

巴辛是原保加利亚国家队主力中后卫，随国家队
征战 2004 年欧洲杯。2002 年首次在中国联赛效力，
即加盟北京国安队，出任中后卫。巴辛防守稳健，作
风勇猛，技术细腻，助攻时还有一脚远射和任意球。

由于巴辛的加盟，一向攻强守弱的北京国安队迎
来了史上最强的后防线。由于巴辛稳定强悍的防守，
北京国安在赛季初的前两场比赛竟然一球未失，而原

本国安队铁打主力中卫徐云龙在随后的数场比赛中
甚至被主帅彼得推到锋线攻城拔寨。随着防线的稳
固，国安的锋线在进攻中也越发得心应手、无坚不摧，
北京国安以进 49 球位于 2002 年甲 A 联赛总进球榜
的第 1。其中巴辛自己打进 4 球，可谓"带刀侍卫"。
同时，巴辛也帮助国安取得该赛季联赛季军。

他的火爆脾气同样在京城家喻户晓，北京球迷称
其为"坏小子"。由于巴辛常常不服从国安塞尔维亚
籍主帅彼得洛维奇的管理，师徒俩经常吵架，在一次
客战鲁能的比赛中，赛后两人大动肝火，甚至差点老
拳相向。

小马丁

国籍：洪都拉斯　球衣号码：9、35

场上位置：前锋、前卫

效力年份：2007 年、2008 年、2010 年、2011 年

　　瓦尔特·马丁内斯又称小马丁。2007 年，申花与联城合并，由于人员过剩，刚刚引进的外援小马丁被租借给了国安。小马丁属于典型的美洲球员，虽然身高只有 1.68 米，但速度奇快，他来到国安后立即被李章洙委以重任。

　　2007 年，国安主场 3 比 1 战胜大连实德队的比赛中，小马丁打进两球，成为球队获胜的最大功臣。与山东鲁能队的比赛中，小马丁更是单骑救主，攻入扳平一球。2007 赛季，小马丁在国安队如鱼得水，打进 7 球，仅次于陶伟和堤亚戈，成为队内第三射手。他与陶伟、堤亚戈和潘塔组成的前场攻击群也是当时中超最具实力的组合之一。

　　2008 年，小马丁与国安队续约，联赛中他再次打进 7 球，成为队内头号射手，并随洪都拉斯国奥队参加了北京奥运会。2008 赛季结束后，小马丁租借期满，没有与国安队续约。

　　2010 年 7 月，在代表洪都拉斯国家队参加了南非世界杯后，小马丁再次与国安俱乐部完成了签约。时隔两年之后，他再次披上国安战袍。2011 赛季，小马丁在中超联赛上取得 10 个进球，帮助国安取得亚冠资格。

大马丁

国籍：洪都拉斯　球衣号码：10
场上位置：多个　效力年份：2009 年

　　埃米尔·马丁内斯又被球迷称为"大马丁"。虽然身材不高，但是埃米尔·马丁内斯的身体非常强壮，体能、速度、控球俱佳。

　　在当时的洪都拉斯国家队中，他的地位仅次于效力于国际米兰队的同胞苏亚佐。2008 年，还在上海申花队效力的大马丁凭借在联赛中的优异表现，荣膺 2008 年度中国足球先生称号。

　　2009 年 3 月 15 日 16 时，在中超转会窗口关闭的最后一小时，大马丁以 80 万美元的身价加盟国安。

　　2009 年的整个赛季，大马丁都比较低迷。不过在 2009 年 10 月 31 日国安夺冠的关键战役中，他爆发了：开场第 3 分钟，他的第一个入球让国安队把紧张压抑丢到了九霄云外；第 49 分钟他的第二个进球基本锁定了胜局，让剩下时间成为欢呼时刻；第 79 分钟的第三个入球则让他彻底享受全场的欢呼。也许他整个赛季的表现都有些平庸，但是关键一战的挺身而出，也使他成为国安球迷心中的英雄。

卡努特

国籍：马里　　　球衣号码：12

场上位置：前锋　效力年份：2012 至今

　　顶着 2007 年非洲足球先生、2007 年欧洲联盟杯冠军、2006 年欧洲联盟杯冠军、2006 年欧洲超级杯冠军的光环，曾经效力于托特纳姆热刺队、塞维利亚队等多家顶级联赛俱乐部的卡努特于 2012 年与国安签约，成为国安引进外援中最大牌的一位。200 万美元的年薪，亦是国安队史上为外援开出的最高价。

　　创造了多项第一的卡努特成为国安历史上在主场比赛进球最早的外援。在 2012 年 7 月国安对阵青岛中能的比赛中，开场仅 3 分钟，卡努特第二次攻门就打入了加盟国安后的第一个进球。在这场比赛中，卡努特在第 33 分钟又梅开二度。

　　之后，卡努特大多数时间都在养伤，伤愈复出的卡努特同样在串联国安的进攻上起到了不小的作用。2012 赛季结束，国安留下了卡努特继续为其效力。

国安 20 年 5 大外教

李章洙距离冠军最近

国安俱乐部成立 20 年来，5 位外籍教头先后登场，他们为国安队做出了一定的贡献。比如最近离职的外教帕切科，他入主之后，帮助国安队重拾技术流打法，战绩也相当不俗，赢得了京城球迷的厚爱，他离开之时正值深夜，却有上千球迷机场相送；而韩国人李章洙，他执教国安接近 3 个赛季，2009 年国安队之所以能够夺冠，与他之前打下的基础直接相关。

乔里奇

国籍：前南斯拉夫

执教时间：2000 年

2000 年，国安俱乐部聘请了南斯拉夫 U21 国家队主教练乔里奇，他也是国安队历史上第一位外籍教练。

但由于脾气火爆，乔里奇经常与队员发生冲突，甚至有辱骂队员的情况，国安队员逐渐对其产生不满。将帅失和也为国安带来了历史上最差的 3 连败开局。糟糕的成绩以及同队员之间的矛盾，令俱乐部无法忍受，于是乔里奇被解职。3 轮就下课，乔里奇成了目前为止在国安任职时间最短的主教练。

彼得洛维奇

国籍：前南斯拉夫

执教时间：2002 年—2003 年

由于 2000 与 2001 两个赛季国安成绩平平，前南名帅彼得洛维奇入主国安。被球迷们称为"老彼得"的南斯拉夫人给国安队带来了非常大的变化，也使得国安在 2002 年一直处在夺冠集团，并在该赛季获得联赛季军。

这个成绩也是国安队自 1995 年获得亚军以来的最好成绩。但是俱乐部高层认为，老彼得不适合国安，没有与他续约。

2003 年，老彼得于联赛第 7 轮返回国安，担任救火队员。但队中的情况并未因他的回归而有所好转。随后俱乐部再度决定更换主教练，杨祖武取代了彼得洛维奇在队内的决定权。

卡洛斯

国籍：巴西

执教时间：2003 年

2003 年，国安在联赛开始前与巴西教练卡洛斯签约，在外援的选择上全面接受了卡洛斯的推荐。

联赛开始后北京国安队持续低迷，在第一阶段结束时仅仅 1 胜 2 平 3 负积 5 分，排名倒数第 3。主教练卡洛斯以及他所信赖的三名外援被球迷和舆论广泛质疑。

面对巨大压力，国安俱乐部与卡洛斯解除了工作合同，2003 年 4 月 16 日，2002 赛季球队的主帅彼得洛维奇重返国安队。

李章洙

国籍：韩国

执教时间：2007 年—2009 年

2007 赛季李章洙开始执教北京国安，2008 年末，国安俱乐部与李章洙续约两年，这也使他成为国安历史上执教时间最长的外教。同时，李章洙治下的国安，还是历史胜率最高、历史负率最低、并且拥有历史最佳防守的一支队伍。

治军严格的李章洙被称为"铁帅"，他带领下的国安，前两个赛季分别获得亚军和季军。尽管未能夺冠，但比照以往的北京国安，成绩已有了明显的提升。

2009 赛季，在主场负于长春亚泰之后，球队的诸多矛盾集中爆发，李章洙被解职，随后接手的老帅洪元硕最终带领球队在该赛季夺冠。

帕切科

国籍：葡萄牙

执教时间：2011 年—2012 年

帕切科于 2011 年来到北京，他带来的"压迫式进攻"打法一时间让国安重新找回了华丽足球，并在不被人看好的情况下，在该赛季取得联赛亚军。国安同葡萄牙人续约到 2013 年，200 万美元的年薪也创造了国安历任外籍教练身价之最。

但由于队员老化以及引援不利，国安在 2012 赛季无力争冠，但该赛季仍取得了联赛第 3 名的成绩，拿到了 2013 赛季亚冠资格。

国安20年10场经典战役

攻下"绿城"成就第一

国安队历史上，从来就不缺乏经典战例，不管是"内战"，还是"外战"，都留下了众多令人回味的比赛。不过，从重要性上说起来，没有一场能够赶得上2009年10月31日与绿城的那一战，4比0取胜后，国安俱乐部摘得了历史上首个顶级联赛冠军。

01　国安2比1AC米兰

比赛时间：1994年6月16日

比赛地点：工体　比赛性质：商业比赛

职业联赛元年，北京国安只取得了第8的成绩，但是，他们在商业比赛中2比1力克AC米兰，还是让御林军声名鹊起。来中国之前，AC米兰刚刚获得了欧冠冠军。尽管有多名大牌球星缺席，但AC米兰的到来还是让国人瞩目。但是，他们并未能带走一场胜利。北京国安凭借清一色的国内球员，2比1击败了AC米兰，谢峰的精彩进球非常提气。

02　国安2比1阿森纳

比赛时间：1995年5月17日

比赛地点：工体　比赛性质：商业比赛

从唐鹏举到金志扬，国安主教练变了，但不变的是对抗世界豪强的气质。赛前，为了鼓舞士气，金志扬给队员们讲了三元里抗英的故事。结果，御林军继气走AC米兰后，又一次以2比1的比分击败了阿森纳。要知道，和AC米兰派替补出战不同，阿森纳阵中有亚当斯、伊恩·赖特、希曼等明星。谢峰再次进球，门将符宾则7次扑出对手的必进球。

03　国安4比1泰山将军

比赛时间：1996年11月3日

比赛地点：工体　比赛性质：足协杯决赛

1996年足协杯决赛举办地采取抽签决定，结果国安抽到主场。那个时候，山东鲁能还叫济南泰山将军。比赛中双方拼抢非常激烈，结果泰山后防大将李明被红牌罚下，而国安趁机依靠高峰的梅开二度以及高洪波和邓乐军的进球，以4比1的比分大胜对手。值得一提的是，这也是国安首次获得足协杯冠军。

04　国安9比1申花

比赛时间：1997年7月20日

比赛地点：工体　比赛性质：甲A联赛

高峰、高洪波双双离去，1997赛季被认为是国安非常艰苦的一个赛季。但是，在"三杆洋枪"的带领下，他们依旧掀起了绿色狂飙。在对阵上海申花的比赛中，"三杆洋枪"第一次联袂首发，就创造了9比1的悬殊比分。先是安德雷斯和曹限东各下一城，接着吴承瑛为申花打进一球，随后国安完全控制了比赛，冈波斯打进两球，安德雷斯和卡西亚诺都完成了帽子戏法。

05　国安2比1申花

比赛时间：1997年12月28日

比赛地点：工体　比赛性质：足协杯决赛

金志扬带领北京国安时期，虽然没有拿到联赛冠军，但却在足协杯赛场两次称雄。继1996年足协杯决赛夺冠后，他们又在1997年足协杯决赛中2比1击败了上海申花，成功卫冕。国安也成为第一支卫冕足协杯冠军的球队。

06 国安 1 比 1 辽足

比赛时间：1999 年 12 月 5 日

比赛地点：工体 比赛性质：甲 A 联赛

这是 1999 赛季的最后一场比赛，如果辽足击败国安，他们将会夺冠，上演中国版的凯泽斯劳滕奇迹。赛前，关于这场比赛的传闻很多，甚至有消息称国安将会送人情给辽足。曲圣卿早早进球，辽足夺冠形势一片大好。关键时刻，国安主教练沈祥福换上了不满 20 岁的高雷雷，结果，高雷雷打进一个远射，生生让辽足煮熟的鸭子飞了。这也是国安不打假球的铁证。

07 国安 3 比 0 大连

比赛时间：2003 年 10 月 1 日

比赛地点：五里河体育场 比赛性质：足协杯决赛

这场决赛，让国安成为第一支三夺足协杯冠军的球队。由于多名球员停赛，国安只能以残阵对抗郝海东、扬科维奇领衔的大连，因此赛前他们并不被看好。但谁也没有想到，凭借外援科内塞的梅开二度以及杨昊的进球，国安 3 比 0 赢得干净利落。3 比 0 的比分，也是国安对阵大连时赢球的最大比分。

08 鲁能 1 比 6 国安

比赛时间：2007 年 8 月 8 日

比赛地点：山东省体育中心 比赛性质：中超联赛

堤亚戈在这场比赛中首次为国安亮相便打进两球，而且他还有一次射门被门将扑出，陶伟补射破门。加上闫相闯的梅开二度，国安最终以 6 比 1 大比分击败了鲁能。这是北京国安在职业联赛里最大比分的客场胜利。在这场比赛之前，国安客场从来没有赢过鲁能，但第一次赢球，就赢得这么酣畅淋漓。

09 亚泰 2 比 6 国安

比赛时间：2009 年 5 月 10 日

比赛地点：经开体育场 比赛性质：中超联赛

2009 赛季国安拿到了历史上的首个联赛冠军，而回顾这个赛季，客场 6 比 2 击败长春亚泰最为给力。第 21 分钟，杨昊为北京国安率先得分。第 30 分钟和 50 分钟，瑞恩·格里菲斯梅开二度。第 55 分钟，闫相闯将比分改写为 4 比 0。第 69 分钟，隋东亮锦上添花。第 83 分钟，长春亚泰由曹添堡追回一球。第 86 分钟，闫相闯梅开二度将比分锁定为 6 比 1。终场前，阿尔维斯将比分追成 2 比 6。

10 国安 4 比 0 绿城

比赛时间：2009 年 10 月 31 日

比赛地点：工体 比赛性质：中超联赛

对于每一个国安人来说，这场比赛都是此生无法忘记的。2009 赛季中超最后一轮，国安在工体对阵绿城，只要取胜，他们就可以拿到联赛冠军。最终，凭借 2008 赛季中超先生大马丁内斯的帽子戏法和周挺的点球，国安 4 比 0 完胜。拿到俱乐部史上首个联赛冠军后，北京国安也终于从"永远争第一"升华到"争到了第一"。

国安 20 年 3 个体育场

先农坛体育场

先农坛体育场坐落于北京市永定门内以西，始建于 1936 年，起初名为"北平公共体育场"。

1954 年和 1955 年，该体育场两次改建和扩建，容纳观众由原来的 15000 人增加到 28900 人。为迎接第 11 届亚运会，1986 年 11 月至 1988 年 9 月，先农坛体育场拆除重建，重建后可容纳观众 30000 人。

甲 A 时代，1994 年、1995 年，这里是北京国安队的主场。

北京工人体育场

北京工人体育场坐落于北京城区东部，朝阳区核心区域，东二环、东三环之间。总占地面积 40 万平方米，建筑面积 13 万平方米。其中体育场拥有 24 个看台，可容纳 71112 名观众。

这座始建于 1959 年的体育场，曾进行过两次改建，以便承办 1990 年北京亚运会开、闭幕式及部分比赛和 2008 年北京奥运会男足 1/4 决赛、半决赛和女足决赛。

1996 年—2005 年，北京国安队以此为主场，2006 年搬离，2009 年重新搬回这里，使用至今。

丰台体育中心

北京丰台体育中心体育场距离北京西客站约 5 公里，东邻西四环，南接城市快速路丰北路，是为举办 1990 年北京亚运会兴建的比赛场地之一。总占地面积 84400 平方米，建筑面积 22883 平方米，看台可容纳 33000 名观众。

2003 年，作为第 13 届亚洲杯足球比赛的备用兼训练场地，体育场进行了整体装修改造，更换了全部座椅和足球场草坪，更新了大型记分计时牌，增加了同步清晰超大彩屏，应用国际最先进的灯光设备，使之达到了国际比赛标准。

2006 年、2007 年、2008 年，北京国安队将主场迁至这里，连续使用了三个赛季。

国安球迷寄语

胜也爱你，败也爱你

@绿茵战士：在国安20周年来临之际，我忠心希望我们的国安队发展越来越好，也借此祝愿我们的《新京报》再创新高！

冉雄飞：十余载坚守九球摧花八代球员七剑下燕山六座冠军奖杯五湖四海猛将三次亚冠出征双线作战难如意只剩"国安永远争第一"；一座大冠军二次退出三回革命四处结仇敌五合六聚折腾七大洋帅八回挑错外援九牛拉不转遗憾"球迷十分不满"！

我会修自行车：横批：北京style！

填下乌贼：20年，青涩小伙变成了中年大叔，理想变成了现实，唯一不变的是对足球的热爱！高举具有中国特色的足球运动大旗，为冲出亚洲不懈努力！

siqi非洲鼓：呵呵，成立20周年，那一定得是：上联"20年了，我大国安果然是条好汉"；下联"20年以后，我大国安还是条好汉"！

PS：恒大一年的钱咱能劈10年花，此方针政策坚持100年不动摇，绝对有戏！

吴京红：请珍惜这份不离不弃的心吧！国安爱是也是有期限的，请给我们希望！

@国安康二爷：让球迷踏实买票，让罗总亲自挂帅……别的没了。

明珠sunny：20年很长，但是再加20年我们依然会如影随形。我们热爱工体那整片绿海，热爱每一个在草坪中奔波的运动员。无论在哪里，无论是否在北京，无论烈日与寒冷，我们一路相随。国安，请继续为冠军而奋斗吧！

小瓦还是你大爷微博达人：爱之深，责之切。请记住，到死跟你走的大多数是对你苛责的球迷而不是给球员擦车的追星族。好吧，我知道发不了，我就发一下。

马到成功7125：上周末看了北京国安老男孩与申花前甲A队员的比赛，看着那些熟悉的老面孔，深感光阴荏苒，岁月如梭。20年过去了，人虽老去，但国安的精神未变，永远支持国安，国安永远是第一！

兰州麦兜：记得我们上学的时候课前还唱过《国安永远争第一》。

@高不过天：中国的职业足球俱乐部不更名存在20年，实属不易！

薛点：一晃20年，我都快30岁了！不管兴旺衰败，不管谁走谁留，国安，你在，哥们儿就在你身边！且只希望你能一直都在，希望等哥们儿没了的那天你还在！

章一曼：风雨相随20年，想说的话太多，望国安未来一切都好。工体永不败，国安是冠军。We are the champion.

@根儿在北京_____魏小旭：胜也爱你，败也爱你，就算降级了我也陪着你，我们都是流淌着绿色的血的北京孩子。

@Mizon_XF：誓死追随的不是球员，是那一抹专属国安的绿色；永争第一的不是成绩，是那种奋力拼搏的态度。20 年只是一个开始，我们终将并肩战斗，国安，请记得荣辱与共！共勉！

一只爱上猫的梓仪的猫：那一抹抹绿色身影伴随着我走过孩童时代和青葱岁月。尽管仍有不尽如人意的地方，但某些爱就像是种坚守，坚守 20 年的国安，风雨相伴 20 载的球迷。当年华老去回忆起那些追随着你的脚步，依然坐在工体的看台上，真情地对你说：国安，此生我甘愿做你的球迷！

安丶国安丶 粉 fen 粉粉粉：我希望国安俱乐部以后能够更职业一些。现在国安已经代表北京这座城市了，希望北京这最后一座四合院永远成为北京人的骄傲。也祝愿国安队以后越来越好，取得佳绩。

封小少：再一个 20 年，就该孩子带我去工体喽……国安是冠军！

夏天爱国安：在 20 周年来临之际，真心祝愿北京国安能够再创佳绩，再续辉煌。同时也祝愿《新京报》的销量更上一层楼！

野鹤冰壶：心随你跳动，泪为你流淌。你在绿茵场上点燃北京爷们的激情，你在永远争第一中实现京城足球的梦想。20 载风雨历程，深情难赋。最想对你说一句：你若不离，我亦不弃！国安，永远爱你！

@ 刘 _ 小诚故事 ChiChi 爱女友小玉：你们去拼搏我们向往的荣誉，绿色身影就永远是我们的明星，只要你们永远争第一，我们就会永远热爱你，永远支持你！无论成绩好坏，无论积分多少，只要比赛没有结束，就要充满永远争第一的精神，这才是国安的魂。

阿达 2010：真没啥可说的，要不：冲出国门？这从小就开始说了，算了吧，还是国安加油吧！

后记

田颖

1995 年 11 月 19 日，北京国安在先农坛体育场 3 比 1 战胜赛季最后一个对手广东宏远，拿到联赛亚军。初冬的北京城晚上 6 点已经渐黑，球员们出来答谢球迷时，全场观众手举打火机，照亮、温暖着这座球场。如今，打火机被列为危险品，已不能带入球场，但工人体育场充斥了更为危险的东西——京骂。

采访老一代国安球员、教练时，让他们最自豪的，莫过于即使到了客场，依然会有大批身穿绿色国安队服的人来道欢迎。他们不在北京生活，但他们爱国安。那时候，国安的主场还没有出现大范围京骂，金志扬说，有喊"国安牛×"的，但没有大面积喊客队傻×的。那时候，有很多家长愿意带着孩子一起去感受足球带来的快乐。

现如今的工人体育场，少数人带着一周积累的怨气，来到这里只为发泄。而这极少的人，往往又会影响到很多人，导致工体像是个怨气累积的喧嚣场所。

20 年前那份对足球、对国安纯纯的热爱，只能在几个专业的球迷方阵中找到些许踪影。

如今京骂已经流传到全国各地，北京国安走到哪里，对方球迷都会以国安球迷最熟悉的方式反击回来，骂得狗血喷头之后，还理直气壮地回击说：你们才是鼻祖。

这本书，为国安的忠实球迷而出，没有塑造一个个光辉伟岸的形象，而是还原了这些人最真实、最接地气的生活故事。这段话，是为国安的忠实球迷而写，不想唱高调说要为争取最文明赛区努力，而是期待你们的尊重，能换回来对方球迷对国安的尊重。

如果你是国安球迷，你心疼徐云龙、邵佳一 30 多岁了还在为国安拼命，你珍惜高峰、南方带着伤还总是进校园传递着国安精神，请收回那些不堪入耳的粗口吧。真正让球员们获得勇气、为之感动的，是诸如 2012 年欧洲杯爱尔兰无论输赢球迷都会颂扬的歌声，并非是动辄对裁判和对手的人身攻击。

有时候我会想，万物都有轮回，那我们国安的主场，何时才能重现当年那份纯粹炙热的爱呢？20 年，可以吗？